高等院校工商管理核心课程精品教材

创业领导

万君宝　沈　梦◎主编

上海财经大学出版社

图书在版编目(CIP)数据

创业领导/万君宝,沈梦主编．—上海:上海财经大学出版社,2023.3
(高等院校工商管理核心课程精品教材)
ISBN 978-7-5642-4032-5/F·4032

Ⅰ.①创… Ⅱ.①万…②沈… Ⅲ.①企业领导学-高等学校-教材
Ⅳ.①F272.91

中国版本图书馆 CIP 数据核字(2022)第 153695 号

本书由"上海财经大学创业领导力项目"(2016120174)资助出版

□ 责任编辑　吴晓群
□ 封面设计　张克瑶
□ 联系邮箱　79387013@qq.com

创业领导

万君宝　沈　梦　主编

上海财经大学出版社出版发行
(上海市中山北一路 369 号　邮编 200083)
网　　址:http://www.sufep.com
电子邮箱:webmaster@sufep.com
全国新华书店经销
上海天地海设计印刷有限公司印刷装订
2023 年 3 月第 1 版　2023 年 3 月第 1 次印刷

787mm×1092mm　1/16　14.25 印张　337 千字
印数:0 001—2 000　定价:45.00 元

序　言

本书初稿完成之时，正有两件大事在改变我们的周遭环境，影响了我们每一个人对身边世界的看法。一是新冠疫情的肆虐，上海的被病毒感染人数一度达到每天两万人的惊人数目，我所在的小区封控已超 60 天，上海这个以繁华闻名的东方国际大都市一下子被按下了暂停键，一度以精准防控领先的"优等生"暴露出城市管控、城市治理、社会保障等诸多问题。二是俄乌战争的爆发，从根本上改变了欧洲的地理版图和自冷战结束以来的世界格局，以美国为首的西方与北约集团对俄罗斯实施了将俄罗斯踢出 SWIFT 系统、没收超 3 000 亿美元俄罗斯外汇储备等 8 000 项以上的制裁，同时俄罗斯也对西方的"不友好国家"展开了禁售石油、天然气、粮食，卢布结算等反击措施。由此，我们深切地感受到了环境的不确定性和外部环境的迅速变化对我们带来的巨大冲击。

在这样一个变幻莫测、险象环生的时代，我们每一个人、每一个组织、每一个社区乃至每一座城市，更需要一大批具有战略眼光、预见能力、管理技巧的领导者，尤其是创业领导者。我感到，中国改革开放这四十多年来，是中国五千年历史中最有利于创业、最有利于创业领导者成长的时期。中国在 20 世纪 70 年代末由于家庭联产承包制的推行，第一批"万元户"和乡镇企业如雨后春笋般迅速涌现，其中孕育出中国的第一批"乡镇创业领导者"，比如华西村的支部书记吴仁宝、大寨村的书记郭凤莲、天津大邱庄的书记禹作敏等。20 世纪 80 年代的城市改革，鼓励企业实行"自负盈亏"、厂长经理负责制、承包制、股份制，又涌现了第二批"城市改制创业领导者"，我们熟知的福耀玻璃董事长曹德旺、格力空调董事长董明珠、吉利汽车董事长李书福就是其中的代表。中国的第三批创业领导者是在 1980 年深圳特区、1988 年海南特区、1990 年浦东特区等特区建设过程中出现的"特区创业领导者"，史玉柱、任正非就是其中的典型代表。第四批是 20 世纪 90 年代至 2000 年涌现的互联网、高科技创业浪潮的"科技创业领导者"，马云、马化腾、王传福就是其中的佼佼者。

"理论是灰色的，实践之树是常青的"，就在中国的创业领导者风起云涌、一日千里，不断改变中国的创业版图和世界的竞争格局的时候，我们发现对"创业领导学"——一门作为专门研究创业领导的创业行为的学问与科学的研究存在巨大的理论空白。我于 2008 年受上海财经大学常务副院长刘志阳教授之托,一边负责建设"创业领导力"这门课程,一边着手教材的编写。在编写过程中,我面临巨大的挑战:一是作为一门学问,它的理论体系与理论框架是什么?二是作为一门学科,它的核心构件与主要内容是什么?三是作为一门课程,如何设计其中的概念、理论、案例与思考讨论题?在此探索过程中,我们翻阅了有关创业领导学、创业领导力的几乎国内外所有书籍,但很难找到一本令我、令读者,同时让学生学有所获的权威教材,其主要问题在于理论体系的构建和核心内容的设置。最后,我们从自己的理论基础和教学实践出发,决心重新设计一个新的、更加完整、能够满足课堂教学的"创业领导学"的完整体系,这就是本书力图呈现给广大读者的编写初衷。

在此我要感谢刘志阳教授,此书作为创业学院的教学项目,他给予了本项目和本课程的建设诸多指导和参考意见。我还要感谢我的两位博士研究生李俊和查君,他们帮我收集了与本书相关的大量外文、中文资料。同时我要真诚感谢我的两位硕士研究生陆凯悦和刘开樟,他们在帮我整理相关资料的过程中,承担了许多文字整理工作。我尤其要感谢听我讲授这门课程的上海财经大学的学生,他们积极地参与了教学过程中的小组学习、案例讨论,课堂上他们每一次给我的掌声都是对我莫大的支持与鼓励!最后,尤其感谢本书的责任编辑吴晓群老师,在疫情肆虐期间,她对本书的校阅、编排花费了大量的时间和精力。

本书的结构框架与章节安排如表0—1所示,共分六个模块:

模块一是绪论,即本书第一章,介绍了创业领导、创业领导者、创业领导学等基本概念,同时分析了创业领导学的六个分支学派、创业领导者的四种基本视角与三个基本特征。

模块二是传统领导理论。这一模块包括从第二章到第六章共计五章的内容,探讨了传统领导理论视角下创业领导的特征(第二章)、行为(第三章)、权变(第四章)与当代领导特质(第五章),以及本人对仆从型创业领导的最新研究成果(第六章)。这一模块在结构上主要参考了斯蒂芬 P. 罗宾斯(Stephen P. Robbins)《管理学》对领导理论的分析框架,有关创业领导者的智力与情商、领导者素质模型、领导管道模型等内容则主要参考了哈格斯等著、朱舟译的《领导学:在实践中提升领导力》。在内容设计上,本模块力求把握创业领导者既具有一般领导者的特征、行为与模式,又具有创业领导者的特定表现这两者间的"平衡"。在分析处理上,我们一般先从总体上分析创业领导者作为一般领导者的"共性",再在每一章的后半部分分析创业领导者的"特殊性"。

模块三是汇聚理论,即本书第七章。创业领导汇聚理论认为,世界各地的创业领导者在创业过程中往往表现出许多共同的特征,或向共同的性格、心理、行为特征"汇聚"。相关研究表明,所有的创业领导者共同表现为坦率型、控制型和平衡型三种典型特征。

模块四是内部创业,即本书第八章,其中系统地阐述了创业领导内部创业相关的组织背景、组织要素与交互模型。

模块五是制度理论。它包括本书的第九、第十、第十一章,分别从道家视角和儒家视角探讨了中国创业领导制度理论及实践,并在此基础上,对比研究了以康芒斯为代表的西方创业领导制度理论。

模块六是文化理论。它包括本书的第十二、第十三章。第十二章试图将创业领导理论嵌入文化层次理论、文化维度理论的分析框架中,探讨创业领导的文化构建与文化信仰下的创业行为。第十三章则是以儒家文化为核心,分析了儒家文化如何影响创业领导者的创业人格、管理哲学与管理行为。

表 0-1　　　　　　　　　　本书的结构框架与章节安排

模块设计	章节安排	创业传奇与创业聚焦		章末案例	
模块一绪论	第一章　导论			案例一	危急时刻,只有偏执狂才能生存
模块二传统领导理论	第二章　创业领导的特征	创业传奇 创业聚焦	华为的愿景:三分天下有其一 严介和的高情商:亏5万不如亏8万	案例二 案例三	乔布斯:创新至死 史玉柱的创业风险
	第三章　创业领导的行为	创业聚焦 创业聚焦	松下幸之助:企业规模与管理模式 可敬的创业领导者与难缠的创业领导者	案例四	朱新礼和他的汇源果汁
	第四章　创业领导的权变	创业聚焦	诸葛亮的用人之失	案例五	脑白金:史玉柱的创业污点
	第五章　创业领导的当代发展	创业传奇 创业传奇 创业聚焦	王传福与他的比亚迪 魅力型领导凯勒尔 马斯克的火星"殖民"愿景		
	第六章　仆从型创业领导	创业传奇	天下富豪多闽商		
模块三汇聚理论	第七章　创业领导汇聚理论	创业聚焦 创业聚焦	地球是平的 产业集中于半导体 台湾要小心"荷兰病"	案例六	如何成为"隐形冠军"
模块四内部创业	第八章　创业领导的内部创业	创业传奇 创业聚焦	"华为太子"李一男的哗变 美国车床独步天下	案例七	内部创业:李书福的人生跨越
模块五制度理论	第九章　中国创业领导制度理论及实践:道家视角	创业聚焦	赛道换了,中国的锂电池技术异军突起		
	第十章　中国创业领导制度理论及实践:儒家视角	创业聚焦	全球抢粮 中国不慌	案例八	红顶商人胡雪岩与他的创业人生
	第十一章　西方创业领导制度理论	创业传奇 创业聚焦	比亚迪:中国最大的汽车集团 埃隆·马斯克:如何打败中国		
模块六文化理论	第十二章　创业领导文化理论	创业传奇	恒大的"马屁文化"与高管的特殊癖好		
	第十三章　创业领导与儒家信仰	创业聚焦 创业聚焦	"家国同构"与"家国异构" 文化与价值观:美国如何控制世界	案例九	郭鹤年:多元化经营的王者

为了增强课程教学中的生动性、延展性和时代性，本书安排了"创业传奇"和"创业聚焦"两个浮窗式扩展内容。"创业传奇"主要是讲述创业领导者的一些故事、传奇和轶事；"创业聚焦"主要阐述创业领导者面临的社会关注点、讨论焦点与技术发展新趋势。这些具有明确来源的网络材料，本书都做了明确标注，在此深表感谢；对于没有明确来源、由编者整合的资料，本书也做了明确的说明。

为了学以致用，提高学生运用创业领导理论分析创业过程中遇到的复杂问题的能力、解决实际问题的能力和开发学生未来创业行为中的创造力，本书设计了与各章节内容密切相关的案例讨论。由于案例内容较多，来源和渠道多样，对于其参考来源与出处未能一一标注，笔者深为歉疚并对为本案例做出实际贡献的资料提供者表示感谢！

本书的结构设计、各章节的内容撰写由万君宝负责，"创业传奇"、"创业聚焦"、案例编写和讨论题的设计由沈梦负责。"知我者《春秋》，罪我者《春秋》"，此书编写前后已历四载，其间付出无数心血。窗前雨夕，常感人生之倏忽，岁月易蹉跎！我们深知自己的知识、水平有限，浅陋错讹之处在所难免。在此诚恳期望各位读者，尤其是使用此书的各位师生，对本书的错误乖谬之处加以批评指正！请联系本书作者万君宝：junbao64@aliyun.com。

本书配有课件、案例集、习题集以及每章的习题答案，如有需要，请发邮件至79387013@qq.com 索要，或至上海财经大学出版社网站（www.aesnet.cn）相关页面下载。

编　者

2023 年 3 月 5 日

目 录

模块一 绪 论

第一章 导论/3

第一节 创业领导与创业领导学/3

第二节 创业领导者的四种视角与三个基本特征/7

思考题/10

讨论题/10

模块二 传统领导理论

第二章 创业领导的特征/13

第一节 领导特征理论:从一般领导者到创业领导者/13

第二节 创业领导的六个关键维度/17

第三节 创业领导的智力与情商/22

创业传奇 华为的愿景:三分天下有其一/20

创业聚焦 严介和的高情商:亏5万不如亏8万/28

思考题/28

讨论题/29

第三章 创业领导的行为/30

第一节 领导行为理论/30

第二节 领导者素质模型/35

第三节 领导管道模型/38

创业聚焦 松下幸之助:企业规模与管理模式/32

创业聚焦 可敬的创业领导者与难缠的创业领导者/37

思考题/40

讨论题/40

第四章 创业领导的权变/41

第一节 菲德勒模型/41

第二节 赫西与布兰查德的情景领导理论/44

第三节 路径－目标理论/47

创业聚焦 诸葛亮的用人之失/46

思考题/50

讨论题/50

第五章 创业领导的当代发展/51

第一节 应对型领导与应变型领导/51

第二节 魅力型领导/53

第三节 愿景型领导/55

第四节 团队型领导/57

创业传奇 王传福与他的比亚迪/52

创业传奇 魅力型领导凯勒尔/54

创业聚焦 马斯克的火星"殖民"愿景/56

思考题/59

第六章 仆从型创业领导/60

第一节 仆从领导及其特征/60

第二节 仆从领导的理论模型与哲学基础/66

第三节 创业实践中的仆从领导/69

创业传奇 天下富豪多闽商/68

思考题/86

模块三 汇聚理论

第七章 创业领导汇聚理论/89

第一节 汇聚理论的现实背景/89

第二节 创业领导的三种类型/92

创业聚焦　地球是平的/89

创业聚焦　产业集中于半导体 台湾要小心"荷兰病"/91

思考题/98

讨论题/99

模块四　内部创业

第八章　创业领导的内部创业/103

第一节　内部创业的组织背景/103

第二节　内部创业的组织要素/109

第三节　内部创业的交互模型/110

创业传奇　"华为太子"李一男的"哗变"/105

创业聚焦　美国机床独步天下/107

思考题/116

讨论题/116

模块五　制度理论

第九章　中国创业领导制度理论及实践：道家视角/119

第一节　道家的创业领导思想与制度构建/119

第二节　范蠡：道家创业领导思想在商业管理中的实践/129

第三节　曹参：道家创业领导思想在行政管理中的实践/131

创业聚焦　赛道换了，中国的锂电池技术异军突起/122

思考题/135

第十章　中国创业领导制度理论及实践：儒家视角/136

第一节　"仁政"：儒家创业领导理论的最高理想与基本原则/136

第二节　食禄者不得争利/141

第三节　常平仓制度/145

第四节　均输、平准与盐铁专卖/148

创业聚焦　全球抢粮，中国不慌/147

思考题/155

讨论题/156

第十一章　西方创业领导制度理论/157

第一节　康芒斯对历代创业领导制度理论的归纳/157

第二节　重构:康芒斯对资本主义制度的再设计/166

　　创业传奇　比亚迪:中国最大的汽车集团/163

　　创业聚焦　埃隆·马斯克:如何打败中国/168

　　思考题/172

模块六　文化理论

第十二章　创业领导文化理论/175

第一节　人性·文化·个性:精神程序驱动的三个层次/175

第二节　文化层次与创业领导者的文化构建/177

第三节　创业领导与文化信仰/185

　　创业传奇　恒大的"马屁文化"与高管的特殊癖好/180

　　思考题/190

第十三章　创业领导与儒家信仰/191

第一节　儒家文化与创业领导的创业人格/191

第二节　创业领导的管理哲学与管理行为/202

　　创业聚焦　"家国同构"与"家国异构"/199

　　创业聚焦　文化与价值观:美国如何控制世界/204

　　思考题/211

　　讨论题/212

参考文献/213

模块一

绪论

第一章

导 论

本章从创业者出发,引入了创业领导学的概念,探讨了其基本思想及该领域的研究属性。

在第一节,我们给出了创业领导学的定义,从各个维度阐述了创业领导学的起源与发展。创业领导学是创业学与领导学之间的交互行为,包含了两者的共同特性。同时探讨了创业领导学的六个分支学派,并强调了创业管理学派的理论在其中的重要性。在第二节,我们从创业领导者的四种视角观察了创业领导学的特征与原理。第三节通过一个研究模型的建立阐述了创业团队管理中的一些重要因素和启发。

第一节 创业领导与创业领导学

"创业者"(entrepreneur)源自法语"entreprendre",本意为"从事"(undertake),现在通常被译为"企业家"。这一概念由理查德·卡蒂伦(Richard Cantillon)在1775年引入经济学领域。直到20世纪80年代,通过谢伊(J. B. Shay)的研究,这一概念才逐渐被人们所接受,意指"将经济资源由一个低产出、低产量的领域引入高产出、高产量领域的人"(Mamede & Davidsson,2003)。而"创业学"(entrepreneurship)这一概念创立于20世纪初,意指创业者的行为。后来从研究的目的出发,是指"个体——既包括个人又包括组织在内的,感知并创建新的经济机会的能力与意愿,包括新的产品、新的生产方法、新的组织计划、新的产品市场扩展,从而在面对不确定和其他障碍的情况下当场做出决定,将新思想引入市场,创建机构,运用资源,为夺取市场份额而与其他竞争对手展开竞争"(Bremer,2009)。

对"创业者"的界定,直接决定了本学科所研究的"创业领导"和"创业领导学"。

一、什么是创业领导学

创业领导学(entrepreneurial leadership,EL),简单地说,就是创业领导的科学或创业领导的学问,或者是企业家如何发挥领导者的职能,进而对创业活动进行有效管理的学问。简言之,它是"创业学与领导学之间的交互行为"(the interaction between entrepreneurship and leadership)(Ashfaq Ahmed,2013)。本学科所研究的"创业领导",就是指"创业领导学"或"创业领导力"。作为一门学科,将"创业领导"称为"创业领导力"似乎是当今学术界的一种趋势,但我们认为这种称谓具有不够科学、不够严谨之处。

创业领导学是为创业行为创造一种环境,从而使当今的组织获得成功的一种领导学(Cohen,2004)。它是一种建立创业愿景,并使团队在不确定的环境下迅速实现愿景的过程。创业领导学是愿景、变革与创造的动态过程,创业领导学的构成要素包括承担可计算的风险的意愿程度、有效的创业团队的组建、配置所需资源的创造性技能、建立强有力的商业策划的基本技能,当其他人看到的只是混乱、矛盾、挫败时,你却能高瞻远瞩,发现机会(Frederick,et al. 2007)。还有的学者认为,创业领导学是"指导或影响一群人展开行动以实现组织的目标"的科学,它涉及"认识并利用创业机会"(Renko et al.,2015)。

创业学与领导学之所以能共同构成一门学问,是因为创业者与领导者本身具有许多共性,如"创新性""对威胁和风险的偏好""具有为职业和组织设想更好未来的能力"(Fernald et al., 2005)。

对于"创业领导学"作为一门学问,目前大致有三种观点:

一是从属观,即直接将创业领导学看作领导学的一个分支,将创业者的行为视为一种特定的领导行为,认为创业领导学实际上从属于领导学。创业领导学"为参与者创建了一种提供精神支撑的愿景型情景,从而使他们全身心投入这种愿景战略性的价值的探索与发现"(Gupta et al.,2004)。

二是独立观,即认为创业学完全不同于领导学。有的学者认为创业学更基本、更具有"全球性"(Vecchio,2003)。创业者不仅仅是一个既定机构和组织的领导者,他或她必须白手起家,从头开始建立一个组织或一家公司,面对不同的挑战、威胁与危机(Gupta et al.,2004),并在一种非同寻常的、异常困难的情形下发挥领导作用(Cogliser and Brigham,2004)。此外,创业者在性格、特征、技能方面尤其复杂,并且现实要求创业者在同一时间里的不同情形下扮演不同的角色(Mattare,2008)。

三是合并观,即认为创业领导学包含了创业学与领导学的共同特征,如愿景、创新、团队工作、计划工作、风险承担、资源的有效管理和主动积极性。有人认为创业领导学的实质是一种聚焦愿景与机会发现的关系影响过程(Renko et al.,2015)。

对上述三种观点,我们并不进行对错评判和优劣区分,我们将这一争论呈现给读者,由读者自己评判。

二、什么是创业领导者

创业领导者(entrepreneurial leader)是创业过程中承担领导作用的核心人物或领导团队。有人认为创业领导者必须具备创业者的能力,它包括对不确定性的高度容忍力、毅力和展示高度的创造性、建立创业文化与组织的能力(Timmons and Spinelli,1994)。还有人将"创业领导者"界定为:在强化个体和群体、提高业绩努力的过程中显示领导力或领导能力的创业者。面临变动不居、充满竞争性的环境,其能在驾驭现有组织的过程中,取得彰显领导者创造力或领导者创业能力的成功和巨大效果[①]。另有人将"创业领导者"界定为需要开发和创建一种新的事业,并使之成功且实现具有深远意义的目标的一种额外能力[②]。它是一种需要某种特定领导方式的领导过程,这种特定的领导方式尤其需要变动不居、鼓舞人心、清醒理智的环境(Gupta et al.,2004)。创业领导者必须具备"引导他人对资源进行战略管理从而既能强化寻求机会又能强化寻求优势的行为的能力"(Ireland et al.,2004)。

三、创业领导的流派

再诺(Zainol)等综合了其他学者的观点,将"创业领导学"或"创业领导"分为六个学派:创业伟人学派、创业心理特征学派、创业古典学派、创业管理学派、创业领导学派、内部创业学派(Fakhrul Anwar Zainol et al.,2018)。

(一)创业伟人学派

创业伟人学派(the great person school of entrepreneurship)强调,创业者因为其天然拥有的性格而决定了其是天生的而不是后天塑造的。他们能够提出令他人兴奋、鼓舞的想法、概念与信念。他们具有发现机会、采取行动的天生才干,这意味着他们天赋异禀,与常人迥乎不同。他们精力充沛,高度自尊,具有追求独立与成功的强烈驱动力。他们对自身的能力通常具有异乎寻常的自信,同时具备精力充沛、坚持不懈、专心一致、外表具有吸引力、名声在外、擅长交际、知识丰富、判断准确、演讲流利和行为果断等特点。比如,许多成功的创业领导者都被冠以"经营之神""管理之神""实业教父""商业领袖"等名号。

(二)创业心理特征学派

创业心理特征学派(the psychological characteristics school of entrepreneurship)关注创业领导者的人格特征,它相信创业者对待工作和生活有着独一无二的价值观和态度。某些占主导地位的需求会驱动个人采取某种方式行动,创业者与非创业者在个人性格特征上会有所不同,他们在采取创业行动方面会有更强的倾向性。这些性格特征还包括:对他人的诚实与忠诚、敢担风险、异常勤奋与努力工作。其中,敢担风险是优秀企业家区别于一般管理者的关键因素。创业心理特征学派相信某些个人的价值观与某种强烈的需求是创业成功的先决条件,它们来自童年时代的熏染而不是成年以后的培养。

伦科(Renko)等人强调创业领导"涉及认识并利用创业机会"的一系列特征(Renko et al.,2015),创业领导在创业过程中可以提高整个管理团队的绩效和团队成员的个人绩效。而在此过程中,心理安全(psychological safety)起到了中介作用(Edmondson,1999)。

(三)创业古典学派

创业古典学派(the classical school of entrepreneurship)并不相信某些创业者的特征或行为是创业成功的关键因素,它认为只有创新、创造、发现才是创业思想的经典构成,也是其支撑要素。按照这一思维模式,创业简单地说就是创造机会的过程,或管理机会探索以激发创新的

[①] 参见 Cogliser and Brigham,2004;D. Intino et al.,2007;Fernald et al.,2005;Frey,2010;Gupta et al.,2004;Kuratko and Hornsby,1999;Swiercz and Lydon,2002;Yang,2008。

[②] 参见 Gupta et al.,2004;Swiercz and Lydon,2002。

过程。实质上,成就创业者或为创业者开路的根本是创新与发现。这一学派还发现,创新与个人主义有关,许多敢于创新的人在创新过程中强调主体性与个人主义,这些创新者通常受到满足个人需要的激励,很少会考虑社会和组织的利益。这一学派的主要问题是,将创业者看作高度自私、极端自我的人,他们只关心自己的需求和想法,很少顾及其他利益相关者。这一学派很容易从微软的比尔·盖茨(Bill Gates)、苹果的史蒂夫·乔布斯(Steve Jobs)身上找到例证。详细了解这方面的事例,我们可以参看英特尔总裁安迪·格鲁夫(Andy Grove)的《只有偏执狂才能生存》和约翰·M. 伊万塞维奇(John M. Ivancevich)的《管理爱因斯坦》。

(四)创业管理学派

创业管理学派(the management school of entrepreneurship)来自管理学家亨利·法约尔(Henri Fayol)对管理职能的设定,他认为管理者从事计划、组织、指挥、协调、控制这五项职能。管理学派认为创业者是在组织或管理企业的同时为了获取利润而承担风险的人。约翰·斯图尔特·密尔(John Stuart Mill)对创业者的描述,除了承担风险外,其职能还包括监管、控制并为企业提供方向。

创业管理学派还相信,创业者还可以在教室里得到培训和开发。由于每一年都有许多创业者的风险事业陷于失败,而其中相当比例的失败可归因于糟糕的管理,因此,这一流派的核心观点是:创业是一系列的学习活动,以聚焦企业的中心管理职能。在这一流派看来,创业等同于管理,其知识与技能可以在学校与其他培训机构获得。

(五)创业领导学派

创业领导学派(the leadership school of entrepreneurship)将创业领导者看作通常意义的领导者。根据这一学派的观点,创业者通常是依靠他人达成目标或目的的领导者。一个成功的创业者必须始终充当人们的管理者、有效的领导者或导师,担当激励、领导与引导的角色。因此,创业者必须阐释一种可能的愿景,吸引人们团结在愿景的周围并最终把它变成现实。这一学派的普遍潮流是关注领导者如何完成任务,并对人们的需求做出反应。这一学派相信领导者与追随者之间存在共同利益,使两者都能为了企业的成功竭尽所能。

(六)内部创业学派

内部创业学派(the intrapreneurship school of entrepreneurship)认为组织内部缺乏创新性和竞争性,而内部创业者能克服这些限制,他们拥有自由支配的行动自由,能采取行动将想法付诸实施,却不一定成为企业的所有者。总的来说,内部创业学派假定,在半自治的部门单元中,只要鼓励人们像创业者一样工作,那么组织内部的创新仍然是可以实现的。这一学派认为,内部创业可适用于大型组织,只要给人们提供组织事务中酌情裁量的自由,就可以办到。

从以上六种观点可以看出,创业领导既是一门异彩纷呈、百家争鸣的发展中的学科,也是一门方兴未艾的学科,随着时间的推移和管理实践的发展,我们有理由相信这一门学科会不断发展壮大。

四、创业者与领导者之间的关系

关于创业者与领导者之间的关系,目前大致存在三种流派或观点:

(一)包容说

包容说认为创业领导学从属于领导学,简言之,我们可以把创业领导学看作领导学的分支。

(二)嵌入说

嵌入说认为创业领导学是领导学与创业学之间的嵌入部分,是这两者的重叠(如图1—1所示)。

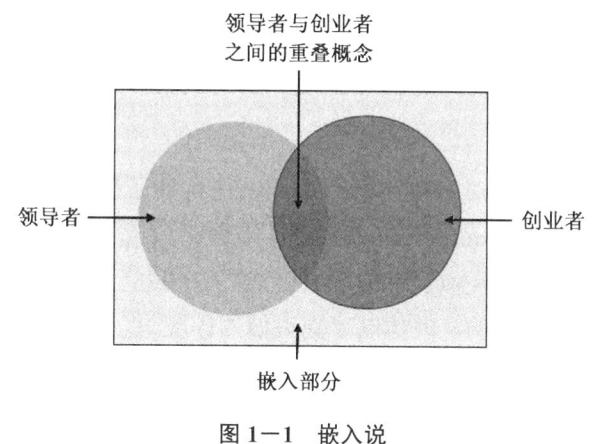

图1—1 嵌入说

(三)新生说

新生说认为创业领导学是根本不同于传统创业学和领导学的一门新学问。

第二节 创业领导者的四种视角与三个基本特征

一、创业领导者的四种视角

有人归纳了研究创业领导者的四种视角(见表1—1),它们分别是经济学视角、社会学视角、管理学视角和人类学视角(Huynh,2007)。

表1—1　　　　　　　　　　　创业领导者的四种视角

视角	研究重点	主要研究领域	理论观点
经济学视角	创业活动与非创业活动之间的冲突	某种社会环境下作为英雄式创业者的个体	要抓住机会,就需要新的信息来创新并创造一种新的不平衡
社会学视角	组织是理解官僚组织和社会秩序方面的一种理性的存在体	某种拥有权威的个体	创业者是组织中正式权威的来源
管理学视角	树立创业品质的实用主义的解决方案	处于领导位置的企业	瞄准领导位置的企业战略必须是创业性的
人类学视角	作为具有组织职能的创业者	与利润和不确定性相联系的个体	

(一)经济学视角

从历史上看,创业领导者具有多种多样的面孔,扮演着多种多样的角色,其中著名经济学家约瑟夫·A. 熊彼特(Joseph A. Schumpeter)被看作创业者研究方面的先驱,他对创业者给出了深刻的经济学角色的描述。他认为创业者的体质特征是创新,表现为土地、资本、劳动力等生产要素的创造性、创新性的组合与使用。有人认为熊彼特在本质上将创业者看作与领导者合一的角色,即他既是创业者又是领导者。创业意味着不按常规做事,其实质是一种宽泛的领导现象(Schumpeter,1949)。熊彼特主要关注资本主义制度与创业职能之间的关系,创业者(企业家)被看作市场经济中的经济领导者,是一种"社会领导"(social leadership)。

(二)社会学视角

马克斯·韦伯(Max Weber)对政治学的兴趣使他构建了官僚组织(bureaucracy)和社会学中的合法掌控(legitimate domination)等概念。韦伯对权威层级和办公室官僚阶层的分析与熊彼特的创业领导者的分析类似。韦伯解决权威层级和办公室官僚阶层的原则时,运用了一套紧密有序的"上司—下属"的从属体制。受韦伯的影响,熊彼特将创业者看作社会环境中的嵌入体,这种社会环境大致可以分为两类:领导者和追随者。显然,他们之间的相似性是极其重要的,但韦伯的官僚组织更加注重权威与协调。

为理解官僚组织及其与其他社会秩序之间的关系,韦伯明确地将理性的组织挑选出来。同时,他将"合法权威"(legitimate authority)做了更精确的界定——它由强制性控制、最低限度的自愿服从和服从的好处构成。

韦伯将合法权威分为三种:理性的合法权威(rational legitimate authority)、传统的合法权威(traditional legitimate authority)、魅力型合法权威(charismatic legitimate authority)。

(1)理性的合法权威相信正规命令的"合法性",以及通过发布命令来增强权威的权力。

(2)传统的合法权威坚信已经确立的信念,并且相信古老传统的神圣性以及这种传统下施展权威的合法地位。

(3)魅力型合法权威相信某个个体人物的特别的和非比寻常的神圣性、英雄主义或优异的性格特征,对这种人的行事风格和发布的命令也深信不疑。

创业者在官僚组织中往往可以获得以上三种合法权威,他们被看作正规权威或合法权威的来源,他们通过授权从下属那里获得服从。这与管理者从上级那里获得的职能性权威(functional authority)是不同的。

在创业者的以上三种合法权威中,魅力型合法权威往往令人饶有兴趣,引发众多讨论。韦伯将魅力(charisma)看作与常人相比与众不同的个性品质,它并非常人所具有,是领导者所具备的非同寻常的品质。甚至熊彼特也承认,韦伯对魅力型领导的描述与他对英雄式创业者(heroic entrepreneur)的描述几乎是平行的(Schumpeter,1934)。熊彼特所描述的创业者所具备的打破平衡的品质也可以在韦伯的分析中找到对应之处,即社会的演化可以从一种稳定结构向其他体制转变。因此,有的学者干脆将熊彼特的创业领导者看作韦伯的魅力型领导的一个派生品种。然而,韦伯与熊彼特对创业领导者的分析方法都是理论性的、理想主义的描述,缺乏现实的分析与依据。

在社会学视角中,有一种代表性的"社会学习理论"(social learning theory),该理论相信,个人总是通过观察和模仿他人的态度与行为来学习他人(Bandura,1977)。

(三)管理学视角

管理学视角被看作克服了以上两种视角的缺陷,对创业领导提供了更现实、更实用的方法。创业领导的管理学视角关注创建新企业时展现的创业品质,而类似美国《哈佛商业评论》的杂志则尤其关注创业者在管理实践中的成功故事。彼得·德鲁克(Peter F. Drucker)认为:"创新是创业的一项特定职能,它依靠的是创业者要么拥有现存资源,要么创建新的产生财富的资源。"(Drucker,1985,p.95)

德鲁克提出了获取市场领导地位的四种创业战略:

(1) 孤注一掷战略[①](fustest with the mostest);
(2) 乘其不备,打击他们;
(3) 发现并占领一个特定的"生态利基市场";
(4) 改变某种产品、市场、行业的经济特征。

(四)人类学视角

人类学涉及人类社会过程及其对人类存在的社会影响的研究。历史上人类学家通过观察遥远的社会与桀骜不驯的大自然相处的过程来获得社会学的相关知识。总体而言,创业者并不追随人类学的早期阶段,但人类学家对企业发挥组织功能和创业者在组织中发挥领导作用的过程饶有兴趣。

这方面的著名学者是弗雷舍(Fraser),他对创业者的解释是:

(1)他们是那种要么发挥首倡者职能、要么充当不确定性承担者职能的人,或者是兼具两种职能的人;
(2)他们的收入以利润体现;
(3)与投机商、贸易商不同,他们是一群将获利与生产联系起来的人(Fraser,1937)。

因此,总的来看,人类学视角同经济学视角一样,将创业者看作一定社会环境下不确定性与风险性的承担者。

二、创业领导者的三种基本特征

有的学者提出,创业领导者具有三种被广泛认可的、额外的个人能力:积极的态度(positive attitude)、创新(innovative)和敢担风险(risk taking)(Chen,2007;Gupta et al.,2004;Kuratko,2007)。

(一)积极的态度

积极性意味着充满激情地去创建和引导扑面而来的未来远景,而不是坐等它的到来或接受他人的影响。那些管理着自己的企业,用自己的具有创造性、充满智慧的方式经营自己的生

---

① "孤注一掷战略",即将所有的资源与能力,以闪电般的速度投入一个新的市场,以牢牢占据这个市场、行业的主导地位,从而获得市场领导权。其著名的例子有杜邦、3M、苹果电脑和瑞士制药公司、霍夫曼—拉罗歇公司,其目的不是建立一家大公司,而是建立一家与众不同的新公司。

意的创业领导者显示了这种典型的个性或强有力的性格特征。积极的态度使创业领导者未雨绸缪,对未来的挑战与问题提前预判,从中发现机会,区分并找到那些变化了的需求。积极的态度可以塑造成功,促使企业增长,用创造的方式看待眼前事物,并主动采取创业行动。积极的态度,还使创业领导者高度认可对学习行为和不同方式的培训项目,对企业管理过程中的即将面对的挑战、风险和障碍持以高度警惕。

(二)创新

创新被视为创业领导者与众不同的思考或创造性思考,从创业的视野提出其独特的、有价值的想法,不按常规地运用资源、解决问题的品质和能力。也有人认为,创新是将巨头从独立人士中区别出来的方法。而部分学者认为,创业领导,从本质上说,就是提出并创建创新、致力于成就与有价值思考的人(Surie and Ashley,2008)。

(三)敢担风险

承担风险衡量了一个创业领导者接受环境的不确定性、承担巨大责任、接受未来挑战的意愿。理性且谋划过的风险承担是创业领导者的共同特征,它主要体现在创业过程的最初阶段。更重要的是,比起模仿他人,创业领导者显示出超乎寻常的敢担风险的倾向性,在他们创业过程的各个阶段、各个方面、所接触社会的各个层面都要面对不同的风险。

这点可以被视为所有创业领导者具有的共性。从本书第二章的领导特征理论分析中,我们可以看到,这三种特征分析远不能代表创业领导者的全貌。

思考题

1. 有的学者认为创业领导学从属于领导学,有的学者认为创业领导学完全不同于领导学,你的观点是怎样的?为什么这么说?
2. 创业领导学分为哪几个学派?其主要观点分别是什么?
3. 从社会学的视角阐述合法权威的具体定义。这一视角与经济学视角的主要差异体现在哪些方面?

习题及参考答案

讨论题

参阅案例一"危急时刻,只有偏执狂才能生存"。

1. 你是否赞同格鲁夫的观点——只有偏执狂才能生存?它对创业领导者意味着什么?
2. 你能否举出2~3个创业领导者的实例,说明他们是"偏执狂"?
3. "偏执狂"的创业领导者有哪些特征?从正反两个方面分析他们在行为方式、管理风格方面的表现是什么。
4. 有人说"十倍速时代"已经到来,请举例说明。

案例集

模块二

传统领导理论

第二章

创业领导的特征

本章将在分析领导的一般特征的基础上,探讨创业领导所独有的特质、维度、智力与情商。

本章第一节讨论了领导的定义,并介绍了早期的领导特征理论,如拉尔夫·M.斯托格迪尔(Ralph. M. Stodgill)的领导个人因素论、鲍莫尔(W. J. Baumol)的领导品质论等。在此基础上,我们讨论了创业领导者不同于一般领导者的四个明显特征:积极性、创新性、敢担风险、战略能力。本章第二节介绍了创业领导的六个维度:敏锐洞察、自主创新、勇于竞争、承担风险、远景目标和激励他人。第三节则分析了创业领导的智力与情商,首先介绍与创业领导有关的智力三元论,然后介绍与创业领导相关的认知资源理论,最后运用三类典型的情商模式,专门讨论了创业领导者的情商。

第一节 领导特征理论:从一般领导者到创业领导者

为何要分析一般领导者所具有的特征?因为所有的创业领导者在成功创业之前,都被看作一般意义上的领导者与管理者。根据创业领导学的"包容说",领导者与创业领导者是"总体"与"部分"、"共性"与"个性"之间的关系。

一、领导与领导者的定义

领导(leadership),根据管理学家哈罗德·孔茨(Harold Koontz)的定义:"领导是一种影响力,是引导人们行为,从而使人们情愿地、热心地实现组织目标或群体目标的艺术过程。"领导的定义包含了以下三个关键要素:

(一)领导的实质是影响力

美国电影《教父》一开始展现的是:在黑手党老教父科里昂女儿出嫁的婚礼上,是宾朋满座、觥筹交错、翩翩起舞的热闹场景,然而在表面的热闹繁华之后,一场权力与阴谋的勾当正在悄然展开。好莱坞演员前来捧场,他求科里昂给导演"打招呼",让他演主角;议员前来道贺,他希望得到科里昂黑手党势力选票的支持;小商人向科里昂输诚,他的女儿被人强奸,他希望科里昂替他报仇……随着剧情的展开,黑手党教父科里昂在当地政界、商界、警察、社区乃至好莱坞具有的巨大影响力得到了生动展示。它刻画了20世纪30年代美国社会所特有的贩毒、凶杀、官匪勾结的凶险社会背景下,黑道头目掌控下的复杂的社会生态。这部电影为我们生动地展示了什么叫"影响力"。影响力是一种影响他人思想、行为的能力。它大致可以分为两种:一种是强制性影响力,如电影《教父》中黑手党老大科里昂所展示的影响力;另一种是非强制影响力,它依靠的是领导者的思想、行为、人格魅力所产生的吸引力,约瑟夫·奈(Joseph Nye)将这种影响力称为"软实力"(soft power)。

(二)领导是一种过程,既是行为过程,又是艺术过程

历史学家、文学家司马迁创作的《鸿门宴》(出自《史记·项羽本纪》)中的两位重要领导人物项羽、刘邦就展示了领导的这两种过程。项羽天生勇武,"力能扛鼎""力拔山兮气盖世",具有天生的领导气质;他破釜沉舟,消灭秦军主力,拥40万大军,实力极为雄厚;当他接到曹无伤密报,刘邦将秦廷的美女、财货占为己有时勃然大怒,发令"旦日飨士卒,为击破沛公军",这似乎是胜负立判的一场战局。

然而,随着战局的展开,项羽的性格弱点逐渐暴露:

(1)迟钝。40万大军开拔之前,刘邦前来道歉,这说明军机已经泄露,而泄露军机的正是自己的核心决策圈——自己的叔父项伯,这竟然未引起项羽足够的警觉。就是这个项伯,出卖了项羽的核心机密,为了一己私利,处处与项羽为敌,与敌人为友,成为扭转战局的核心"说客"和掩护刘邦的关键内应。而项羽至死都不明白这个至亲的叔叔项伯就是敌人安插在自己身边的"钉子",说明了他的迟钝。

(2)出卖内应。当刘邦欲掩饰自己的行为时,向项羽巧言:"今者有小人之言,令将军与臣有郤。"项羽立即听信,连忙说道:"此沛公左司马曹无伤言之;不然,籍何以至此?"——将自己的绝密内应和盘托出,致使曹无伤立即丢了性命。

(3)举止失措,不按常理出牌。谋臣范曾将计就计,提出将刘邦斩杀于宴会之中,倒不失为挽救败局的补救之策,但项羽在执行这一计划的过程中,犹豫不决,举止失措,让刘邦成功逃脱,白白丧失了除掉劲敌的大好机会。

反观刘邦,在当时军队只有10万人,力量远不如项羽的情形下,却能冷静分析,沉着应对,见机行事,果断除奸,展示了非凡领导者的高超艺术:

(1)冷静分析。在张良询问刘邦是否打得过即将到来的项羽的40万大军时,刘邦坦率地承认"诚不如也"。

(2)沉着应对。在张良的谋划下,刘邦与项伯结为儿女亲家,将项羽的核心团队成员转化为自己的战略联盟,并采纳了项伯极具风险的建议,第二天亲自登门拜访,以消除"误解"。

(3)见机行事。面对范曾布设的重重杀局,刘邦不得不以身犯险,在樊哙的勇敢保护和项伯的内部周旋下,趁项羽犹疑之际迅速逃脱。

(4)果断除奸。回到驻军的灞上,没有对证,没有审问,"立诛杀曹无伤"。

《史记》为我们生动描述了项羽、刘邦这两个领导者在都城咸阳之郊的鸿门展开的政治、军事对决,展示了他们的行为过程和艺术过程。在这一过程中,刘邦虽处于弱势,但他警觉、机智、精心谋划、知人善任的领导者素质充分显露,最终转危为安,为他后来成为开国明君埋下伏笔;项羽是一代枭雄,在当时虽处于绝对有利地位,但他凶暴、冲动、迟钝、不善谋略、不能知人善任、关键时刻不按套路出牌的弱点完全暴露,最终将大好局面亲手葬送。

(三)领导的目的是实现组织或群体的目标

领导的目标不是狭隘的个人私利,而是宏大的组织目标,从而使领导的事业具备历史使命感。因此,当一个领导者为了一个群体或组织而努力奋斗时,他的才能往往可以得到最大限度的发挥;而当一个领导者背离组织目标而追求个人私利时,他的才干和影响力往往随着他对组织目标的背离而迅速消失。

二、早期的领导特征理论

早期的领导特征理论倾向于认为领导是天生的,其中代表性的是斯托格迪尔(R. M. Stodgill)的领导个人因素论、鲍莫尔(Baumol)的领导品质论、吉赛利(E. Ghiselli)的领导特征论和埃德温·洛克(Edwin Lock)的核心特征理论[1]。

(一)斯托格迪尔的领导个人因素论

斯托格迪尔对有关领导的文献做了归纳,得出了四十种以上领导的个人因素,其中包括:

(1)五种身体特征:外貌、年龄、身高、体重、身体素质。

(2)两种社会性特征:学历、社会地位。

(3)四种智力特征:表达流利、知识渊博、判断分析能力强、处事果断。

(4)十六种个性特征:自信、进取心、外向性、独立性、敏锐、有主见、情绪稳定、不随波逐流、急性与慢性等。

(5)六种与工作有关的特征:责任感、事业心、毅力、首创性、对事业的执着、对人的关心。

(6)九种社交特征:人际关系、老练程度、正直与诚实、权力的需要、共事的技巧、个人能力、社会声誉、与他人合作的意愿等。

(二)鲍莫尔的领导品质论

美国普林斯顿大学的鲍莫尔提出领导者应该具备十种品质:合作精神、敢于求新、决策能力、勇于负责、组织能力、敢担风险、精于授权、尊重他人、善于应变、品德高尚。

(三)吉赛利的领导特征论

吉赛利将领导者的特征与管理成功的重要性程度进行了区分。他重点研究十三种特征以及这些特征在领导才能中体现的价值(详见表2—1),其中A代表能力特征,P代表个性特征,M代表激励特征。

---

[1] 引自周健临:《管理学教程》,上海财经大学出版社2001年版,第257~259页。

表 2-1　　　　　　　　　　　　　　　领导特征价值表

重要程度	重要性价值	个性特征
非常重要	100	督察能力(A)
	76	事业心、成就欲(M)
	74	才智(A)
	63	自我实现的愿望(M)
	62	自信(P)
	61	决断能力(P)
	54	对安全保障的需要(M)
	47	与下属关系亲近(P)
次重要	34	首创精神(A)
	20	不要高薪金钱报酬(M)
	10	权力需求高(M)
	5	成熟程度(P)
最不重要	0	性别(男性或女性)(P)

说明：重要程度为，100＝最重要，0＝没有作用。

(四)洛克的核心特征理论

洛克提出的领导者的六组核心特征被看作有效领导者的基本条件：

1. 干劲与魅力

它反映了领导者的主观努力程度，如个人的欲望、志向、主动性与个人精力。

2. 领导的动机

成功的领导者往往具有强烈的领导愿望，他们希望领导别人而不是被别人所领导，他们往往愿意承担责任。

3. 诚实与正直

领导者的诚实与正直使他们更容易获得下属的依赖，他们既能公正评价下属，也能坦率地承认自己所犯的错误。

4. 自信

领导者的自信使他们更容易赢得下属的追随，他们确信自己对未来的判断，并在困难时刻和面对危机时对未来保持乐观。

5. 智力

智力使他们在识别不确定性、用人方面做出正确决策；智力使他们在面对未来巨大的不确定性时制定正确的战略；智力还使他们面对强大的竞争对手时不畏强敌，并反败为胜。

6. 业务知识

有效的领导者应该具备丰富的专业知识，对于本行业、本企业、某个特定的技术领域的发展趋势具有深入的了解和清晰的判断。

三、创业领导者的特征

创业领导者除了具有上述一般领导者的特征以外,还被认为具有以下四个明显的特征:积极性(proactiveness)、创新性(innovativeness)、敢担风险(risk-taking)、战略能力(abilities to discover opportunities and strategies)(Agbim et al.,2013)。

(一)积极性

创业领导者积极地影响或领导着未来,而不是坐等未来的发生,他们善于利用机会并承担相应的后果;他们能够预计未来的问题、变革的需要从而对现状加以改进。

(二)创新性

创业领导者在发现机会、资源利用和解决问题的过程中能够创造性思考,提出别出心裁且具有实用性的观点。这一特征使创业领导者与那些仅仅自谋生计的自我雇佣者(self-employed)区别开来。

(三)敢担风险

它是指承受不确定性、承担未来责任重担的意愿程度。谨慎的且经过考量的风险承担是创业领导者的特征之一,在创业者的早期阶段尤其如此。

(四)战略能力

创业领导者的战略愿景、战略分析、战略判断、战略思考(strategic thinking)等战略能力受到许多学者的关注,它涉及向下属传达一个光明而可期的愿景,对未来的问题与危机做出预判,在复杂的情形中做出正确的决策,并获取关键资源以取得竞争优势。

这四个特征在苹果电脑的创始人乔布斯身上表现得尤为明显,请参阅本章末案例二"乔布斯:创新至死"。

第二节 创业领导的六个关键维度

蔡光荣、唐宁玉在《创业领导关键维度的探索性研究》一文中,将创业领导者的特征概括为六个关键维度:敏锐洞察、自主创新、勇于竞争、承担风险、远景目标和激励他人[1]。

一、敏锐洞察

创业领导者具有善于发现并迅速把握稍纵即逝的机遇的能力,他们具有"前瞻性的眼光,能够把握市场的发展趋势,预测未来可能出现的变化以及相关的机遇与挑战"。这里的"前瞻性"不仅涉及在恰当的时机以恰当的方式退出市场,而且涉及在恰当的时机以恰当的方式进入市场。例如,任正非凭着对通信市场的敏锐洞察,提出了"天下三分有其一"的"三足鼎立"战略;史玉柱在经历了"巨人"创业失败后,在对农村市场的调查中,发现了老年人保健品的巨大

---

[1] 蔡光荣、唐宁玉:《创业领导关键维度的探索性研究》,《华东交通大学学报》2006年第6期。

市场机会,开启了老年人保健品"脑白金"的新战略。

二、自主创新

创业领导者既不对他人成功的战略简单移植,也不对某种成功的商业模式照搬与套用,而是在企业的战略战术、运营模式、营销组合、技术开发等企业管理所涉及的各个方面进行大胆探索、不断创新。"建立与保持竞争优势需要不断创新;创造机遇需要创新;发展也需要创新",创业领导者需要具有雄心勃勃的目标和商业模式识别能力,创新则是创业领导者实现其雄心勃勃的目标的基础。创业领导者在组织创新的过程中起着至关重要的推动与协调作用,他们为创新扫清障碍,提供资源,承担创新带来的不确定性,并最终将创新的想法付诸实施。创业领导者往往同时充当"变革代理人"(change agent)和"创意领袖"(idea champion)的双重角色。

"变革代理人",又称"变革推动者",是企业变革过程中谋划、推动和实施变革的人,他们被看作变革的催化剂。罗宾斯在《管理学》中将"变革代理人"分为三类:企业内部的管理者、变革专家和外部咨询顾问。创业领导者更多的是企业内部的管理者,他们在创新过程中必然对已有的管理制度、决策体制、商业模式或市场方式进行变革。

"创意领袖"是积极、热情地支持新创意,提供支持并克服抵制,而且确保创新得到贯彻执行的人。许多创业领导者本身就是员工心目中受到尊敬、推崇的创意领袖。"创意领袖"具有以下共同特征:高度自信、坚持不懈、精力充沛,并且往往勇于冒险。这一称号往往授予那些将创意付诸实施,具有相当大的决策权和执行力的人,他们提出创新并实施创新,完成"创意"到"产品"的整个过程。比如盛田昭夫使"随身听"(walkman)从一种随时随地享受音乐的创意变成了畅销全世界的产品,乔布斯使信息时代的奇思妙想变成了高品质的"苹果"产品。

三、勇于竞争

创业领导者"往往采取进攻性的竞争方式,宽泛地定义市场或者快速地进入市场与竞争对手展开竞争。创业让企业在形成新的产品和市场的过程中快速行动,获得先入优势"。"创业公司可以创新、前向地思考,并且快速地采取行动,但并不需要总是第一",这是因为"通过进攻性的竞争方式可以为企业建立竞争优势,但是并不意味着一味地恶性竞争,一味地恶性竞争不仅不能帮助企业获得客观的收益,反而可能导致整个行业的没落"。它意味着创业领导者往往为已有的商业模式和竞争态势带来巨大的改变,他们是"重塑规则"的人,但并非"不讲规则"的"野蛮人"。如同马云所言:"如果银行不做出改变,我们就改变银行。"阿里巴巴的支付宝就彻底改变了传统的支付方式及至整个金融体系,从而确立了移动支付和第三方支付的新规则。

四、承担风险

创业领导者无论是个人、家庭还是组织,都是风险的挑起者、承受者和承担者。

这里的"挑起者"是指一项风险事业的挑动者与发起者,他们自己就是那条搅动不安的"鲶鱼",有时甚至是席卷整个海洋、陆地的"风暴眼"。比如美国西南航空公司的总裁赫伯·凯勒尔(Herbert D. Kelleher)实施的低价策略,使西南航空公司成为美国航空业中聚焦本土中短途航空、实施低价策略的公司,使它面临所有以美国本土为主营业务的美国国内航空公司的强大阵营的挑战。而凯勒尔发起的价格战成为挑动这一市场的催化剂。由于西南航空公司的飞机票比汽车、火车的票价还便宜,因此西南航空公司航线所至之处,人流、物流、信息流被大量吸引,竞争对手也倒下一大片。有些竞争对手发誓:"反正我要被西南航空公司搞死,我死之前也要把你搞死!"其应对策略是比西南航空公司的票价更低,这就迅速导致了美国航空业价格的恶性竞争!

"承受者",则意味着创业领导者必须经受创业活动带来的职业风险、财务风险、心理风险等巨大压力。20世纪70年代末、80年代初我国一大批体制内的官员"下海"经商或在亏损的国有企业中承包经营,他们往往面临巨大的身份认同危机:由政府官员转变为自谋生路的"自我雇佣者",或由国有企业内"朝九晚五"的、享有合法身份与地位的官员成为商场的打拼者。随之而来的是巨大的财务危机和市场激烈竞争引发的企业生存危机。创业领导者所承受的多重风险与现实压力,从史玉柱的创业经历中可见一斑。请参阅本章末案例三"史玉柱的创业风险"。

"承担者",则是指创业领导者必须勇担责任,坦然接受创业失败给个人、家庭、组织带来的不确定性后果甚至灾难性风险。从成功的概率来看,绝大多数创业者的"失败"似乎是必然的,而"成功"却是偶然的。无数创业者倒在了通往成功的创业路上:他们或失去了原有安稳的工作环境,或债台高筑,或家庭破裂,有的最终破产,甚至有的自杀……总之,当少数成功的创业者享受金钱、荣誉和人生的自我实现时,我们不应该忽略更多的创业者默默无闻、苦苦求生,或者走向了人生的低谷。牟其中可能是中国早期创业者中的活"样本":他曾经有过白糖换飞机、放俄罗斯卫星的神话,也有过在6～8个月内生产出运算速度在10亿～100亿次的芯片,甚至有用核弹炸平喜马拉雅山的狂想,最终却因诈骗罪被判处无期徒刑。其生平好友这样评价他:"老牟确实是一只无脚的鸟,他只能飞翔,却又没有好的空气——他必须要在南德的路上走到底,但资金不够,环境不畅,力量不济。于是他只能不断造势,不断许下诺言,夸下海口,以期吸引眼球,得到支持,并弄来钞票。因为在他看来,他若停下来,就只能是死路一条,而继续往前走,也许会柳暗花明。"

创业领导者承担的风险可以用这样一个"风险矩阵"来展示,见图2—1。

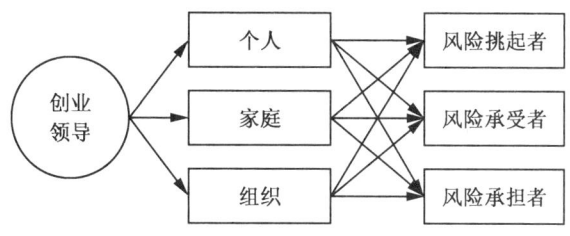

图2—1 创业领导的风险矩阵

五、远景目标

"远景目标",又称"愿景目标",是指具有远期宏大愿景的、对组织成员具有激励作用的目标。领导理论中的"愿景型领导"是指有能力设计并清晰描述一个现实的、可信的、诱人的且可改进目前状况的愿景的领导。他不仅向他人阐释愿景,通过语言和行动来传达愿景,而且在不同的领导背景下应用愿景。也就是说,"远景目标"或"愿景目标"成为激励员工奋发努力的强大精神动力,它不仅为组织的前进指明方向,而且为组织在面对外部风险和内部冲突时提供强大的凝聚力和向心力。

从战略的制定与实施来看,创业领导者"在企业战略的形成中起着非常重要的作用,他们影响着企业战略思路的形成和战略定位的确定,为企业进一步发展提供远景目标,并且通过控制组织的活动让组织接受"。尤其是当组织的战略过于宏大与激进时,它往往面临来自竞争对手的强大压力和组织内部的激烈反弹,这就要求创业领导者具有排除万难的勇气,坚定不移地推进这种战略目标的实施。比如作为创业领导者的任正非就为华为确立了"三分天下有其一"的宏伟目标。

从"学习型组织"看,彼得·圣吉(Peter M. Senge)在《第五项修炼》中提出"建立共同愿景"是学习型组织的第一步。所谓"共同愿景",是指组织中全体成员个人愿景的整合,是能成为员工心中愿望的远景。它是个人、团队和组织学习与行动的坐标。共同愿景对组织的共同学习与进化至关重要,只有当人们致力于实现共同理想、愿望和愿景时,才会自觉学习、创造性学习。在学习型组织的创建与演化过程中,创业领导者往往成为组织的第一动力来源、最关键的保障要素和最主要的资源提供者。他必须成为一个组织交响乐的指挥者,通过资源的调配和精神激励,将组织的大愿景、团队的小愿景和个人的具体愿景编织成企业成功的篇章。这方面的典型例子请参阅创业传奇"华为的愿景:三分天下有其一"。

创业传奇

华为的愿景:三分天下有其一

华为成立于1987年9月15日,当时它面临德国西门子、美国思科公司等通信巨头构成的强大对手。而国外通信行业中的爱立信和诺基亚分别成立于1876年和1865年,华为相对它们来说是一家超级年轻的企业。华为虽然成立时间短,但发展速度惊人,短短几十年的时间已成为国际通信设备行业三巨头之一。

1994年,任正非在员工内部讲话中说:十年后,全球通信行业三分天下,华为占其一。2009年,华为确实做到了,通信设备全球份额占比位居第二,仅次于爱立信,虽然比约定的时间稍微推迟了几年,但是其发展速度让世人惊叹。截至2017年,华为在世界500强中排名第八十三位。其营收为6 036亿元,同比增长15.7%;其利润为475亿元,同比增长28.1%。华为运营商业务营收为2 978亿元,全球市场份额占比为28%,超越了爱立信,全球排名第一。华为消费者业务营收为2 372亿元,消费者业务主要是手机业务。2017年华为手机在我国销量第一,全球第三,仅次于三星和苹果。华为企业业务营收为549亿元,在国内排名第一。

(主要资料来源:观察者网,原题"任正非亲述华为创业史:希望三分天下有其一",2019年11月13日;砺石商业评论,《华为,三十立;华为手机,三分天下有其一》。)

六、激励他人

所谓"激励",就是通过高水平的努力实现组织目标的意愿,这种努力以能够满足个体的某些需要为条件。这就意味着创业领导者一方面必须激发员工实现组织目标的动力;另一方面必须满足所有员工个体的需要,通过实现个体的目标来增强组织的合力与凝聚力。在创业初期,创业领导者"需要的是富有激情,并能够长时间工作的人";当企业走上正轨后,创业领导者"需要的是具有丰富专业知识的人"。无论企业处于哪个阶段,创业领导者都必须"与他人合作,并且要善于激励他人"。

领导工作在某种程度上被看作激励性的工作,创业领导尤其如此。相比一般领导,创业领导往往是在各种条件(物质的、精神的)并不具备的情况下去激发员工为一个自己并不肯定的目标而奋力拼搏的激情——这显然是一种高难度的工作!在一家企业初创时,创业领导者往往面临如下具体的困难与障碍:

(1)缺少资金。绝大多数创业者的创业动机始于对现状的不满,在他们最缺少资金的时候他们必须花钱来启动一家企业:租赁办公场地、招聘人员、购买原材料、建立或租赁厂房、给员工发工资……这其中的任何一个环节出了问题,都有可能迫使初创的企业"胎死腹中"。如本章末案例三"史玉柱的创业风险"所表明的那样,史玉柱早期创业,怀揣4 000元现金,靠住学生宿舍、蹭大学计算机房、赊购第一台电脑、先打广告后交钱等方式闯过了创业初期缺少资金的一道道难关,却倒在了巨人大厦订购挤兑的路上。

(2)缺少资源。对一家成功的明星企业而言,各方面的资源会纷至沓来:银行的资金支持、政府的政策扶持、地方的优惠措施、海内外人才的涌入、供应商与分销商自动上门……但对初创的企业而言,这一切都是不可能的,甚至是反方向的:创业者必须恳求银行的资金支持,争取政府的政策扶持,想方设法获得地方的优惠措施,从有限的范围内吸引可用的人才……

(3)人才的缺乏。这可能是创业者最大的阻碍,由于实力与资源有限,其只能在当地从自己的人际交往中招纳人力资源和创业队伍,其中往往鱼龙混杂、泥沙俱下。观察创业者队伍模式,往往具有"草寇式""占山式"特点:其人才队伍因项目的兴趣"啸聚而来",又因项目的终结"啸聚而去"。在这些困难与障碍面前,创业领导者对人才的激励能力实际上比一般领导者强得多。比起一般领导者,他们必须具有更强的激励技巧与技能:

一是要满足员工的低层次需要与高层次需要。根据亚伯拉罕·H.马斯洛(Abraham H. Maslow)的需要层次理论,人的需要从低到高依次分为生理需要、安全需要、社会需要、自尊需要和自我实现需要。创业领导者必须同时满足员工的这五种需要,意味着其既要满足员工的生理需要、安全需要、社会需要等低层次的需要,比如向员工提供必要的工资,让企业成为员工值得信任的社交场所;同时又要满足员工的自尊需要、自我实现需要等高层次需要,比如让员工的创造性得到发挥,鼓励员工的创意与创新,让员工在企业的成长中获得自我实现、自我提升的机会。

二是要持续提供物质激励与精神激励。对于创业领导者而言,他(她)必须连续不断地向员工提供物质与精神激励,同时把项目失败的风险、财务亏损的风险、企业破产的风险留给自己。有许多创业者甚至在企业最困难的时刻向员工做出"不解雇"的承诺。

第三节 创业领导的智力与情商

研究表明,创业领导在智商与情商方面存在很大的差异。

一、创业领导与智力三元论

早在两千多年前,孙武就在《孙子兵法》中对领导者的智力因素进行过详细而深入的探讨,他认为:

> "兵者,诡道也。故能而示之不能,用而示之不用,近而示之远,远而示之近;利而诱之,乱而取之,实而备之,强而避之,怒而挠之,卑而骄之,逸而劳之,亲而离之。攻其无备,出其不意。此兵家之胜,不可先传也。夫未战而庙算胜者,得算多也;未战而庙算不胜者,得算少也。多算胜,少算不胜,而况于无算乎?吾以此观之,胜负见矣。"[1]

对于高级领导者——"将"而言,战争实际上是一种智力上的竞争,因此,孙武认为"将者,智、信、仁、勇、严也"。他把智力列为优秀将领的第一条标准。

"智力"(intelligence)是一个人在接受思想指导活动方面或指导他人的思想活动方面表现出的综合效力。一个智力超群的人,表现为:(1)在接受他人的思想指导活动方面,比如智力竞赛时,表现突出,胜过对手。(2)在指导他人的思想活动方面,如担任战场上的指挥官或球场上的教练时,能打败对手。

在企业管理过程中,一个智力优秀的领导者,通常能够:(1)更快地学习;(2)提出更好的假设、推断和猜想;(3)更好地形成强有力的愿景并开发出实现愿景的战略;(4)更好地提出解决问题的方案;(5)更好地看出其决策在初期及其后的影响;更快地独立工作。[2]

在企业的管理实践中,一个智力卓越的领导者与一个智力平庸的领导者相比,前者往往还会展现以下明显特征:(1)善于抓住稍纵即逝的时机;(2)善于调配、组合资源;(3)善于识人、用人,知道把合适的人放在合适的岗位上;(4)对周围的环境保持敏感,比起身边的人,能更快地辨别即将出现的危险;(5)在激烈的竞争中善于选择,往往能涉险过关,带领企业从困境走向胜利。

我们通常理解的"智力"就是"聪明",然而斯腾伯格(Sternberg)提出的"智力三元论"(triarchic theory of intelligence)并非如此。他将智力区分为分析型智力、实用型智力和创造型智力三种。

(一)分析型智力

分析型智力(analytic intelligence)是对通用问题的解决能力,它可以用标准化的精神能力

---

[1] 引自中国人民解放军军事科学院战争理论研究部《孙子》注释小组:《孙子兵法新注·计篇》,中华书局1977年版,第5~6页。

[2] 转引自[美]理查德 L. 哈格斯(Richard L. Hughes)等著,朱舟译:《领导学:在实践中提升领导力》(原书第8版),机械工业出版社2018年版,第148页。

测验进行测评。分析型智力得分很高的领导者,通常是我们所说的"很聪明""智商很高"的人,他们记忆力好,理解能力强,在学校成绩很好,能看出问题之间的联系,并在拥有不太熟悉的信息时能做出准确推断、假设和猜想。

(二)实用型智力

分析型智力常常无法解释现实生活中的一些困惑:有些在标准化测试中分析型智力得分很高的人,在现实生活中却表现平平;反之,有些在标准化测试中分析型智力得分很低的人,在现实生活中却表现出异乎寻常的"小聪明""歪脑筋"。后者被称为拥有实用型智力(practical intelligence)的人,或者说有"街头智慧"的人,即能够更好地满足个人需要,并迅速适应、选择、塑造所处环境的人,他们懂得如何达成目标、完成工作任务。

(三)创造型智力

创造型智力(creative intelligence),即创造出新奇、有用的作品/产品的能力。判断创造型智力的两个标准是新奇性和有用性。新奇性意味着其作品/产品与众不同;有用性意味着其作品/产品切实可用,能解决实际问题。创造型智力在现实生活中有许多鲜活的例子,比如中国古代活塞式风箱的发明。中国是世界上最早的炼钢大国,可能远在春秋时代,某些能工巧匠便掌握了炼钢的方法,其中活塞式风箱的发明起到了重要作用。其工作原理是:拉动风箱拉杆时,在空气的吸力下风门打开,让空气进入;推动拉杆时,在空气的压力下风门关住,同时空气涌向燃烧的火炉。这种最早的"活塞"直接启发了欧洲蒸汽机和内燃机的发明。另一个创造型智力的例子是美国军队在伊拉克沙漠遭遇的尴尬:沙漠的沙子吹进美国军人的枪管里,轻则影响枪械的发射精度和使用寿命,重则直接引起枪管炸膛。有人用一个小窍门轻松解决了这一问题:为枪管装上避孕套。而美国军队为安全起见,每个士兵随身都带有这玩意儿。

这三种智力与领导者的技能之间的关系如图2—2所示。

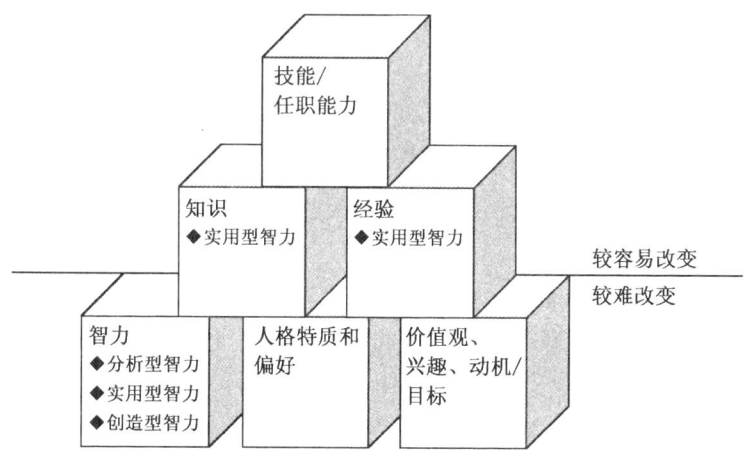

图2—2 智力与领导者的技能之间的关系

与普通领导者相比,创业领导者的实用型智力往往更加突出,他们是那种能够并敢于展示极高"街头智慧"的人,在不利的环境下能创造出有利于自己的环境,或者于事未萌时预先感知到时代的先机。比如,乔布斯、迈克尔·戴尔(Michael Dell)是在自家车库里拼装出他们的第一台电脑;曹德旺在严禁"投机倒把"的20世纪70年代就开始了贩梨的小生意;李书福从照相的小生意里赚得了人生"第一桶金"……这些创业领导者表现出了走在时代前列,甚至远超时代的实用型智力。创业领导者在实用型智力方面表现出如下几个方面的特征:

(1)具有非常丰富的专业知识与实践经验,这使他们能够迅速判断关键问题并找出解决问题的办法。

(2)具有强烈的问题导向,并对解决问题的途径与方法持积极、开放的态度。

(3)更愿意信任下属,向员工授权,通过群策群力的方式获得员工的广泛参与,从而广泛汲取群众智慧。

创造型智力是一种扩散性思考,它与聚敛性思考是相反的。通常,聚敛性思考只有一种标准答案,而扩散性思考却有无数种答案。与普通领导者相比,创业领导者的创造型智力往往脱颖而出,具体表现为:

(1)技术的创新。当今高科技公司的创业领导者大多可归属此类,如苹果公司总裁乔布斯对电脑技术的创新、华为总裁任正非对通信技术的创新、SpaceX总裁埃隆·马斯克(Elon R. Musk)对航天技术的创新。

(2)产品的创新,即运用新技术创造出新产品,如乔布斯的iTune、iPod、iPhone。但也有传统技术的新产品,比如在爱迪生时代,运用传统的电力、电子技术,开发出电灯、电话、电动机等近百种新产品,极大地便利了我们的生活。

(3)流程的创新。在创业领导的许多创新性活动中,由于对管理流程、工艺流程的创新,产品的品质得以极大地提升,从而促进了新产品、新流程、新材料甚至新行业的诞生。比如,大野耐一对传统汽车生产流程的创新,产生了著名的丰田精益生产方式,通过准时制生产方式(Just-in-time)、零库存、拉动式管理,完全改变了传统的汽车生产方式、营销方式和供应链方式,是一场彻底变革汽车行业的革命。同样,台积电的芯片加工流程的革新,彻底改变了芯片行业在设计、制造、工艺、原材料供应方面的原有格局,极大地提升了芯片行业的专业化分工与生产效率。

(4)商业模式的创新。当代中国以淘宝、京东、微信为代表的互联网营销与电子商务模式是一种典型的商业模式创新,对传统的线下商业模式带来了颠覆性的影响。

二、智力与压力:认知资源理论

认知资源理论(cognitive resources theory,CRT)由弗雷德·E. 菲德勒(Fred E. Fiedler)和加西亚(Garcia)提出,它被用来解释在压力和非压力条件下,领导者智力、经验水平与群体绩效的关系。

认知资源理论涉及以下几个关键概念:

(1)智力。菲德勒和加西亚对智力的定义是:一个人在接受思想指导的活动方面表现出的综合效力。智力往往是以标准化智力测验来度量的(换言之,即违拗分析型智力)。

(2)经验,即一个人的习惯性行为模式、长期习得的知识和为处理任务的相关问题而获得的技能(实用型智力)。在通常条件下,经验为人们在压力条件下迅速解决问题提供了一种应急方案。

(3)压力,常被界定为与上级冲突的结果,或者与绩效评估相关的忧虑状况。这种人际压力在情感上是令人困扰的,往往会干扰人们对解决问题的关注。也就是说,人们过于关注对业绩的评估,往往无法发挥最佳的绩效水平。这一点在高水平的角逐中表现得非常明显:一位平时表现优秀的考生,在重大考试时不堪重负,反而发挥失常;一位夺冠期望很高的选手,在亿万人关注的奥运会赛场上,因压力过大而动作变形,甚至出现致命的失误。

认知资源理论提供一个解释在压力条件下,领导者行为的改变如何影响群体绩效的框架。它有两项重要的假定:

其一,因为经验丰富的领导者可以利用的技能更加丰富,所以人们假定,在高压力条件下,经验丰富但智力平平的领导者会使群体绩效更加突出。也就是说,在高压力条件下,领导者的实用型智力完全可能弥补分析型智力的不足。这就像在高水平的拳击赛中,在实力相当的情况下,一个经验丰富的拳手更有可能胜出。因为在势均力敌的情况下,经验老到的拳手知道如何消耗对方的体力,如何躲过对方凶狠的进攻,如何抓住空档乘机反击。

其二,因为经验导致了习惯性行为模式,在需要创造性方案来解决问题时,富有经验的领导者往往倾向于套用其熟悉的、惯用的行为方式;反之,那种高智力水平但缺乏经验的领导者则不受以往习得模式的影响,其群体在低压力的情况下绩效水平相对较高。

对创业领导者来说,它具有三方面的重要意义:

(1)在一个竞争激烈、竞争压力极大的传统行业,我们往往更加信赖经验丰富(也许智力并不怎么突出)的创业领导者。因此,在汽车行业,我们常常将经验丰富的福特汽车总裁福特、通用汽车总裁斯隆、丰田汽车总裁丰田喜一朗看作极其成功、获得高绩效的创业领导者。

(2)在一个竞争并不激烈的新兴行业,那些经验并不丰富但智力超群的"外来闯入者"往往能带来意想不到的解决方案或出乎意料的突破。在电动汽车领域,那些经验丰富的创业领导者似乎很难有大的建树,而根本不懂汽车的"外来闯入者"——李书福却在电动汽车领域异军突起,打开了一片属于中国电动汽车的全新领域。他最"雷人"的语言是:"在我看来汽车没什么了不起,无非就是一个沙发加四个轮子。"这个一身农民打扮的李书福从修摩托车到拼装摩托车,后来竟然异想天开地要造汽车,曾遭到发改委领导的好心劝阻:"你一个没有经验、没有资本的农民企业家,进入这个资本密集、技术密集、人才密集的行业,那是必败无疑。"哪知,李书福的一句名言感动了所有在场的人,也感动了发改委的领导——"你就给我一次失败的机会吧!"就是这句话,成就了中国电动汽车领域一位非凡的民族企业家。

(3)既聪明又有经验的创业领导者,在面临巨大压力时往往求助于以往的经验,而在压力较小时又善于运用智力解决群体面对的问题。乔布斯可以看作既聪明又有经验的创业领导者的典型。1997年1月回归苹果公司的乔布斯面临苹果电脑连续亏损的巨大压力,但在人事安排上,他仅仅是以形象大使、"非正式兼职顾问"的名义加入公司,在重大决策方面并无实质性发言权。他显然充分吸收了上次"被自己创立的公司赶出公司"的教训,通过安排追随他而来的、值得信任的人到高层位置,顶住恶意收购者的外部压力,获得了董事会及董事长的支持,最终全面接管了公司。一旦大权在握,他便开始了一次又一次从 iTune、iPod 到 iPhone 的颠覆整个行业战略的变革与创新活动(参见本章末案例二"乔布斯:创新至死")。

三、创业领导者的情商

美国的两位心理学家彼得·萨洛维(Peter Salovey)和约翰·梅尔(John Mayer)研究了一些聪明人无法取得成功的原因。他们的研究发现,一些聪明人在生活中却遇到不少麻烦,是因为他们缺乏人际关系方面的敏感性和技巧。两人将"情商"(emotional intelligence)定义为有助于识别自身情感和对他人感受的一组精神能力。洛文·巴昂(Reuven Bar-On)则认为"情商"是度量个人有效性的另一种方式,并将其定义为处理日常情景与处事所需的15种能力。《纽约时报》的科学栏目专家丹尼尔·戈尔曼(Daniel Goleman)在其著作《情商》和《用情商工作》中,对"情商"的概念进行了大范围的扩展,把它看作人的自我意识、自我约束、自我激励、情绪管理、共情能力、与他人相处的能力等一系列自我管控与社交技能。上述三类典型的情商模式比较见表2—2。

表2—2　　　　　　　　　　　三类典型的情商模式

能力模型	混合模型	
萨洛维和梅尔	戈尔曼	巴昂
感知情绪	自我意识	自我
	情绪意识	关注自我
	准确的自我评价	情感方面的自我意识
	自信	果断
		独立
		自我实现
管理情绪	自我约束	人际
	自我控制	共情
	值得信赖	社会责任
	负责尽职	人际关系
	适应力	
	创新精神	
运用情绪	激励	适应力
	成就动机	现实测试
	承诺度	灵活性
	主动性	问题解决
	乐观主义	

续表

能力模型	混合模型	
萨洛维和梅尔	戈尔曼	巴昂
理解情绪	共情	压力管理
	理解他人	压力容忍度
	开发他人	冲动控制
	服务导向	
	多样性	
	政治意识	
与他人相处的能力	社交技能	一般情绪状态
	影响力	乐观主义
	沟通能力	幸福感
	冲突管理	
	领导能力	
	推动变革	
	建立联系	
	协调与合作	
	团队能力	

这一归类实际上将情商分为能力模型与混合模型两种类型。

情商能力模型关注情商如何影响领导者的思维、决策、计划和行事方式。它包含四种不同但相互关联且互补的能力：(1)准确感知自己和他人情绪的能力；(2)产生情绪以促进思考和行动的能力；(3)准确理解情境的产生原因以及传达意义的能力；(4)约束自己情绪的能力。

根据萨洛维和梅尔的研究，有的领导者擅长感知他人的情绪，并且通过控制他人的情绪来达到想要的结果，但不善于控制自己的情绪。有些领导者善于理解情绪产生的原因，但不善于感知他人的情绪。

情商混合模型是对情商的一种更宽泛的定义，它包含多种能力，是大部分领导者应该具备的素质。戈尔曼等人指出，领导者要想具有高情商，多多少少应该具备所有这些属性。据相关统计，情商混合模型在人力资源专业人士和公司中的受欢迎程度远高于情商能力模型。

如果学历代表了智商的某个方面的话，我们就会发现许多成功的创业领导者并不是那种高智商的人，但几乎可以肯定的是，他们一定是那种情商很高的人。为什么情商对创业领导者如此重要呢？通常的原因包括以下几个方面：

第一，创业领导者面临巨大的不确定性。这要求他们具备极强的心理素质、情绪管控能力、自我约束和自我激励能力。这就像带领一群人在黑暗的洞穴里探险的探险者和在波涛汹涌的海上探险的船长，他们的意志必须非常坚定，关注他人的情绪，同时控制自己的情绪，在群体产生畏惧与焦虑时不断鼓励下属毅然前行。

第二，创业领导者善于组合各种资源。创业领导者必须调动各方面的资源，并且善于把土地、资本、劳动力、知识等各种资源进行巧妙组合。尤其是在争取关键的、核心的、至关重要的资源时,创业的情商往往能够发挥关键的作用。对于处在改革开放大潮中的创业领导者来说,拿到某个关键的批文,争取某个重要的合同,劝说某个关键的合作伙伴,争取某个不可多得的人才……创业领导者的情商在其中发挥了至关重要的作用。这方面的典型例子,请参阅创业聚焦"严介和的高情商:亏5万不如亏8万"。

创业聚焦

严介和的高情商:亏5万不如亏8万

严介和,1960年生于江苏淮安,是太平洋集团创始人,苏太华系、庄严系创始人,《新论语》总撰稿人,太平洋商学院、五味书院院长,有"全球华人第一狂人""财富黑马""中国厚待员工第一人"之称。

严介和自己在微博上发帖称自己对媒体是一毛不拔的铁公鸡。他说:"我骨子里就没有公关的概念,所以我从来不花钱去删不好的帖子,我们的媒体公关费用是零,而删帖的费用也是零。"他自己表示,"我为什么狂、张扬?因为我屁股干净。中国建筑税是定额征收,我没法偷、没法漏,我想偷、想漏也做不到"。想来,这或许是严介和狂傲的资本。

严介和出生在教育世家,毕业后做了中学教师。但是他当年因为违反了计划生育政策被迫失去了教师的工作,后来下海经商,这或许是严介和人生的一个重要转折点。1992年失去工作的严介和带着借来的10万元,在江苏淮安注册了一家建筑公司,自此开始了自己的经商之路。当时南京正在建设环城公路,得到消息的严介和努力争取了三个小涵洞的项目。不巧的是,项目被一层层转包,等到了严介和手上后他发现整个项目做下来要亏8万元,如果按照合同规定他要亏5万元。

很多人都劝他放弃的时候,他把这当成了一次机遇。"有时候主动吃亏才可以主动获得,大家不要灰心,注意质量,亏5万不如亏8万,我们豁出去了!"就这样,严介和提前保质保量地完成了任务。业主大吃一惊,就这样,指挥部在第二年便把1 000万元的工程交给了严介和。就是在南京绕路工程中,严介和迎来了人生的第一桶金——800万元。而严介和也在业内赢得了影响力,从此,不断有项目跟他合作。

(主要资料来源:历史揭秘档案,《"华人第一狂"严介和:因超生无奈下海经商,亏8万却换来4 900亿》,2022年1月19日。本材料经过了编者的整理。)

第三,创业领导者往往面临紧急关头与生死抉择。在紧要关头,创业领导者的情商对制定决策、选取战略可能发挥关键作用。特别是在某种历史的重大机遇期、技术的关键转折期,创业领导者的正确战略选择可以使企业乘上历史发展的"风帆"或者赶上技术蓬勃发展的"火车头",从而使企业的发展一日千里。

思考题

1. 创业领导者的四个明显特征是什么?

2. 如何理解创业领导者往往同时充当"变革代理人"和"创意领袖"的双重角色？这两个角色分别能对企业产生怎样的关键作用？

3. 创业领导需要哪六个关键维度？各个维度的主要内容是什么？

4. 运用智力三元论来说说智力与领导者技能之间的关系。

5. 选择合适的情商模型，说说为什么"通常许多成功的创业领导者并不是那种高智商的人，但几乎可以肯定的是，他们一定是那种情商很高的人"？

讨论题

参阅案例二"乔布斯：创新至死"。

1. 根据创业领导者所具备的四个明显特征理论，你认为创业领导者乔布斯具有这四个明显特征吗？

2. 试运用智力三元论，分析乔布斯的智力如何，它对创业活动会带来哪些正面或负面的影响？

3. 运用创业领导者的情商理论，分析乔布斯是否是一个情商很高的人，请说明理由并举例。

参阅案例三"史玉柱的创业"。

1. 试运用创业领导的六维度理论，分析史玉柱作为创业领导者有哪些特征。

2. 小组辩论：试运用创业领导者的风险矩阵，对史玉柱的创业行为加以分析。

(1) 史玉柱是一个具有冒险精神的创业领导者吗？

(2) 如何分析史玉柱在承担风险方面对个人、家庭、组织带来的影响？你认为创业领导者在处理三者之间的关系时应该"一往无前"还是"瞻前顾后"？

(3) 运用创业领导者的智力、情商理论，阐述如果你是史玉柱，你是否会比他做得更好。

第三章

创业领导的行为

本章将根据传统的领导行为理论,分析创业领导的不同行为。

本章第一节介绍传统的领导行为理论,它们是爱荷华州立大学的研究、俄亥俄州立大学的研究、管理方格理论,我们将在介绍这些领导行为理论的基础上,探索创业领导者的行为表现与独特行为模式。第二节介绍领导者素质模型及其对创业领导者的要求,分析了对中层管理者的十六种素质要求和管理者应具备的四种基本技能。第三节分析领导管道模型对不同阶段的创业领导者的不同要求。

第一节 领导行为理论

传统的领导行为理论包括爱荷华州立大学的研究、俄亥俄州立大学的研究和管理方格理论。我们将在介绍这些领导行为理论的基础上,探索创业领导者的行为表现与独特行为模式。

一、爱荷华州立大学的研究

在早期对领导行为的研究中,首先是库尔特·李文(Kurt Lewen)为代表的爱荷华州立大学的研究。爱荷华州立大学的研究,将领导行为大致分为以下三种类型:

(一)独裁型领导

独裁型领导是那种独自做出决策并要求下属按指令行事的领导者。历史上的秦始皇提供了我们观察独裁型领导者的典型案例。他非常勤奋,国家大事事无巨细,全由他一个人说了算。他每天天不亮就上朝,由文武百官当廷奏事,由他亲自拍板,然后由李斯、赵高等信赖的官员去具体执行。考古资料表明,他直接管辖到县令一级,考虑到当时中国庞大的疆域和统一的中央集权管辖的庞大政治、经济、军事体系,秦始皇的工作精力、工作强度是惊人的。秦始皇还是一个非常有作为的君主,他统一六国、统一度量衡、统一文字、实行严格的户籍制、建立以郡县为基础的行政管理体制——其中的任何一项变革,放在今天的历史发展脉络中,都是彪炳史册、光照千秋的重大变革。但这种高度集权的管理体制隐藏着巨大的管理风险,因为他过度相信自己,认为只有自己才是最聪明的、只有自己才是最可靠的,他不善于也不愿授权。他巡狩泰山、暴病而亡时,朝廷的决策大权完全被赵高、李斯等掌控,从此决定了秦朝的败亡。

(二) 民主型领导

民主型领导是让雇员参与决策、使用反馈来指导雇员的领导者。随着竞争的加剧,市场变化的加快和员工受教育程度的提高,民主型领导相比独裁型领导更受欢迎。当今的管理者和管理研究学者越来越倾向于认为,当今时代需要分权而不是集权。

管理趋势:进一步分权的理由

- ◆ 环境是复杂且不确定的;
- ◆ 基层管理者有决策的能力或经验;
- ◆ 基层管理者希望在决策中发表意见;
- ◆ 决策相对不重要;
- ◆ 公司的文化是开放的,允许管理者对发生的一切发表意见;
- ◆ 公司在地理上分布很广;
- ◆ 公司战略的有效执行取决于管理者对决策的投入和灵活性。

这里有必要讨论一下管理中的两个重要因素:一是当今的管理者,从高层、中层到基层,大多受过系统的管理学知识的培训,包括本科生的"管理学"课程、MBA 的管理学知识与国际商务知识,在团队管理和如何分权方面都接受过系统培训,在他们由团队管理者(班组长)向部门经理、区域经理、区域主管、高层管理者不断晋升的过程中,他们已经在长期的管理实践中熟练掌握了团队管理、如何分权、如何沟通、如何决策等民主管理的相关技巧。二是当今加入职场的员工,大多拥有本科生、硕士研究生、博士研究生等正规学历教育的文凭,基本上具备了从基层管理者到高层管理者所需的教育背景与知识结构,并且进行过团队管理、如何分权方面的系统培训,具有极强的参与意识、极高的参与度与极其强烈的创新愿望。因此,在当今的企业管理中,无论是管理者还是非管理者,"善于听取群众意见""与人民群众打成一片""从群众中来,到群众中去""具有亲和力""群策群力"等民主管理技巧成为所有管理者的必备技能。

(三) 放任型领导

放任型领导是那种信任下属、充分授权、给予团队完全自由的领导者。约翰 P. 科特 (John P. Kotter) 和詹姆斯 L. 赫斯克特 (James L. Heskett) 认为,领导者的授权行为包括鼓励他人行动,也就是主动创造机会给别人。人的潜能的发挥,在很大程度上取决于领导的授权能力。领导分析家林勒·麦克法兰 (Lengle McFarlane) 认为:"授权式的领导模式不依赖于职位权威,而是使所有人都负起领导责任,如此一来,他们就能轮番贡献自己的长处。"

刘备是这种放任型领导的典型,他对诸葛亮的信任与授权在小说《三国演义》中得到了生动刻画:他三顾茅庐,终于感动诸葛亮出山,为蜀国制定了借荆州、取成都、三分天下的战略计划。他排除张飞、关羽对诸葛亮不信任的杂音,给予他完全的军事指挥大权。在诸葛亮的指挥调度下,完成了智取荆州、火烧新野、舌战群儒、火烧赤壁等一系列壮举,基本奠定了三分天下、鼎足而立的有利局面。刘备临终时,将国家大事完全托付给诸葛亮:"君才十倍曹丕,必能安国,终成大事。若嗣子可辅,辅之;如其不才,君可自取。"这番话显示了他对诸葛亮的完全信任,从而赢得了诸葛亮"鞠躬尽瘁,死而后已"的终生奉献。实际上,放任型领导并不是放任不管,而是给予下属完全信任和充分授权,我们可以理解为是"放手"而不是"放任不管"。

值得注意的是,创业领导者似乎覆盖了独裁型领导、民主型领导和放任型领导三种类型。从创业领导者的成长经历来看,创业初期的创业领导者似乎很多是那种独裁型领导,由于面临巨大风险和诸多不确定性,因此他们必须当机立断,果断决策。当事业发展到一定规模、横跨多个行业、涉及不同领域时,往往要建立分公司、子公司或不同事业部,这种经营规模与经营领域的扩张迫使创业领导者进行分权和授权。等到企业发展成熟以后,企业一般要收罗专业的管理人才并建立相对稳定的层级结构,创业领导者在某些重大决策方面实行民主型管理也就势所必然。请参阅"创业聚焦 松下幸之助:企业规模与管理模式"。

创业聚焦

松下幸之助:企业规模与管理模式

松下幸之助被誉为"经营之神",是一位成功的创业领导者。他告诉我们,企业的规模不同,管理的方式、方法也应该相应不同。他说:"当你只有50人时,你要带头干;当你有500人时,你要和他们一起干;当你拥有5 000人甚至5万人时,你只能站在员工背后,向他们鞠躬,表示感谢!"

对于创业领导者来说,50人的企业是小企业,你必须亲力亲为,以身作则,很多事情你要带头干;如果你有了500人,那你的企业自然是中型企业,就必须建立专门的人事管理部门和各个层级的管理机构,依靠规章制度来管理企业。如果你拥有5 000人,乃至5万人,那你的企业自然是大型企业,光靠职能部门和管理制度不够了,此时,你就要建立起自己的管理哲学和企业文化,强化公司的凝聚力和员工的奉献精神。

(资料来源:[美]约翰·P.科特(John P. Kotter)著,林丽冠译,《科特论松下领导艺术》,中信出版社2003年版。)

二、俄亥俄州立大学的研究

俄亥俄州立大学的研究团队开发出了一系列问卷来衡量不同工作环境中的领导行为,他们收集了超过1 800项描述不同类型的领导行为的问卷题目,然后将这些题目压缩成150个描述性语句,从而产生了领导者行为描述问卷(leader behavior description questionare,LBDQ)。为了获得某一领导者准确的行为信息,他们要求下属针对领导者下列行为的程度给予评级:

◆ 他让下属了解什么时候自己工作完成得很好;
◆ 他设定了明确的工作期望;
◆ 他对下属的个人需要表示关心;
◆ 他使下属觉得自由自在。

他们收集了上千名下属的问卷,对所有不同题项的答案进行统计分析,发现所有领导者的行为都可以归结为关怀(consideration)维度和结构(initiating structure)维度两个方面。

关怀维度是指领导者对下属的友善和支持程度,他对下属表现出足够的支持和关心。具体表现为:代表下属的利益说话,关心他们的个人和家庭情况,对他们工作中的进步和优秀表现及时给予赞赏,以群体代表的身份行事。

主导结构,又译作"结构维度",是指一位领导者对达成工作目标和完成任务的强调程度。高结构维度的领导者通常表现出以下行为:强调生产,阐明工作目标,指定最终期限,确定绩效标准,调整绩效水平,调和相互冲突的组织需要。

按照这两个维度,领导者的行为可以区分为以下四种类型:

(1)双高(高主导和高关心)型:指既高度关注工作和业绩目标,又高度关注员工情感和需求的领导者。他们是成功的、优秀的领导者。

(2)双低(低关心和低主导)型:指既不关注工作和业绩目标,又不关注员工情感和需求的领导者。他们是失败的、无能的领导者。

(3)高关心和低主导型:指高度关注员工情感和需求,但不够关注工作和业绩目标的领导者。他们是有缺陷的领导者。

(4)高主导和低关心型:指关注工作和业绩目标,但不够关注员工情感和需求的领导者。他们也是有缺陷的领导者。

这一理论被称为"四分图理论"(如图3—1所示),它对领导者的行为有一种清晰的描述和准确的划分,关注了领导行为的两个最主要的维度:结构维度和关怀维度。成功的创业领导者,显然应该归于双高型。它实际上点出了创业领导者应该关注的两个工作重点:一是对生产的关心,以确保完成工作任务和业绩目标;二是对人的关心,以保证队伍的稳定和士气的高昂。但事实表明,即便是双高型创业领导者,也不一定保证他能成功。这是因为创业领导者的关注维度绝不仅仅是这两个维度,在复杂的市场竞争过程中,任何一个关键失误,比如出现新的竞争者、颠覆性技术出现、国家法规的重大调整、供应商破产等,都可能导致他的失败。管理实践表明,一个成功的创业领导者要关注的维度可能不只是结构维度和关怀维度,还必须对周遭的环境和所有的利益相关者时刻保持警觉。

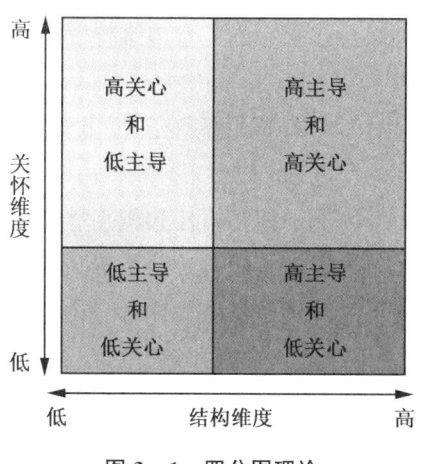

图3—1 四分图理论

三、管理方格理论

管理方格理论(leadership grid)由罗伯特 R. 布莱克(Robert R. Blake)与简 S. 莫顿(Jane S. Mouton)提出,它从两个维度来说明领导者的行为:关心人(concern for people)和关心生产(concern for production)。该理论基于工作场所中对人的基本假设,以及财务指标对领导风格的重要影响。

如图3-2所示,领导者在"关心人"和"关心生产"两个维度上的取值是1~9,每个维度分成9格,这样9×9=81,共有81种倾向或领导风格。这其中的每一种倾向代表了领导者对使用权力和权威将个人与生产相联系所持的一套独特假设。他们选取了5种最具代表性的领导风格。

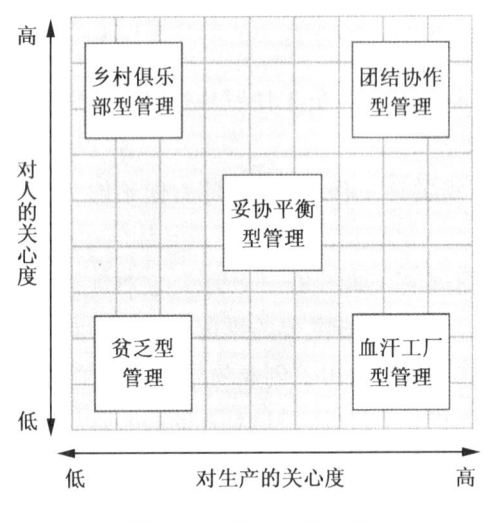

图3-2 管理方格理论

(1)贫乏型(1,1):对必需的工作付出最少的努力,以维持恰当的组织成员关系。
(2)血汗工厂型(9,1):调用最少的人力,保持有效运作。
(3)妥协平衡型(5,5):通过保持必须完成工作与维持令人满意的士气之间的平衡,使组织的绩效有实现的可能。
(4)乡村俱乐部型(1,9):对员工的需要关怀备至,注重营造舒适的组织气氛和工作环境。
(5)团队协作型(9,9):工作的完成来自员工的奉献,由于组织目标的"共同利益",双方形成了相互依赖关系,并且在组织中创造了相互信任和相互尊重的关系。

布莱克与莫顿认为,在这81种风格中,最有效的领导风格是既高度关心人又高度关心生产的领导者,而领导方格培训项目的设计旨在将领导者转化为(9,9)型的领导风格。但其他人的研究与布莱克和莫顿的观点并不一致:有的研究表明,在成功构建团队的情况下,任务型(9,1)管理往往非常有效;还有的研究表明,那些花费更多时间构建关系的管理者实行乡村俱乐部型(1,9)管理,会有满意度更高的追随者,他们对组织的长期奉献会带来组织的长期高绩效。这些研究结果似乎表明,领导效力都是领导者追求的目标,最有效的领导风格可能取决于用何种标准来判断领导效力。

领导效力的观点对于创业领导者来说是具有重要意义的。我们倾向于认为创业领导者的领导效力的提升是一个动态的、不断积累、不断成长的过程。成为一个团队协作型(9,9)领导者,是每一个创业领导者长期追求的目标。在这个团队成长的过程中,特定情景下的特定领导行为,如血汗工厂型(9,1)、乡村俱乐部型(1,9),甚至妥协平衡型(5,5)可能并非是最好的,但可能是合适的、有效的。这实际上引发了我们对领导者、创业领导者情景的关注。

第二节 领导者素质模型

领导者素质模型描述了为使组织成功,管理者需要表现出的行为和技能。不同国家的领导者为了获得成功,可能需要某种独特的行为来适应独特的环境。同样,在任何一个国家的不同行业、不同领域、不同企业,往往都强调不同的领导行为。但有一点无可否认:对于任何一个领导者,都有一种基本的素质要求。下面是对一个中层管理者的十六项素质要求,即领导者素质模型[1]。

领导者素质模型

● 分析问题、制定决策:有效分析问题,及时制定明智、符合逻辑的决策。

● 战略性思考:以更广阔的视角看待问题(如从不同行业、市场、竞争的视角来分析信息);审慎思考可能的决策与行动的战略匹配度。

● 财务和技术能力:在解决客户、运营、财务问题时,表现出很强的技术和财务知识。在客户、运营、财务上做出明智的财务决策。

● 计划和组织:提出清晰的目标和行动计划,组织资源以达成业务目标。

● 管理执行:指导和监督绩效,在必要时进行干预以确保达成业务目标。

● 激发共享目标:成功地引导员工对使命、愿景、价值观和组织发展方向的认同;对员工进行激励。

● 推动变革:挑战现状,寻找方式来改进团队或组织绩效。推进新举措,或推动他人进行变革。

● 建立人才基地:理解人员需要支持的业务目标(如资质、能力),识别、充分运用和开发才华卓越的团队成员。

● 促进团队合作:创建一种员工能有效合作以达成目标的环境。

● 创建公开沟通氛围:清晰地沟通并创建一种分享重要信息的环境。

● 建立关系:开发和保持与直接下级、同事、管理者和其他人员的有效工作关系,用行动表明维护有效工作关系是当务之急。

---

[1] 转引自[美]理查德 L. 哈格斯(Richard L. Hughes)等著,朱舟译:《领导学:在实践中提升领导力》(原书第8版),机械工业出版社2016年版,第177页。

- 关注客户：总是保持对客户需要的关注，用行动表明有强烈意愿提供卓越的客户服务，积极寻求多种方法来提高客户满意度。
- 个人可信度：赢得他人的信任和信心，通过言行一致、贯彻个人承诺来培养个人可信度。
- 个人驱动：表现出对达成目标和追求成果的紧迫感，追求挑战性目标并坚持不懈地完成。
- 适应性：面对变革和挑战，有信心进行适应和调整；保持对未来的积极期望，在压力下开展建设性的工作。
- 学习方法：主动识别机会，并寻求改进的资源。

在全球1 000强(Global 1 000)的公司中，领导者素质模型得到了广泛的运用，用于管理者领导力的塑造与培养，从而激发对组织发展与个人成长的某些关键性行为。很多优秀的企业针对不同层次的管理者建立了适合自身的领导者素质模型。例如，家得宝的部门主管、店铺经理、管区经理、地区副总裁所需的行为和技能存在很大的差异，并在其相应的领导者素质模型中得到了体现。这些模型有助于建立绩效期望，也便于人力资源部门设计、甄选、开发绩效管理与技能培训等项目，从而使组织获得稳定的领导人才来源。

根据罗伯特·霍根(Robert Hogan)和罗德尼·华伦费兹(Rodney B. Warrenfeltz)的研究，所有的素质模型都包含以下四种技能和行为：

(1) 个人技能(impersonal skills)：与适应力、目标导向、遵守规则相关的领导素质和行为。这些技能和行为不涉及与他人的互动，是最基本的，也是最难以改变的。比如对环境的适应力，是内向还是外向，是保守还是开放，是直率还是羞怯，在面临不同环境时表现出完全不同的适应力。

(2) 人际技能(interpersonal skills)：是一种人际互动的技能，表现为沟通、与他人建立联系的素质与行为。这些技能通过培训和培养获得，相对容易开发。

(3) 领导技能(leadership skills)：是构建团队、通过他人取得成果的有关技能和行为。比前两个技能和行为更容易开发。

(4) 商务技能(business skills)：是分析焦点问题、制定决策、具备财务分析和战略性判断与思考的技能与行为。它是MBA教育重点关注的对象，是四个类别中最容易培养的。

霍根和华伦费兹的研究重点关注了领导技能，着重研究了领导者为了构建团队和通过他人取得成果，需要表现出哪些行为。他们认为，组织层面的共性大于个性，不同组织为构建团队和取得成果而表现的行为往往具有普遍性。期望建立高绩效的团队的领导者需要有效地应对压力，设立较高的绩效目标，按规则行事，并要求员工承担责任。领导者还需要进行沟通，与利益相关者建立联系，与客户、供应商、分销商、战略联盟方建立良好的关系。有效的领导还要将追随者纳入决策过程中，公正合理地分配工作量，开发人才，及时了解可能影响团队的各类事件，并做出正确的财务决策和运营决策。

创业聚焦

可敬的创业领导者与难缠的创业领导者

哪种创业领导者更能成功?你遇到的是哪种创业领导者?是令人敬佩、肃然起敬的充满人格魅力的那种,还是异常严厉、尖酸刻薄的那种?

稻盛和夫属于前者。他27岁创办京都陶瓷株式会社(简称京瓷,Kyocera),52岁创办第二电信(KDDI),是日本国内仅次于NTT的第二大通讯公司。这两家公司都是世界500强,且还在以惊人的力量不断成长。当稻盛和夫65岁准备退休时,医生告诉他,他得了肠癌,这几乎就是不治之症。1997年,为了治病,他准备出家修行。告别公司之前,他把自己的股票全部分给了自己的员工。由于潜心修炼,他的癌症不但没有恶化,反而日渐好转。

受亚洲金融危机的影响,2009年日本航空公司(以下简称"日航")负债1.523 5万亿日元(约1 220亿元人民币)而宣告破产,2010年正式申请日本政府的破产保护。日本航空公司有58年的历史,是世界第三大航空公司,号称日本的"翅膀",一度被视作"日本株式会社"战后经济繁荣的骄傲象征,它的倒闭将直接导致数万人的失业。当时的日本首相鸠山由纪夫经过反复考虑,决定亲自拜望修行中的稻盛和夫,让他拯救这家陷入困境的公司,这样日本政府就不必再投入几百亿美元纳税人的钱去激活日航,使日航重新崛起。

2010年1月13日,78岁高龄的稻盛和夫公开表态愿意重新出山。不过他提出了两个条件:一是以零薪水出任日航CEO;二是他不带团队去日航,因为他公司内部没有人懂航空运输。稻盛和夫重新出山的决定,在日本得到了广泛支持。2010年2月1日,稻盛和夫出任破产重建的日航董事长,到2011年3月底共424天,一年就创造了日航历史上空前的1 884亿日元的利润。他用了一年时间,使日航做到了三个"第一":一是利润世界第一,二是准点率世界第一,三是服务水平世界第一。稻盛和夫担任董事长后,做的第一件事就是明确日航的经营目标,并将这一目标反复向全体员工传达,让每一位员工时刻牢记自己要做什么,公司要做到什么。"这一做法,与我创建和经营京瓷公司、KDDI公司一样。我觉得,只有把员工的幸福放在第一位,大家团结一心,经营者与员工的心灵产生共鸣,企业才能走出困境,才能获得健康发展。"

而在苹果公司乔布斯手下工作的员工显然没有在稻盛和夫手下工作那么幸运。乔布斯是一个天才,一个工作狂,同时也是一个偏执狂。他给手下的薪水很高,培养了一大批百万富翁、千万富翁、亿万富翁,但达不到他的要求就会遭到他无情的讽刺、挖苦、打击和毫不留情的开除。

有人认为他"强势、霸道、偏执、尖酸刻薄、死不认错、绝不低头,自我到自大甚至残暴";有人认为他情商低下;然而,也有人认为"乔布斯能够激励他人,理解他人内心的想法,诱骗他们,恐吓他们,瞄准他们内心最深处的弱点,并在愿意的情况下取悦他们",他用的是"激将法"。

(资料来源:编者根据稻盛和夫、乔布斯的网络资料整理而成。)

思考:如果你是一名员工,你认为领导者应该具备什么样的技能?你愿意在谁的手下工作?

同样成功的创业领导者,其行为模式可能是完全不一样的,以上创业聚焦"可敬的创业领导者与难缠的创业领导者"表明,同样是成功的创业领导者,其领导技能和展示技能的行为模式可能是千差万别的。

第三节 领导管道模型

领导管道(leadership pipeline)模型是阐释领导逐级升迁过程中,随着管理层级的提升而相应改变时间分配与关注事项的动态模型。它表明随着管理层级的提升、重要程度的提高和责任心的增加,领导者从一线管理者晋升为职能管理者乃至 CEO 时,其将表现出不同的类型的行为。领导管道模型如表 3—1 所示[①]。

表 3—1　　　　　　　　　　　　领导管道模型

组织层级	素质要求	时间安排	工作价值观
个人贡献者	技术熟练度	按时完成任务	运用个人技能达成目标
	使用公司设备工具	准时出勤	高质量的工作
	与团队成员建立联系		接受公司价值观
一线主管	规划项目	年度预算规划	通过他人达成目标
	委派工作	安排时间与下属交流	追随者的成功
	辅导和反馈	为团队设定任务优先级	团队的成功
	绩效监督		
中层管理者	甄选、培训和管理一线主管	监控每个团队的绩效	重视管理和专业工作
	管理各团队的分工	安排时间辅导一线主管	开发一线主管
	在团队间分配资源		
职能领导者	管理整个职能	确定本职能领域未来三年的愿景	清楚本职能对企业经营的支持
	与职能部门中的每个员工沟通,倾听其想法	与经营单元领导者的团队开展交流	重视所有的子职能
	协调不同子职能		
	与其他职能领域互动交流		

---

① 转引自[美]理查德 L. 哈格斯(Richard L. Hughes)等著,朱舟译:《领导学:在实践中提升领导力》(原书第 8 版),机械工业出版社 2018 年版,第 179~180 页。

续表

组织层级	素质要求	时间安排	工作价值观
经营单元领导者（事业部领导者）	构建跨职能领导团队	开发经营单元（事业部）在未来三年的愿景	重视所有的支持性职能领域
	有财务眼光	监督财务成果	重视组织文化和职工参与度
	在未来目标和短期经营之间保持平衡	有效的时间管理	
集团管理者	管理经营业务组合	为多个经营单元（事业部）开发战略	重视所有经营单元（事业部）的成功
	分配资金，以取得最大的经营成果	监控多项业务的财务成果	与内外部利益相关者开展互动交流
	开发经营单元（事业部）的领导者	与CEO团队开展互动交流	
CEO或集团管理者	分析和评判战略	管理外部利益相关者	关注少数的长期关键目标
	管理整个公司及其各组成部分	将大量时间用于审核财务成果	重视来自董事会的建议
	达成可预测的经营成果	将大量时间用于战略规划	重视来自各种利益相关者的意见
	设定公司未来方向		
	创建公司文化		
	管理董事会		

领导管道模型描述了人们处于特定的组织层级时，需要学习哪些内容，关注哪些工作重点，以及如何培育相应的技能。领导管道模型还为所有想成为组织管理者的员工提供了升迁管道示意图和路线图。根据领导管道模型，最有效的领导者是那些准确判断本人工作所处的层级，并表现出与该层级相匹配的领导行为的人。

根据领导管道模型，未表现出与职位相符的素质、工作价值观和时间安排的人，将在构建团队、通过他人达成目标的困局中挣扎。比如，已经上升为职能管理领导者的职位却仍然沿袭一线主管的领导方式，花费大量时间监督个人贡献者的绩效，使职能范围内的员工痛苦不堪，同时让为他工作的一线主管异常尴尬。同样，经营单元（事业部）的领导者必须重点关注事业部的发展战略与业务绩效，并监督、协调事业部内部各职能的协调发展。如果财务绩效不佳，事业部的利润考核就无法通过；但过分关注眼前的财务绩效而失去对长期战略的关注，就可能导致事业部的长期利润目标萎靡不振。显然，作为事业部的领导者与作为职能部门的追求者存在根本的差异。

对于成功的创业者来说，领导管道模型的意义在于，随着企业的成长，创业领导者及其创业团队要一起进化与成长。当企业由小企业成长为中型企业时，由中型企业成长为大型企业时，对创业领导的素质、技能要求和行为方式的要求可能是完全不同的。

创业领域的许多失败案例也反证了领导管道模型的重要性：许多创业领导者作为个体户、小公司业主是成功的；但当他们发展为四五百人的专业公司时，面对众多的竞争者、复杂的渠道管理、复杂的现金流管理和庞大的人工成本开支时,他们倒下了。有些创业领导者作为行业的领先者,凭借多年行业打拼的经验和战略眼光,他们是异常成功的;但当其公司成为上市公司,并走上集团化发展之路时,他们却因为放弃主业、多元化投资、战略判断失误、重大投资亏损而走向败亡之路。

对于不同成长阶段、不同规模、不同领域的企业的创业领导者,必须具备不同的领导素质,展示不同的领导行为。本章的案例给我们提供了一个值得吸取的教训,请参阅本章末案例四"朱新礼和他的汇源果汁"。

思考题

1. 在爱荷华州立大学的领导行为类型分析中,创业领导通常拥有哪些特征?请具体说明。
2. 四分图理论是从哪几个维度说明领导行为的?他们有哪些优缺点?
3. 在管理方格理论中,团队型领导风格一直是最有效的吗?为什么?
4. 领导者素质模型涉及哪几种行为技能?
5. 领导管道模型对创业领导者提出了哪些要求?

讨论题

参阅案例四"朱新礼和他的汇源果汁"。

1. 运用领导者素质模型,试分析朱新礼有哪些能力欠缺和素质缺失。
2. 运用领导管道模型,试分析作为创业领导者的朱新礼,在企业的各成长阶段存在哪些相应的素质欠缺。
3. 小组辩论:如果你是朱新礼,你会如何拯救"汇源果汁"?要求运用相关创业领导理论和综合的企业管理理论。

第四章

创业领导的权变

权变领导理论又称情景领导理论,它认为不存在一种所谓最佳的领导模式或放之四海而皆准的领导原则,一个成功的领导者必须根据不同的情景、不同的对象相应采取不同的领导风格。本章介绍了菲德勒模型、赫西和布兰查德的情景领导理论及路径—目标理论,探讨了创业领导者在各个权变领导理论下的不同性格特征与行为模式。

第一节 菲德勒模型

在权变领导理论中比较有代表性的是菲德勒提出的情景领导理论,简称菲德勒模型。他提出了一个假定:领导风格一旦形成,就很难改变。在管理实践中,我们的确会观察到这种现象:一个独裁型的领导,你要让他变成一个民主型的领导似乎很难;同样,一个民主型的领导,你要让他变得独裁似乎也很难。这似乎验证了中国人的一句俗语:"江山易改,本性难移。"菲德勒认为,唯一可行的办法是改变情景以适应领导者的风格。比如:一个独裁型领导,就把他派到一个"老、大、难"的企业,他可以利用他说一不二、雷厉风行的风格,把那些"刺头"一个个干掉,把那些难啃的"骨头"一个个咬掉,最后把这家亏损严重的企业从破产的边缘挽回。一个民主型领导,我们就把他派到大学、研究所、科研机构中去,这种知识分子成堆的地位尤其需要尊重权威,发挥专家管理的长处,其民主管理的风格正好派上用场。

一、最难共事者量表

如何分析领导者面对的不同情景呢?菲德勒设计了一个"最难共事者问卷"(least-preferred co-worker scale, LPC),也叫"最难共事者量表"。这一量表要求领导者想出一个很难与之工作的人("最难共事者"),然后用一组两两相对的形容词描述这个人,如"友善—不友善""令人厌烦—非常有趣""真诚—不真诚"……这些评级会汇总成一定的分值。

基于领导者的 LPC 分值,领导者会被分为两类:低 LPC 领导者(low LPC leaders)和高 LPC 领导者(high LPC leaders)。低 LPC 领导者是那种受到任务激励的领导者,他们更倾向于从完成任务中获得满足感。其行为与俄亥俄州立大学的结构维度或情景领导模型中的任务行为相类似。该类型的领导者主要受任务的激励,重点关注任务的完成。如果任务以可以接受的方式完成,则该类型的领导者愿意进一步改善与追随者的关系。

而高 LPC 领导者则受关系的激励,他们主要从建立和保持密切的人际关系中得到满足,其主导行为类似于俄亥俄州立大学的关怀维度或情景领导模型中的关系行为。如果高 LPC 领导者已经与追随者建立了良好的人际关系,他们随后就会将激励的层次转向下一个层次:任务的完成。但是,一旦领导者与追随者的关系遭到损害,他们就会停止任务方面的工作,转而努力改善与下属的关系。

低 LPC 领导者与高 LPC 领导者在激励层次上的差异如图 4—1 所示。它表明 LPC 领导者把任务放在第一位,在完成任务的前提下愿意对下属做进一步激励,从而改善与下属或员工的关系;而高 LPC 领导者则把与追随者的关系放在第一位,在确定良好关系的基础上再开展任务,任务的完成是激励的第二层次。

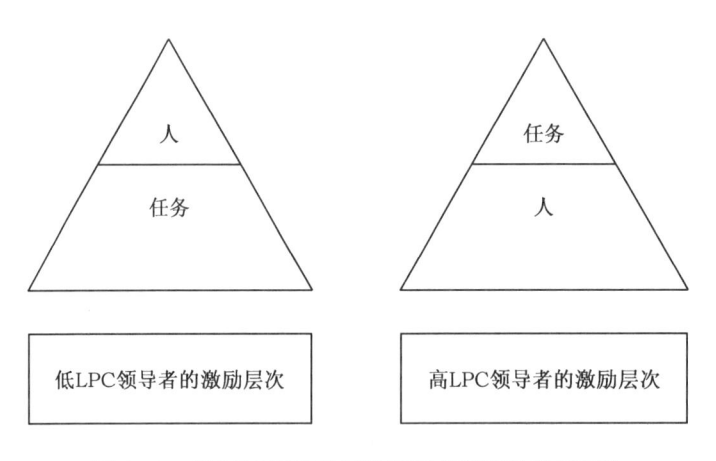

图 4—1 低 LPC 领导者与高 LPC 领导者的激励层次

菲德勒的研究发现,LPC 量表不能准确识别那些分值居中领导者的激励层次,后续相关研究表明,与拥有极端 LPC 分值的人相比,LPC 分值居中的领导者可能更倾向于在任务导向和关系导向之间来回移动,并且有可能在与下属的任务行为和关系行为中都获得同样的满意度。

二、情景的有利性

菲德勒模型中的一项关键变量是情景的有利性(situational favorability),它被用来衡量领导者对追随者的控制力。一般来说,领导者对追随者的控制力越强,情景就可能越有利。菲德勒认为,情景的有利性取决于三个因素:领导—成员关系、任务结构和职位权力。

领导—成员关系(leader-member relations):比如,领导者与成员之间是友善的还是不友善的?是相互信任的还是彼此犯忌讳的?是彼此忠诚的还是相互利用的?显然他们之间的关系直接影响领导者对追随者的控制力,实际上也决定了企业对整个组织的影响力。

任务结构(task structure):领导者所在组织中任务的清晰、明确程度,比如领导者所在的组织是否存在明确的战略、清晰界定的目标、工作产品的明确说明、运营流程的详尽说明、工作完成情况的客观标准。一般来说,领导者所在组织或部门的任务结构性越强,越能对领导者的能力、控制力进行客观评价。同时,在管理实践中,领导者在组织中的位置、职位往往决定了其任务结构性:如果你是组织或部门的一把手(主要领导者),往往就处于较强的任务结构位置,那你就必须对你所在组织或部门的成功、失败负有不可推卸的责任。如果你处于二把手、三把手或某个中层领导的职位,你对很多关键的决策并没有直接的决定权,但同时你对上级的决定(无论对错)又必须无条件执行,实际上,你所处的权力结构位置就很弱。

职位权力(position power):领导者在组织中所具有的职位、头衔、权威等发挥实质性影响力的程度。一般来说,领导者在组织中的职位权力越强,其影响力就越大,其对追随者的控制力就越大。

菲德勒将这三个因素的相对权重放在一起考虑,形成了一个环境有利性的连续区间,这一区间被分为八等分,分别代表了八种情形,如图4-2所示。在这八种情形中,Ⅰ~Ⅲ是最有利的情形,Ⅳ~Ⅵ是中度有利的情形,Ⅶ~Ⅷ是最不利的情形。

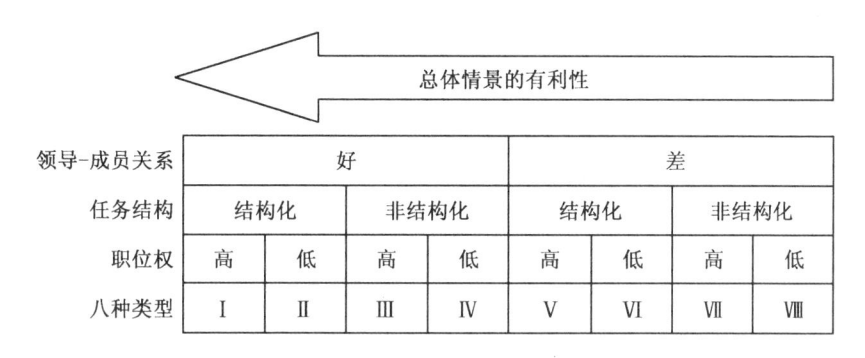

← 总体情景的有利性

领导-成员关系	好				差			
任务结构	结构化		非结构化		结构化		非结构化	
职位权	高	低	高	低	高	低	高	低
八种类型	Ⅰ	Ⅱ	Ⅲ	Ⅳ	Ⅴ	Ⅵ	Ⅶ	Ⅷ

图4-2 情景的有利性

三、菲德勒的研究发现

菲德勒通过研究发现,低LPC的领导者在最为有利(Ⅰ~Ⅲ)和最为不利(Ⅶ~Ⅷ)的情形下的成效或群体的绩效最高;高LPC的领导者在中度有利(Ⅳ~Ⅵ)的情形下的成效或群体的绩效最高。低LPC的领导者主要关注任务;高LPC的领导者主要关注关系。这种研究结论基本符合管理实践。在管理现实中,我们会发现,最为有利(Ⅰ~Ⅲ)和最为不利(Ⅶ~Ⅷ)的情形往往是一把手或主要领导面临的情形,他必须具有明确的任务导向;而中度有利(Ⅳ~Ⅵ)往往是二把手、三把手或中层领导者面临的情形,他必须具有明确的关系导向,通过搞好上下级的关系为自己的工作塑造良好的环境。

但菲德勒认为领导者的风格是在长期经验的基础上形成的,很难通过培训加以改变。将某人送到一个短期的领导培训项目中,就能大大改变一个领导者的人格或情景中的行为方式——他认为是十分天真的想法。毕竟这种行为模式或行为倾向是在多年的经验基础上形成的。菲德勒的观点是,不要设法通过培训改变领导者,而是要用培训向领导者表明如何认识并改变关键性情景特征,以更好地适应其自身的激励层次和行为倾向。菲德勒的结论:领导者的培训内容应当强调情景过程而不是行为的灵活性。

菲德勒的观点与领导行为的基本假设是相违背的。领导理论的基本假设:领导者的行为是可以改变的,而且是必须改变的。菲德勒试图改变情景因素而适应领导者固有的行为模式、行为倾向的观点,在管理现实中很难行得通。

但菲德勒模型(见图4—3)对创业领导者具有重要启示:那种最为有利(Ⅰ~Ⅲ)和最为不利(Ⅶ~Ⅷ)的情形可能正是创业领导者面临的情形。也就是说,无论在何种情况下,创业领导者都必须以实现组织目标和战略目标为自己的中心任务,为此,一方面要塑造最有利于实现这一目标的任务环境和组织环境;另一方面,即使面临最为不利的情形,也要以排除万难的勇气实现这一目标,有时甚至要以牺牲与下属的关系为代价。菲德勒模型还对创业领导者的下属关系管理提出忠告:为调动下属的积极性和提高部门、下级组织的绩效,必须将部门领导、分公司领导、团队领导置于明确的任务结构中,避免他们为了迁就自己与下属的关系而充当"和事佬"。当然,一个部门领导、分公司领导和团队领导,如果与下属的关系普遍恶化,那也是影响力和组织绩效下降的前奏与信号,必须引起高度的警觉。

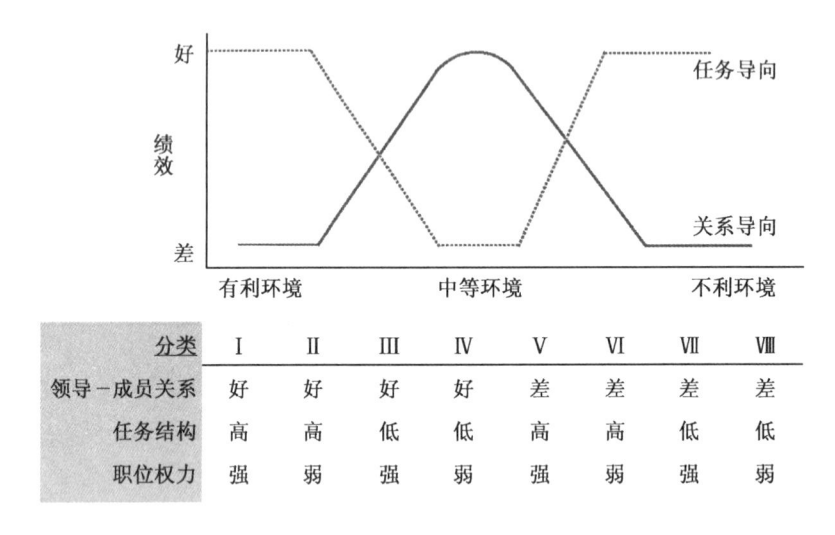

分类	Ⅰ	Ⅱ	Ⅲ	Ⅳ	Ⅴ	Ⅵ	Ⅶ	Ⅷ
领导—成员关系	好	好	好	好	差	差	差	差
任务结构	高	高	低	低	高	高	低	低
职位权力	强	弱	强	弱	强	弱	强	弱

图4—3 菲德勒模型

第二节 赫西和布兰查德的情景领导理论

情景领导理论(situational leadership theory,SLT)认为,一个成功的领导者,应该根据不同的情景、不同的对象,相应地采取不同的领导风格。据研究,情景领导理论最早可以追溯到1969年俄亥俄州立大学的研究,该研究将领导的行为划分为结构维度和关怀维度(详见第三章)。随着情景领导模型的改变,研究者们将结构维度转向了任务行为(task behavior),即领导者在多大程度上明确阐述一个人或一个群体应当承担的责任。简言之,任务行为指的是领导者告诉下属做什么、如何做、何时做,以及由谁来做。同样,关怀维度也转向了关系行为(relationship behavior),即领导者与下属之间的双向沟通行为。它包括领导者与下属交流过程中的倾听、鼓励、促进、支持并及时澄清下属的疑惑。

在不同的情景领导理论中,保罗·赫西(Paul Hersey)和肯·布兰查德(Ken Blanchard)提出的情景领导理论最具有代表性,它聚焦下属成熟度。

成熟度(readiness)是下属完成某种特定任务的能力和意愿程度,它可以衡量一个下属为完成某一项特定任务的准备程度。赫西和布兰查德将下属的成熟度分为以下四种水平:

R1:人们没有能力也不愿意为事情负责,下属是无能的、缺乏自信的。

R2:人们没有能力但愿意完成必要的工作任务,下属有积极性但缺乏必要的技能。

R3:人们有能力但不愿意完成领导分派的工作任务,下属是有能力的,但工作态度不积极,不愿意工作。

R4:人们有能力且愿意完成领导交办的工作,下属是有能力的且工作态度积极。

赫西和布兰查德认为,根据这四种不同的成熟度,领导者从高、低不同的任务行为和高、低不同的关系行为选择中,应分别采取以下四种领导风格:

(1)指示型(高任务水平－低关系水平):领导者设定工作角色,对于不同的任务,领导者直接指导员工做什么、怎么做、在哪里做。

(2)推销型(低任务水平－高关系水平):领导者同时表现出指挥型和支持型行为,即领导者不仅告诉员工如何做,而且对于员工面临的困难能提供帮助。

(3)参与型(高任务水平－高关系水平):领导者和下属共同进行决策制定,让下属参与决策,充分听取下属的意见,领导者的主要角色是促进和沟通。

(4)授权型(低任务水平－低关系水平):领导者对下属具有充分的信任,通过授权让下属放胆工作,领导者很少提供具体指导。

这四种领导风格分别对应下属的四种不同的成熟度,如图4－4所示。

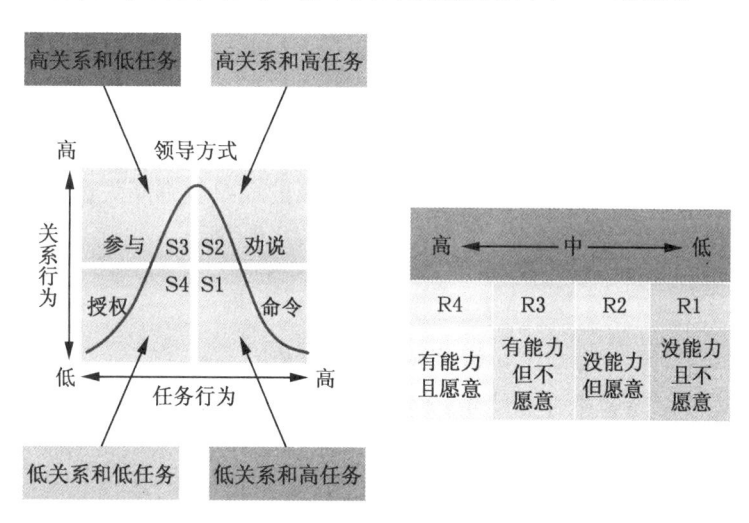

图4－4 赫西和布兰查德的情景领导模型

赫西和布兰查德的模型具有理论的完美性与模型的对称性。我们可以设想这位领导者是一个建筑工地的项目经理,而这位下属是进城打工的农民工。当这位农民工初来乍到时,他并未受到建筑相关的专业训练,同时对于建筑工地挖沟、搬砖、扛钢筋等繁重的体力活很不适应。他显然属于R1那种既没有能力又不愿意工作的成熟度最低的下属。这位项目经理只需告知他每天的工作任务,如挖多长的沟、搬运多少砖、扛多少吨钢筋,有时甚至要用命令、威胁的口气,直接呵斥他:"完不成任务马上滚蛋!"如果这位农民工是一位老实巴交、吃苦耐劳的打工者,他很愿意吃苦,也特能吃苦,对于工地上的脏活、累活他都愿意干,但他并没有什么特定的技能,那他就属于典型的 R2 型成熟度。此时,项目经理就应该对他采取推销式领导风格:你干得不错!在我们工地上这样干下去,一年可以拿到四五万元的工资收入,干满三年你可以回老家建一栋房子,甚至还告诉他:"在我们工地上,谁要是欺负你,就直接告诉我。"如果这位农民工原来就是乡村中很有名望的木匠、泥瓦匠,在木工活、泥瓦工活方面有自己的绝活和手艺,但对目前工地上的工资收入、工作环境不满意,常常怨声载道,那他就是典型的 R3 型。此时,项目经理就应该对他采取参与型领导风格:在土木建筑质量、进度方面,请他参与决策,提供专业化建议,对他的专业表现出足够的尊重。如果这位农民是典型的 R4 型,他在建筑方面具有丰富的专业知识,是一位高级木工、高级电工,而且工作特别卖力,愿意在工作中发挥其聪明才智,那么这位项目经理显然就应该对他实施授权型领导风格:成立木工组或电工组,让他担任班组长,充分发挥他的专长和工作积极性。

所以从理论模型上看,赫西和布兰查德的情景领导模型具有逻辑上的清晰性和理论模型的完美性,但其实践检验结果是令人失望的。这说明这个看似完善的理论模型具有根本性的内在漏洞或缺陷。其原因可能在于以下两点:

(1)他们将领导设想为一种全能型的、高度智慧的、极其英明的"医圣",能根据不同的病人、不同的症状"因病发药",这其实是不现实的。现实生活中,我们遇到的领导者其实也是常人,也是有缺陷的。我们很难要求他们针对不同的下属、不同的情景精确采用不同的领导风格。如同菲德勒模型所阐释的那样,某些领导者具有因工作经历、工作经验、天生特征而形成的明显的倾向性,甚至是某种具有缺陷的顽固性、偏执性,要求这样的领导者针对不同的下属采取不同的领导风格实属缘木求鱼。与此相反,在管理实践中,下属恰恰要适应某些领导者的某些倾向、偏好或思维模式、领导风格。

(2)即便赫西和布兰查德的情景领导理论假定(一个高明的领导者应该根据下属的不同成熟度采取不同的领导风格)是存在的,一旦他们对下属的成熟度判断失误,那他们所采取的相应的领导风格也就失效了,如创业聚焦"诸葛亮的用人之失"所示。

创业聚焦

诸葛亮的用人之失

《三国演义》中的诸葛亮神机妙算,知人善任,是一位高明的领导者。但即便如此,小说中的诸葛亮在用人方面也犯过几次大错误,其中包括对马谡和魏延的任用。

马谡自幼饱读兵书,经常与丞相切磋用兵之道和军国大事,给诸葛亮留下了好印象,遂认定他是那种既有能力又愿意工作的 R4 型下属。事实上,刘备在临死之前就告诫诸葛亮:"马谡言过其实,不可大用。"后来的事实证明,将街亭如此重要的战略位置交给马谡是完全错误的,他不仅违背用兵常识,放弃在近水扎营,让魏军截断水道,不战自溃,而且根本不听副将王平的劝阻,一意孤行,最终落得兵败被斩的下场,让诸葛亮北伐中原的整个战略计划彻底瓦解。

> 另一次重大失误是对魏延的任用。魏延是从曹操那边投降过来的一员老将,打仗有勇有谋,他可能因此而自负,对丞相的排兵布阵常常有不同的看法,或者因为不得重用而常有怨言。小说中诸葛亮对魏延怀有很深的成见,认为他是既没能力又不愿意工作的R1型下属,或是有能力但不愿意工作的R3型下属。他被认定有"反骨"——这基本属于"永远不得重用"的盖棺论定。诸葛亮最后一次北伐中原,魏延献计奇袭子午谷,这未必不是一条好计策,但遭到诸葛亮的直接拒绝。小说中后来描写诸葛亮对魏延的成见日益加深,魏延冲到军帐汇报、风灭长命灯的无心之失也被看作有意破坏。所以小说中后来描写的诸葛亮的神机妙算完全是用来针对魏延的准确预见;连诸葛亮临死之前的秘密撤军会议都将魏延完全排除在外,后事安排的"锦囊妙计"不是针对司马懿而是专门用来针对魏延。因此,有人评价魏延最终的"谋反"实际是被"逼反"。

赫西和布兰查德的情景领导理论对创业领导者来说具有以下重要意义:一是创业的过程其实也是培养人、带队伍的过程,培养一大批既有工作意愿又有工作能力的"又红又专"的优秀员工,其实是每个创业领导者在创业过程中识人、用人必然经历的挑战与人生磨炼。一项辉煌的事业其实离不开一大批优秀的人才以及由这些优秀人才汇聚而成的团队。二是创业领导者对关键人才、核心人才的筛选与提拔必须经历一个科学、系统的选拔与录用过程,可采取创业领导者单独考核、人事部门专门考核、专家团队系统考核三者相结合的办法,避免"看走眼"、任人唯亲等现象的发生。三是光有意愿、能力是不够的,还必须加入品德修养、战略眼光、国际视野、决策能力、沟通技能、社会责任等多方面素质和能力的考核。

第三节 路径-目标理论

罗伯特·豪斯(Robert House)提出的路径-目标理论认为,领导者的行为就是在帮助下属实现目标的过程中指出正确的路径。在此过程中,有效的领导者会帮助追随者找到障碍并消除障碍,避免走进死胡同,同时提供必要的情感支持。

一、领导者的行为

依据环境的情景因素和下属的情景因素,领导者应分别采取以下四种领导行为:

(1)指令型领导:针对的是那种没有经验的员工,明确告诉对方对他的期望是什么,为他制定工作日程安排,提出完成任务的具体建议。

(2)支持型领导:针对的是那种具有一定工作经验且主动性、积极性较高的员工,关心员工的需求,对员工态度友好,具体表现为有礼貌的、友好的交流互动,对员工的福利给予真诚关注,展示开放、使员工易于接近的态度。

(3)参与型领导:针对的是工作经验十分丰富且表现出强烈的参与意愿的员工,将其纳入工作团队,充分听取其建议。领导者往往与追随者共同解决问题,请他们提出自己的建议,关注事情进展并推荐方案,在决策过程中权衡这些投入。

(4)成就导向型领导:针对的是工作经验丰富、有相当工作资历且具有强烈进取心的员工,为员工设定具有挑战性的目标,要求下属发挥其最高水平,尽最大可能来执行工作,不断寻求多种途径来提高各阶段的绩效。该类型的领导者对下属既严格要求,又与下属建立支持型互动关系。领导者会表现出持续的高度信心来支持下属,相信下属会投入必需的努力以达成期望的目标,甚至在未来能承担更大的责任。

罗伯特·豪斯认为,领导者实施的这些"任务"型领导行为和"关系"型领导行为,本质上涉及提高追随者努力-绩效、绩效-奖励期望上的概率估计。也就是说,领导者的行为应当强化追随者的信念:若员工投入了一定努力,则其更有可能完成某一任务;若员工完成了某一任务,则其就有可能获得领导者看重的成果。

二、追随者的情景因素

路径-目标理论(见图4-6)考察了追随者的两类情景因素:一是追随者的满意度,二是追随者对自己完成工作的能力的感知。

路径-目标理论认为,领导行为是追随者满意度的源泉。如果追随者认为领导者的行为可以使他直接获得满足,或者是获得未来满足的直接工具,则领导者的行为对于追随者来说就是可以接受的。也就是说,只要追随者将领导者的行为视为提高自身满意度水平的一种方式,追随者就积极支持某位领导者。

但追随者的满意度取决于其控制轨迹(locus of control,也译作"控制点")。如果追随者相信个人的成功取决于个人努力,也就是能"掌握自己的命运",那其就是属于"内在控制轨迹"(内控点)的人。如果追随者相信个人的成功取决于运气、机会等外部因素,也就是"控制于命运",那其就是属于"外在控制轨迹"(外控点)的人。

进一步的研究发现,内在控制轨迹(内控点)的追随者相信其取得的成果是自己决策的结果,这些人对参与型领导行为的满意度将高于对指令型领导行为的满意度;相反,外在控制轨迹(外控点)的追随者对指令型领导行为比对参与型领导行为更满意。其差异如图4-5所示。

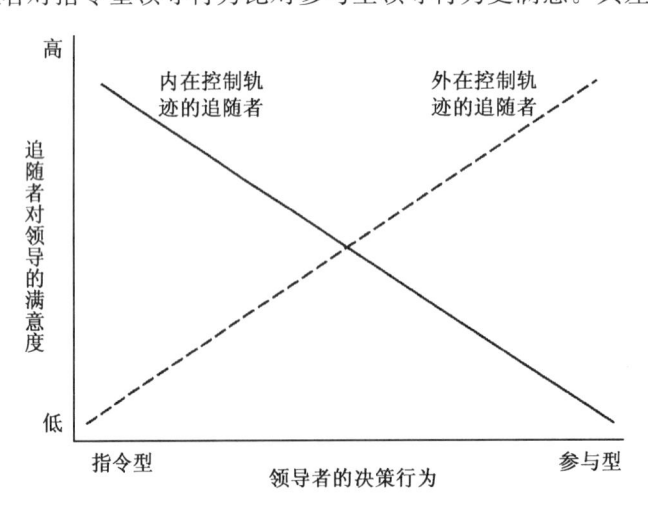

图4-5 领导行为与追随者的控制轨迹导致的满意度

追随者对自己完成工作的能力的感知,也会影响领导者所起的作用。相信自己完全胜任某一任务的追随者往往从参与型领导行为那里受到更大的激励,而不会受到指令型领导行为的激励。同样,具有强烈自信的下属随着工作经验的积累,更能从成就导向型领导行为那里获得比其他领导行为中更高的满意度和更大的成就感。

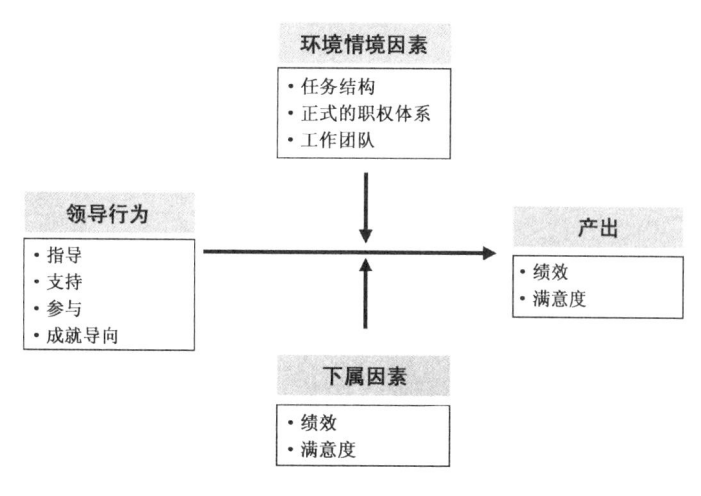

图4-6 路径-目标理论

三、环境的情景因素

环境的情景因素包括任务结构、正式的职权体系和工作团队这三项,它们通过三种方式来影响领导的情景,构成对追随者的激励、行为限定或奖励因素。

(一)任务结构

在一个任务结构不够清晰、员工显得迷茫的组织中,领导者的指令型行为能够给员工带来更高的满意度;而在一个任务结构高度清晰的组织中,领导者的指令型行为则显得多余。

(二)正式的职权体系

正式的职权体系,又称"正式的权威制度",在一个等级分明、权威制度壁垒森严的组织中,追随者的行为会受到许多限制,领导者表现出的指令型行为和成就导向型行为就会显得多余,而支持型行为则会受到员工的欢迎。

(三)工作团队

当工作团队绩效不佳时,领导者的指令型行为能够带来更高的绩效和更高的满意度;当工作团队存在重大冲突时,领导者的指令型行为能够及时解决内部冲突。此时的团队需要一个敢于负责的领导者。

这种环境的情景因素如图4-7所示。

路径-目标理论在实践运用中是复杂的,其部分结论已经得到验证,而有些结论则并未得到支持。创业领导者的重要工作,是为追随者指明绩效、工作目标,以及在追随者实现目标的过程中指明路径,并成为下属满意度的源泉,这一基本判断是正确的,对于绝大多数创业领导

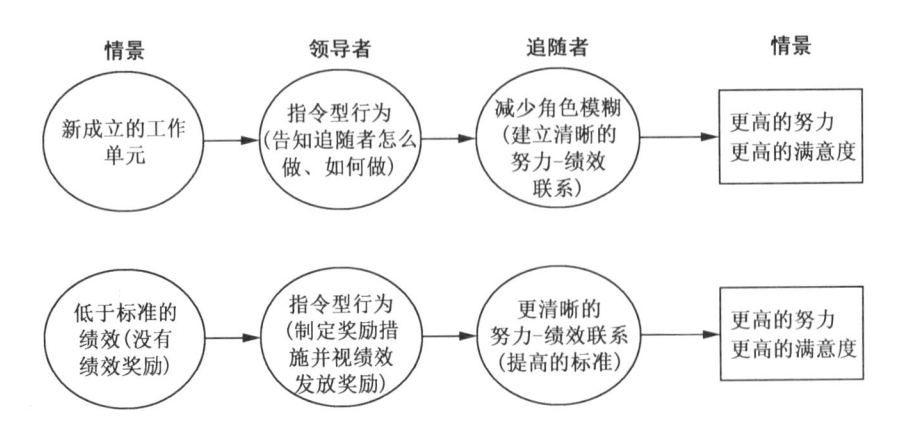

图 4—7　路径—目标理论的应用示例

者也是适用的。一些优秀的创业领导者,如"经营之神"王永庆、优秀华人企业家郭鹤年,培养了大批优秀的追随者、下属和经营团队,在此过程中为他们的成长指明方向。

思考题

1. 权变领导理论通常有哪几种？其中,哪一种在实践运用中最为复杂？请举例说明。
2. 最难共事者量表是什么？
3. 在菲德勒模型中,高 LPC 的领导和低 LPC 的领导在关注点上最大的差异是什么？
4. 情景领导理论是从哪两个维度上对领导风格进行区分的？
5. 在路径—目标理论中,领导者行为分为哪几种类型？

习题及参考答案

讨论题

参阅案例五"脑白金与史玉柱的创业污点"。

如何评价史玉柱的创业污点？请你运用领导权变理论为他辩护。

案例集

第五章

创业领导的当代发展

当代领导理论又称整体领导理论,是指 20 世纪 70 年代至 21 世纪出现的一些新的领导理论,如应变型领导理论、魅力型领导理论、愿景型领导理论和团队领导理论。因为这些领导理论综合运用了领导特征理论、领导行为理论、权变领导理论的多种方法,所以它们又被合称为整体领导理论。本章在介绍整体领导理论的基础上,分析了它们对于创业领导者的特殊意义。

第一节 应对型领导与应变型领导

一、应对型领导

应对型领导(transactional leaders)又译作"交易型领导",是指通过社会交换来实施领导过程的领导者。当领导者与追随者以某种交换关系来满足彼此的某种需要时,这种交换关系就成立了,比如,以工作来交换金钱、以忠诚换取关怀、以选票交换某种政治上的好处等,也就是说,把领导者与追随者的关系简化为一种短期的、临时的交换关系。一般认为,应对型领导能够通过设立目标、承诺奖励期望的绩效来激励下属。但这种对领导者—追随者关系的简化处理可能忽略了组织中复杂、微妙的动力机制,因此,我们更愿意把它译作"应对型领导",是指从短期目标出发,与追随者构成一种施力—受力、作用—被作用关系的领导者。这类领导者能够根据形势和任务的变化,不断调整与下属的领导方式以及领导过程,但聚焦按照原来设定的进程和方向,完成上级下达的短期任务与目标。

二、应变型领导

应变型领导(transformational leaders)又译作"变革型领导",是指能够改变事物的进程和发展方向的领导者。比起应对型领导,应变型领导具有以下几个方面的明显特征:

(1)能够改变事物的进程和发展方向,而不是沿着原有的方向发展。比如,邓小平被称为"改革的设计师",他强调"步子再大一点,思想再解放一点",通过改革开放完全改变了中国社会的发展进程。

(2)能够改变下属对事情的看法,帮助员工用新方法来看待旧问题。比如针对"两个凡是",邓小平倡导了"实践是检验真理的唯一标准"的大讨论,将中国社会的目标由阶级斗争转向了经济建设。对"社会主义"的看法,他强调"贫穷不是社会主义的本质特征",主张"让一部分人先富起来""先富带动后富"。

(3)用激励和鼓舞的方式使下属出色地完成任务:邓小平通过南方谈话大力推动广东和深圳的改革,通过深圳经济特区建设,大力推动了全国的经济改革与经济建设,使全中国涌现了一大批敢于改革、敢于先行、敢于冒险的"改革开放带头人",如华西村支部书记吴仁宝。

(4)能够激励下属付出更多努力以实现团队目标:通过改革开放,中国土地出现了一大批"万元户""亿元村""富豪街""脱贫县"。

研究表明,应对型领导与应变型领导并非决然对立,随着经验的积累和管理技能的提高,应对型领导也可以成长为应变型领导。

在中国的改革开放过程中,各行各业涌现出一大批应变型创业领导者,如任正非、曹德旺、史玉柱、李书福、王传福、马云、马化腾、李彦宏等。阅读创业传奇"王传福与他的比亚迪",你会发现在中国改革开放的大潮中涌现了许多像王传福一样的应变型领导。

创业传奇

王传福与他的比亚迪

王传福,1966年2月15日生,安徽芜湖人,1987年毕业于中南工业大学冶金物理化学专业。1995年王传福辞职,创办比亚迪公司,短短几年时间,公司发展成中国第一、全球第二的充电电池制造商,2003年进入汽车行业。

1966年2月15日,王传福出生在安徽芜湖市无为县的普通农民家庭。他的父亲是一名技艺出色的木匠。王传福有五个姐姐、一个哥哥和一个妹妹,加上父母,一家十口人就靠世代传下的木工手艺活为生。在王传福十三岁时,父亲因为长期的病痛折磨去世,王传福的五个姐姐先后出嫁,妹妹被寄养,而哥哥王传方也从此退学开始赚钱养家。两年后,在王传福即将初中毕业的时候,母亲又突然去世。

1983年,王传福以优异成绩考入位于长沙的中南矿冶学院冶金物理化学系,该校后来改名为中南工业大学。此时手机在中国有一个无比巨大的市场,而对手机电池的需求似乎永无止境,而王传福学的专业恰恰就是电池。1987年进入北京有色金属研究总院攻读硕士后,王传福即开始对电池的研究。1990年硕士毕业后,他留在该院301室工作。两年后,年仅26岁的王传福被破格提拔为301室副主任。1993年,研究院在深圳成立比格电池有限公司,由于和王传福的研究领域密切相关,因此王传福被任命为公司总经理。

在有了一定的企业经营和电池生产的实际经验后,王传福发现,作为自己研究领域之一的电池面临着巨大的投资机会。当时要花两三万元才能买到一部"大哥大",而电池却是其核心部件。王传福意识到手提电话的发展对充电电池的需求会与日俱增。1995年2月,王传福和他的表哥吕向阳一起创立了比亚迪,很快成为一流的电池生产商。当时的镍镉电池需用大量的负极制造材料钴,如果进口国外的钴,则价格极高。比亚迪与深圳某公司合作，制定了提高国产钴品质的详细办法，终于使国产钴达到国际品质要求，同时较国外产品成本低40%。1995年下半年，王传福试着将比亚迪的产品送给台湾最大无绳电话制造商试用。没想到的是，比亚迪产品优秀的品质、低廉的价格，引起了该制造商的浓厚兴趣。当年底，该制造商毫不犹豫地将给三洋的订单转给了王传福。

1997年，比亚迪已经从一个名不见经传的小角色，成长为一个年销售近1亿元的中型企业。这一年亚洲金融风暴席卷了整个东南亚。全球电池产品价格暴跌20%～40%，日系厂商处于亏损边缘，但比亚迪的低成本优势越发显得游刃有余。飞利浦、松下、索尼甚至通用先后向比亚迪发出了令人激动的大额采购订单。从1997年到2000年在镍镉电池市场，王传福只用了3年时间便抢占了全球近40%的市场份额，平均每年的增长率达到100%。

在镍镉电池领域站稳脚跟之后，王传福紧接着抓住了第二次机会，开始研发蓄电池市场具有核心技术的产品——镍氢电池和锂电池。为此，王传福投入了大量资金购买最先进的设备、搜索最前沿的人才，并建立了中央研究部。当时锂离子电池是日本人的天下，国内同行不相信比亚迪能搞成，据说王传福当时在业内受到了嘲笑，但他相信这是机会。王传福专门成立了比亚迪锂离子电池公司，2003年比亚迪在锂离子电池和镍氢电池领域仅排在三洋、索尼和松下之后，成为与这三家日本厂商齐名的国际电池巨头。

2003年比亚迪的生产规模达到了日产镍镉电池150万只、锂离子电池30万只、镍氢电池30万只，60%的产品外销，手机领域的客户既包括摩托罗拉、爱立信、京瓷、飞利浦等国际通讯业巨头，也有波导、TCL、康佳等国内手机新军，比亚迪一跃成为三洋之后全球第二大电池供应商，占据了近15%的全球市场。

2002年7月31日比亚迪成功地在香港主板上市。2008年其销售收入达1.55亿美元，有15 000名员工。在2012年福布斯中国富豪榜单中，王传福以76.9亿元排第77位。比亚迪目前的业务涉及电池制造、手机配套、汽车等领域，成为全球产值约200亿元的高端制造企业。通过对可充电电池和电力汽车两个主业的嫁接，比亚迪声称要在2025年成为全球第一大商用车制造企业。

（资料来源：编者根据相关网络资料整理而成。）

第二节 魅力型领导

魅力型领导(charismatic leader)是指热情、自信，以其人格魅力和行动影响人们以特定方式行事的领导者。魅力型领导者具有以下五个方面的特征：

（1）充满愿景。魅力型领导者往往能运用充满想象力的愿景来激励下属。这类愿景往往呈现为一种高远的组织目标、一种宏大的组织战略、一种理想的工作情形或使员工感到满意的理想工作状态。愿景的激励来自对现状的不满和改变现状的强烈驱动力，以扩大对未来的美好生活的强烈向往。观察所有的宗教领袖，你会发现，一种充满感召力的未来愿景具有使信徒舍生忘死、前赴后继的奋斗力量,那些宗教领袖勾画的"天国""伊甸园""山巅之城"往往容纳了信徒对未来生活的无穷想象,而魅力型领导或多或少具有宗教领袖的那种激发人心的力量。

(2)具有清晰描述愿景的能力。魅力型领导者不仅能运用愿景而且要描述愿景。这种描述有时是模糊的、方向性的,表达的是组织对未来理想状态的信念、使命、价值观;有时又是清晰、具体的,表达的是为了达到理想状态必须遵守的原理、原则和规则。

(3)愿意为实现愿景承担风险。当愿景转化为组织的目标和战略时,魅力型领导者必须表现出敢于尝试、敢于冒险、不怕困难、一往无前的勇气和战略胆识。这种风险可能表现为进入未知的领域、拓展全新的市场、冒险进行技术创新或带有巨大风险的组织变革。魅力型领导者具有使员工相信这种冒险是值得一试且必定成功的人格魅力。

(4)对环境和员工需求很敏感。魅力型领导者对环境的变化能做出迅速反应,并且这种反应代表员工的真实情感,可以激发员工的共鸣,获得员工的认同,从而形成组织的共同情感、集体意识和组织凝聚力。

(5)打破常规。魅力型领导者在这方面与应变型领导者有相似之处,他们不是沿着既定的方向和逻辑前进,而是在必要时完全改变事物的进程和发展方向。他们是宁静中的警醒者、正常逻辑的破坏者、全新的商业模式与市场规则的创立者,如同西南航空公司总裁凯勒尔打破了美国航空业的竞争模式所做的那样。

许多创业领导者是魅力型领导者,如美国西南航空公司总裁凯勒尔、苹果公司总裁乔布斯、华为总裁任正非、福耀玻璃总裁曹德旺。

创业传奇

魅力型领导凯勒尔

美国西南航空公司开创了美国廉价航空的新时代,在美国国内中短途航线上,其飞机票价比汽车、火车还便宜。在美国所有的航空公司中,它是唯一一家成立四十多年以来一直盈利的公司,包括"9·11"期间和2008年全球金融危机期间。同时,该公司从未有一架飞机坠毁,从未辞退过一名员工,也从未发生过一起劳动纠纷。它每年提供2 200个航班,运送5 000万名旅客。

率领美国西南航空公司创造这一传奇神话的是其总裁赫伯·凯勒尔,他是一位充满人格魅力、让你终生难忘的魅力型领导。凯勒尔具有记住每一个员工姓名的奇特本事,所以,每次与员工见面他都能马上叫出员工的名字。就此一点,就让无数员工感动不已,员工都把他的画像挂在办公室、卧室。人们崇拜凯勒尔就像中国人崇拜毛泽东一样。许多年轻人亲切地称呼他是"凯勒尔大叔"。

凯勒尔的另一本事是他的幽默,他常常讲笑话,并把自己当作笑料中的人物。当乘客为袜子上的洞感到尴尬时,他发起的倡议是——看谁袜子上的洞最大,谁最大谁就可以获奖。这种幽默可以成为公司的竞争武器。为了压缩成本、降低票价,西南航空公司的飞机没有豪华的内装修,既没电视也没耳机,但乘客们仍然愿意乘坐西南航空公司的航班,因为其票价比其他航空公司便宜许多。有一次其主要竞争对手——美国西方航空公司在其广告中嘲笑西南航空公司的乘客,称其应该为选择如此简陋寒酸的航空公司而感到羞愧时,凯勒尔马上进行了反击。他头顶一个皮包出现在热点新闻节目中,他说如果哪位乘客因为乘坐西南航空公司的飞机而感到羞愧时,西南航空公司就送他这样一个皮包。主持人问为什么,凯勒尔回答:"装钱呀!乘坐西南航空公司的航班所省下的钱可以装满整整一包!"

凯勒尔对他的员工充满了信任,在价格战打得最激烈的时候,他感到再这样打下去,连西南航空公司也撑不下去了。危急时刻,他给每一个员工写了一封有自己签名的亲笔信:"我需要你们的帮助,我希望你们每人每天帮我节省5美元。"每一个收到信的员工都非常感动,他们都希望在此危难时刻好好帮凯勒尔一把!大家想了很多办法,包括登机牌由一次性牌子换成反复使用的塑料牌,乘客自己找座位,不提供饮料和食品,缩短转机时间,每天飞更多班次。这些合理化建议为公司节省了上百万美元的费用,增加了上千万美元的利润。凯勒尔有句名言:"飞机只有飞在空中才赚钱。"

(资料来源:《西南航空公司:找到战略性机遇之窗》,[美]罗伯特·F.哈特利(Robert F. Hartley)著,高洁译,《管理得与失》,中信出版社2000年版,第173~196页。)

第三节 愿景型领导

愿景型领导(visionary leader)是能够创造并清晰描绘一个可行、可信、吸引人并能改善当前状况的未来愿景的领导者。一个凝聚大家共同愿望且极具感染力的愿景,"可以汇聚多方技能、才干和资源来实现它,并推动人们奔向未来"。愿景型领导具有如下特征:

(1)具有极高的修辞技能和演讲才能。他们能够用精炼的一句话、一段慷慨陈词的演讲改变人们的态度、观念和对事物本质的认识,能够用极其简练、生动的语言抓住事物的本质,而他们的语言、语句、口号也成为人们口耳相传的名言、警句、口头禅。比如毛泽东的演讲才能彻底征服了他的人民、朋友,甚至敌人,他的"星星之火,可以燎原""一切反动派都是纸老虎""敌进我退,敌退我进,敌驻我扰,敌疲我打,敌退我追"……成了中华民族争取独立与解放的流行语与口号。同样,愿景型领导者也会有他们的流行语,如美国西南航空公司总裁凯勒尔的名言——"飞机只有飞在空中才赚钱",中国著名企业家李书福的名言——"汽车在我看来就是四个轮子加一个沙发",都成为特有环境下的组织印迹。

(2)能够点燃下属的激情与愿望。他们所描述的未来生动、形象且诱人的愿景能够被下属接受。例如,戴尔的电脑公司创造了一种"在一周之内将定制化的个人电脑直接出售并送到顾客手中"的快速定制化的愿景。玫琳凯·艾施(Mary Kay Ash)创造了一种"将女性视为销售且能提升自己妆容的企业家"的愿景。

(3)能引起人们情绪上的共鸣,从而激发人们实现组织目标的共同努力。通过这种共鸣,他能最大限度地激发组织成员的灵感,给人一种赋能感(feeling of empower),极大提升员工的情绪层次,从而将分散的个人目标与力量汇聚成改变世界的组织目标与集体力量,最终促进组织绩效的大幅度提升或者整个社会的根本变革。

许多成功的创业领导者是愿景型领导,他们用愿景改变了自身、员工和组织,甚至改变了我们周遭的世界。例如,乔布斯对未来数字世界的愿景改变了我们对信息、图像、电影、音乐和整个世界的认知;任正非对未来5G、6G的愿景将彻底改变智慧公路、自动驾驶、物联网、AI技术、智慧城市等未来世界的面貌;如同创业聚焦"马斯克的火星'殖民'愿景"所展示的那样,埃隆·马斯克(Elon Musk)为我们描绘了一个从未有过的太空旅游与火星移民愿景。

创业聚焦

马斯克的火星"殖民"愿景

埃隆·马斯克开创了我们这个时代全新的太空愿景,为我们开拓出全新的未来。2001年初,埃隆·马斯克策划了一个"火星绿洲"的项目,计划在火星上建立一个小型实验温室,让来自地球的农作物在火星的土壤里试着生长。但埃隆·马斯克随即发现,从俄罗斯宇航公司购买运载火箭的成本太大,便提出了自行研发火箭的构想。2002年6月,马斯克投资1亿美元创办美国太空探索技术公司(SpaceX),出任首席执行官兼首席技术官。

2010年12月8日,马斯克的SpaceX研发的猎鹰9号火箭成功将"龙飞船"发射到地球轨道,这是全球有史以来首次由私人企业发射到太空并能顺利折返的飞船。"龙飞船"采取7人座和宽货舱设计,整体外形呈"子弹"状,是全球屈指可数的商用太空飞船之一,是世界上第一艘由私人公司研发的航天飞船。

2011年,美国宇航局与SpaceX签署了一份价值16亿美元的合同,SpaceX将为美国宇航员提供12次运输补给任务。这使得SpaceX拥有比其竞争对手——轨道科学公司超过2亿美元的价格优势。根据NASA的计划,当美国所有航天飞机2011年退役以后,将依赖像SpaceX这样的私营公司将物资补给送入国际空间站。目前SpaceX已经签订了超过30个价值共30亿美元的合同。SpaceX把"龙飞船"内部细节图放上网站供人浏览,这个胶囊状容器的终极目的是以远低于一切竞争对手的成本来往于太空和地球之间。

2018年2月,SpaceX旗下全世界运载能力最强的超级火箭——"重型猎鹰"(Falcon Heavy)首飞成功,并完成两枚助推火箭回收。"重型猎鹰"的首次飞行将搭载马斯克的一辆红色特斯拉Roadster跑车,车上还会播放戴维·鲍伊的经典歌曲《太空怪人》(Space Oddity)。据称,这辆跑车会在太空中飞行超过10亿年。"重型猎鹰"目前可将2~4吨的货物运送至火星表面,这标志着马斯克"殖民"火星的愿望又推进了一大步。

马斯克身上有很多标签:天才、技术狂人、科技企业家、霸道总裁……他坚信科技能够改变世界。作家马克斯·查夫金(Max Chafkin)评价说:"马斯克靠着两种兴奋剂度过每一天,那就是咖啡因和帮助人类殖民火星的愿望。"

(资料来源:编者根据相关网络资料整理而成。)

第四节　团队型领导

团队领导(team leader)是指建立、管理一个团队并依靠团队成员完成工作目标的领导者。在今天的管理现实中,每一个员工都处于一个、两个或更多的团队中,接受团队领导者的指导而开展工作。而任何一个领导者,在某种程度上都需要充当团队领导的角色。管理咨询公司的相关研究表明:"15%左右的管理者天生就是团队领导者;另外15%的管理者永远不可能领导团队,因为这与他们的个性相悖。大部分管理者介于两者之间:团队领导对他们来说不是与生俱来的,但可以通过学习获得。"①

在今天的工作现场,作为一个领导者,你可能领导着一个创业团队,也可能负责一个项目团队,或者正在组织一个科研团队,或者管理着一个科研团队……团队工作已经成为无所不在的工作方式。与一般领导者的工作方式不同,团队领导者必须充当以下四个方面的角色(如图5—1所示):

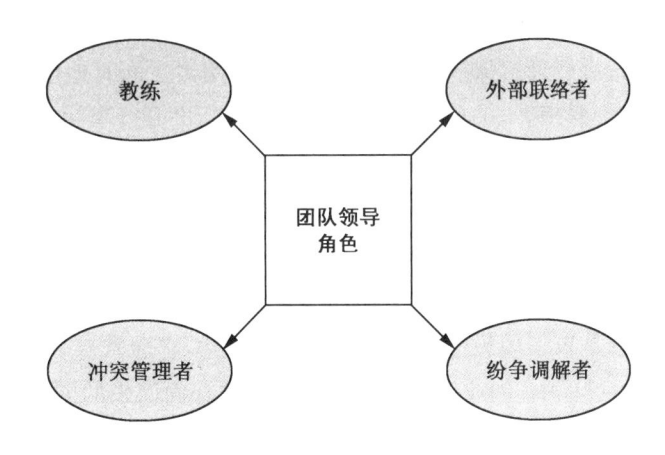

图5—1　特定的团队领导角色

(1)外部联络者:团队领导者必须充当与外部世界沟通、联络的角色,阐明其他人对团队的期望,从外部收集信息,保护必需的资源。在这个过程中,他要明确传达上级对团队的使命定位、目标、期望,定期向上级汇报本团队工作的进展,并且随时把上级的工作指示、命令、计划,以及对本团队工作的评价与团队的每一位成员沟通。一旦计划有变、工作进程受阻或者上级对本团队的工作进度十分满意或十分不满,他都应该让每一个成员尽快了解。在这一过程中,团队领导者往往充当着极其重要的资源获取者的角色:

①获得上级的支持,从外部获取政策支持、资金资源、物质资源、人力资源并在团队内部公平、合理地分配;

②了解其他团队或外部竞争者的信息,获取某些关键的技术进展与信息资料;

---

① [美]斯蒂芬·罗宾斯(Stephen P. Robbins)等著,刘刚等译:《管理学》(第13版),人民大学出版社2017年版,第474页。

③当团队进展遇到关键障碍或技术瓶颈时,从外部或竞争对手那里挖来关键人才。

(2)纷争调解者:团队领导必须充当内部矛盾的发现者、协调者和解决者。他必须对团队内部的情绪、纠纷保持敏感并迅速予以解决。团队领导往往充当团队的凝合剂,对保持团队的凝聚力起着关键作用。

(3)冲突管理者:团队领导必须随时处理本团队与其他团队、本团队与各种利益相关者之间的冲突,这种冲突有时是利益分配的冲突,有时是资源分配的冲突,有时是组织结构带来的顽症与痼疾,有时则是必须战胜的竞争对手。

(4)教练:阐明角色期望,进行教育、给予支持并提供为实现高绩效所必需的一切。教练意味着在下属的成长过程中,领导者既是严格的老师,又是值得信赖的朋友,同时还如同生活中处处关心孩子的父母。他对运动员的成长担负着"全能"的角色和"全天候"的责任。

有人认为《西游记》中的唐僧玄奘法师就是一位成功的创业者,同时也是一位技艺高超的团队领导者。他在当时那种穷山恶水、到处妖魔鬼怪、处处凶险的情况下,克服了九九八十一难,成功到达西天取经,显然是一个成功的创业者。这缘于他肩负的是正义的事业,受大唐皇帝派遣,得到观音菩萨的庇佑,所以每到异国,他首先拿出的是大唐皇帝给他的通关文牒——当时最高级别的外交护照。一旦遇到灭顶之灾,他总是派大徒弟孙悟空去观音菩萨那里求助。由此可见,他是一个与最高管理层保持密切沟通的外部联络者。同时他也是一个技术高明的内部纷争调解者和外部冲突管理者,来自团队内部的"撂挑子"和"分行李"的纷争都被他一一化解;来自外部的魑魅魍魉、妖魔鬼怪也都被他的团队一一扫除。最后,他还是一位劝善为佛、循循善诱的教练,一些顽劣的徒弟、凶恶的妖魔都被他教育感化,有些甚至弃恶从善,修成正果。

浙江大学苗青教授的研究表明,创业领导者通过利用创业机会、激发创业愿景来"影响和指导创业团队实现组织目标",从而提高创业团队的整体绩效和成员的个体绩效(Qing Miao et al.,2019)。创业愿景是未来理想化创业图景的一种表达,它通常被看作培养团队激励的起点。在激发创业愿景的过程中,创业领导通常会充分抓住扑面而来的创业机会,描绘一幅引人注目的、创业成功的绚丽图景,从而激发员工和创业团队的无限想象力与巨大创造力(见图 5—2)。

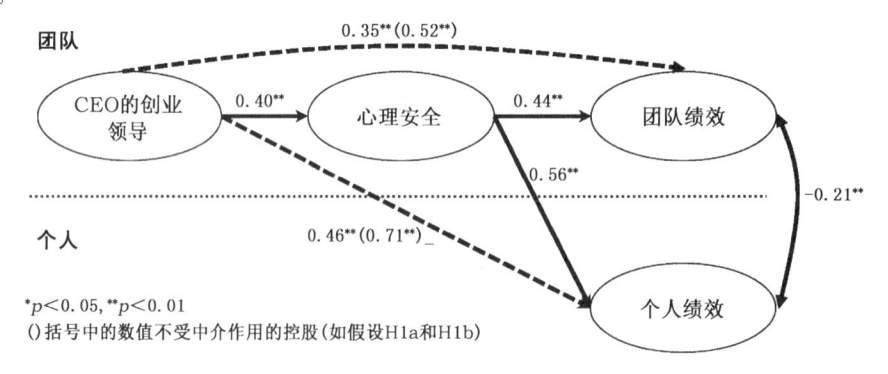

$*p<0.05, **p<0.01$
()括号中的数值不受中介作用的控股(如假设H1a和H1b)

资料来源:Qing Miao ,Nathan Eva,Alexander Newman ,and Brian Cooper(2019). CEO Entrepreneurial Leadership and Performance Outcomes of Top Management Teams in Entrepreneurial Ventures: The Mediating Effects of Psychological Safety. *Journal of Small Business Management*,57(3),p. 1 128.

图 5—2 创业领导的团队绩效模型

相关研究表明：

(1) 创业领导因与创业团队建立了一种伙伴关系(partnership)而取得其充分的信任，获得团队成员的承诺与奉献。

(2) 创业领导激发了创业团队的创业激情(entrepreneurial passion)，培养了一种创业自豪感。

(3) 创业领导激发了创业团队的自我效能感(self-efficacy)。

(4) 建立较高的团队绩效标准。

(5) 接纳环境的不确定性。

(6) 建立角色模型，不断向市场推出新产品与新服务。

根据社会学理论，创业领导者是高层管理团队行为模仿的重要对象。通过公开而有效的沟通，创业领导者可以成功塑造创业团队成员的态度与行为。创业领导者的积极性、创造性、确立目标、敢于冒险等机会导向行为往往成为团队成员模仿的对象。

这种以机会为导向的角色模型(role-modeling)的确立，使员工在面临下一个机会或面对同样的逆境时充满信心，并获得心理支持和精神安慰。它最终会转化为创业团队的心理资本或精神支柱，从而提高整个团队的业绩。

(7) 充分寻找、调运、分配必要的资源。

(8) 创业领导为创业团队提供一种"心理安全"(psychological safety)。

"心理安全"被界定为"工作场所从事人与人之间的冒险行为时团队成员对是否安全的共同感知"(Edmondson，1999)。这些冒险行为包括改变现状，对他人行为、意见、观点的不赞同并且公开地讲出来。感受到心理安全的员工还表现为公开的交流，在团队环境下畅所欲言。在创业投资过程中，创业团队的心理安全度越高，其所展示的内部凝聚力和信任度就越高，团队的整体绩效和个人绩效也越高。

根据"社会信息加工理论"(social information processing theory)，个体会利用在社会环境中收集到的社会信息来调整其行为，以与其所处的社会环境保持一致。创业领导者在寻找并利用创业机会的过程中，通过鼓励积极进取、公开交流、大胆创新，实际上就确立了组织环境中的社会规范与行为规范，为员工采取组织所鼓励的行为创造了一种安全的环境。

总之，创业领导者的团队管理是一个有待我们进一步探索的广阔领域。一项非凡的、伟大的事业绝不是创业领导者的单打独斗，而是创业领导者及其团队的共同奋斗。其间，创业领导者往往需要构建成功的研发团队、制造团队、物流团队、管理团队等创业团队。

思考题

1. 请列举一位历史上的应变型领导者，并指出其具备哪些特征和风格。
2. 魅力型领导具有哪些特征？请结合一个实例予以说明。
3. 愿景型领导具有哪些特征？请结合一个实例予以说明。
4. 团队型领导通常扮演哪几种角色？请举一个例子说明你觉得最重要的一个角色。

习题及参考答案

第六章

仆从型创业领导

仆从领导理论被称为"21世纪影响最大的理论",它是整体领导理论的一部分,由于其内容较为丰富,本章专门对此予以讨论。本章第一节介绍了仆从领导理论兴起的背景、概念界定及特征,第二节分析了仆从领导的理论模型及其哲学基础,第三节通过焦裕禄、杨贵等人的实例,分析了行政创业中的仆从领导、乡镇创业中的仆从领导、企业家中的仆从领导和社会创业中的仆从领导。

第一节 仆从领导及其特征

一、领导首先是一位仆从

"仆从领导"(servant leadership)这一概念,根据罗伯特 K. 格林里夫(Robert K. Greenleaf)的观点,源自20世纪60年代末70年代初他对美国大学的"校园骚乱"(campus turmoil)的反思[1]。据格林里夫的传记作者弗雷克(Fleck)的记载,1968年,格林里夫在为普利斯考特学院(Prescott College)提供管理咨询时,首次创造了"仆从领导"这一概念。而据格林里夫本人的回忆,"仆从领导"这一理论的直接灵感来自赫尔曼·黑塞(Hermann Hesse,又译作赫曼·海思)的小说《东方之旅》。故事讲述的是一群人探索东方的神秘旅程,可能也是黑塞曾经历的真实旅程。故事的主人公名叫里奥(Leo),是一位随探险队员出征的仆人。他不仅用自己的辛勤劳动为探险队员端茶递水、整理行装,而且用他快乐的歌声和顽强的意志为探险队消愁解闷,排忧解难。他提供的服务和支持是那样的心甘情愿与和谐自然,以至于人们没有意识到他存在的真正价值。直到有一天,里奥消失了,小分队从此乱了套,探险之旅被彻底放弃——因为没有里奥的服务与支持,探险队连一天也不能维持下去。故事到此并没有完结,在经过多年的迷惑不解之后,一位探险队员——本故事的讲述者,却意外地发现,原来里奥就是

---

[1] Robert K. Greenleaf(2002). *Servant Leadership: A Journey into the Nature of Legitimate Power and Greatness*. Introduction, Paulist Press, p. 17.

本次探险活动的资助者确定的领导。然而,令人震惊的是,他却选择了卑微的"仆从"而不是颐指气使的"领导"的角色!

这个故事启发了格林里夫,使他从完全不同的角度来看待"仆从"(servant)与"领导"(leader)这两个对立角色的相互转换。他在最早系统论述仆从领导理论的《仆从领导》(Servant as Leader)一文中说:"仆从与领导,在所有的层级与职业中都可以合而为一吗?如的确如此,那种人在当今的真实世界活生生地存在并且富有效率吗?我对当代的看法使我对这两个问题的回答都是'是'!"[①]他分析说:"人们可以深思黑塞在这个故事中所要表达的是什么。我们知道他的绝大多数小说是自传性的,他过着一种颠沛流离的生活,而《东方之旅》标志着他由动荡生活向晚年内心宁静的一种转折。它引发了评论家对有关黑塞生活与作品的许多猜想,其中许多故事的情节令人费解。但对我来说,这个故事清楚地表明:伟大的领导首先被看作仆从。"他认为,"一位伟大的领导首先被看作一位仆从——这样一个简单的事实正是他的伟大所在"。他进一步阐述道:"我们假定,领导身份是一种赐予之物——它可以收回。但领导的仆从身份则是本质所在——它不可赐予,不可假定,不可收回。领导首先是一位仆从。"[②]

二、仆从领导的十个特征

格林里夫仆从领导中心的负责人拉里·C. 史庇尔斯(Larry C. Spears)对格林里夫的原著进行了长期的潜心研究,从中归纳出仆从领导的十个特征。它们分别是:(1)倾听(listening);(2)移情(empathy);(3)愈合(healing);(4)觉醒(awareness);(5)劝导(persuasion);(6)构想(conception);(7)远见(foresight);(8)管家(stewardship);(9)致力于员工的成长(commitment to the growth of people);(10)建立社群(building community)[③]。

(一)倾听

倾听是仆从领导的首要特征,格林里夫相信:"我对此怀有一种偏见:只有一个真正的、天然的仆从才会将首先倾听作为对任何问题的自动反应。当一个人成为领导时,这一特征使他首先被看作仆从。它表明对于一个非仆从的人来说,想要成为一个天然的仆从,必须经历一段学会倾听的艰苦磨炼,直到他对任何问题的自动反应就是首先倾听。"[④]

倾听具有多方面的含义:第一,倾听是分析问题并最终解决问题的最根本的方法,它意味着从各种"噪音"中发现"真实的声音"。在当今复杂、动荡的世界中,管理者往往被外界纷繁、复杂的各种噪音所扰、吸引,而恰恰忽略了预示问题所在的真实的声音。因此,"倾听"往往意味着要忽略、屏蔽掉那些无关的、扰乱的、分心的"噪音",而专注于最关键的、能体现问题本质的"真实的声音"。第二,仆从领导需了解群体的愿望,并使这些愿望清晰可见。这种倾听不

---

① Robert K. Greenleaf (2002). "Servant as Leader", in Robert K. Greenleaf's *Servant Leadership: A Journey into the Nature of Legitimate Power and Greatness*, Paulist Press, p. 21.

② Greenleaf, R. K. (2001). "Essential of Servant leadership", in Spears, L. C. and Lawrence, M., *Focus On Leadership*, New York: John Wily & Sons, Inc., p. 23.

③ Spears, L. C. (2002). "Tracing the Past, Present, and Future of Servant Leadership", in Spears, L. and Lawrence, M., *Focus On Leadership*, New York: John Wily & Sons, Inc., pp. 4—8.

④ Robert K. Greenleaf (2002). "Servant as Leader", in Robert K. Greenleaf's *Servant Leadership: A Journey into the Nature of Legitimate Power and Greatness*, Paulist Press, p. 31.

仅包括对他人说出来或未说出来的话的虚心静听,而且包括静听自己内在的声音,从而与自己的身体、精神、心灵沟通,也就是一种内省。格林里夫所在的贵格会出现意见分歧而无法达成一致时,贵格会成员往往运用一种"静思"的方法,去倾听上帝的启示和内在的声音。当前在我觉的作风建设方面,我们提倡"不忘初心",实际上也是建议我们倾听自己的"内在声音"。第三,倾听意味着在嘈杂的世界中感知"先知"的"预言",从而做出更有远见、更具洞察力的判断。

(二)移情

移情就是站在对方的角度与立场,思考问题并达成理解与共识的方法。仆从领导力求理解他人,并对他人移情思考。在工作场所中,我们预设同事的善良愿望,即使我们拒绝某种行为或表现时,我们也并非拒绝某一个人。格林里夫认为,"不存在完美的个人,那些想要培养完美小孩的家长实际上培育出来的是神经不正常的人""人性之谜就在于'典型'的人——幼稚、笨拙、无能、懒惰——如果加以智慧地引导却能做出巨大奉献和英雄主义行为"。他同时分析说:"那些尽管很有能力的人却不能胜任领导工作,因为他们无法与'半人'(half-people)工作,他们原本如此。而组织构建的秘密就在于将这样的人锻造成一个团队,并将他们提升至他们原本并不属于的更强大的位置。"[①]因此,"仆从总是接受与移情,而不会拒绝;仆从领导也总是移情,他会接受这个人,但有时会拒绝接受这个人的努力或业绩无可挑剔"[②]。而史庇尔斯甚至声称,"最成功的领导是那种展示移情倾听的高度技巧的领导"。

(三)愈合

愈合是促进升华(transformation)与整合(integration)的强大力量。格林里夫认为,检验一个人是否成为仆从领导有几条主要的检验标准:"对仆从领导的最好检验,也最难监管的是:那些接受服务的人作为个人获得了成长吗? 他们在接受服务时,变得更健康、更聪明、更自由、更自主吗? 他们自身更有可能也成为仆从吗? 再就是社会中最没有特权的人得到的结果:他们从中获益了吗? 或者至少他们没有再次遭到剥夺吗?"[③]仆从领导强大的内在力量就在于他能愈合自我,也能愈合他人。在《仆从领导》一书中,格林里夫写道:"当一个人得到谦卑的服务并受到引导时,他和仆从领导之间就会传递一种微妙的东西——一种心照不宣的对整体的追求。"

(四)觉醒

觉醒是在黑暗中看到光明、在沉睡中搅动不安、在平静中感知危险的清醒的判断力和深刻的洞察力。

一是觉醒意味着充分调动我们意识中的全部潜能。格林里夫认为"我们中的绝大多数人有着非常狭窄的知觉——视觉、听觉、味觉、触觉,使我们无法感知最微小的事情、日常经历中大多数最宏大的东西。因而我们也丧失了领导的机会"。"当一个人觉醒时,他就具有超乎寻

[①] Robert K. Greenleaf(2002). "Servant as Leader", in Robert K. Greenleaf's *Servant Leadership: A Journey into the Nature of Legitimate Power and Greatness*, Paulist Press, p. 35.

[②] Robert K. Greenleaf(2002). "Servant as Leader", in Robert K. Greenleaf's *Servant Leadership: A Journey into the Nature of Legitimate Power and Greatness*, Paulist Press, p. 34.

[③] Greenleaf, R. K. (2001). "Essential of Servant leadership", in Spears, L. C. and Lawrence, M., *Focus On Leadership*, New York: John Wily & Sons, Inc. p. 23.

常的警觉,具有与此情此景更紧密的联系,在潜意识的大脑中储存得更多从而在将来的急需之时形成直觉性的洞察力。"[1]

二是觉醒意味着在平静中感知危险:"很少有人会承认这是一个危险的世界——道德上、物质上、智力上,因此他们对于他们身在何处、他们是谁、他们生活在一个什么样的世界、这个世界的危险与陷阱何在毫无觉醒。"警醒的人,尤其是高度觉醒(height awareness)的人承认危险但并不会被危险所麻痹:"觉醒是迅速有意识地扫描环境和同时寻找问题的结合。'如果我在行动现场、在我的视野范围之内我会怎么做?'因此,扫描意味着同时对某种语言的听和读,但觉醒的同时也意味着直接而仔细地看、听、闻、觉并迅速地提出问题:'这里将发生什么?'"[2]显然,觉醒是人的一切感知能力的全部调动和对潜在危险的高度警觉。

三是觉醒是一种想得更深、看得更远、思考得更为全面的洞察力。格林里夫认为,"觉醒不是提供精神的安慰,恰恰相反,它是一种搅动不安、使人清醒的东西。干练的领导总是异常清醒并冷静地激起人们的不安"。觉醒中的仆从领导能够从平静中感知冲突,从漩涡中察觉暗礁,从细小而异常的杂音中发现巨大的危险。这也是道家的老子所强调的"为之于未有,治之于未乱"的"微妙玄通"的境界,它是洞察力和远见的基础。

(五)劝导

劝导是同时站在组织利益和个人利益的不同视角,耐心劝说、开导并感化对方的漫长过程。当一个人把自己看作"主人"而不是"仆从"时,他会直接"吩咐""命令"对方而根本用不着劝导。当一个传统的领导制定决策、执行决策时,他往往采用"强制""命令""威胁"等专权手段,劝导会被视为软弱的表现。只有仆从领导才会将劝导作为影响组织成员、取得集体共识的关键手段。在组织内部的决策过程中,仆从领导依赖劝导,而不是职位所赋予其的权威。仆从领导所追求的是他人的信服而不是威势下的服从。劝导涉及通过直觉对正确的信念或正确的行为达到一种感知,在一些关键问题上,劝导是一个困难的、花费时间的过程,它需要运用人类最严苛的技巧。[3]

在烦冗的劝说背后,其实是一种无比强大而坚韧的关爱。慈爱的父母会反复劝说误入歧途的子女;病榻边的妻子会反复劝告试图放弃生命的病床上的丈夫;挚爱的朋友会不惮其烦地提醒你,你的投资极具风险;负责任的老师会孜孜孜不倦地劝导荒废学业、虚掷青春的少年……在这个浮躁而缺少关爱的社会,那些高居金字塔顶的传统领导习惯于颐指气使、发布命令;你身边的老板也习惯于呼来喝去;而更多的时候,你会发现可以改变你的命运、决定你的命运的领导者甚至对你的思维与想法不屑于过问。因此,在当今的组织中,只有仆从领导才会将劝导作为其最重要的工作方式,因为只有仆从领导才能提供这种无比强大而坚韧的关爱。

(六)构想

构想是领导为下属勾画愿景、激发热情并实现宏伟目标的能力。当一个民族陷于沉沦,一

---

[1] Greenleaf, R. K. (2001). "Essential of Servant leadership", in Spears, L. C. and Lawrence, M., *Focus On Leadership*, New York: John Wily & Sons, Inc. p. 41.
[2] Don M. Frick(2003). "Robert K. Greenleaf: A life of Servant Leadership", Berrett-Koeller Publishers, p. 146.
[3] Don M. Frick(2003). "Robert K. Greenleaf: A life of Servant Leadership", Berrett-Koeller Publishers, p. 143.

个国家经受灾难,一个群体萎靡不振甚至走向解体时,最需要具有构想能力的领导者让其人民从沉沦中看到希望,从灾难中获得重生,从萎靡不振中走向奋发图强。对格林里夫的思想进行了深入研究的史庇尔斯认为,"从构想的角度看待问题意味着一个人必须超越日常琐事,进行长远思考"。仆从领导力图培养下属"梦想远大梦景"(dream great dream)的能力。

(七)远见

远见与构想密切相关,是预见在未来的某种情形下的可能结果的能力。由于具备了"整体看待事物"的能力和构想能力,仆从领导往往能够从组织的长远利益和人民的根本利益出发,表现出超越历史和时代的远见卓识。史庇尔斯总结说,"远见是使仆从领导从过去的经历中获得教训,从现在的情形中了解现实,从未来的趋势中预见决策的可能结果的特征",仆从领导的其他许多特征都是从这一特征衍生而来,"它难以界定,却易于辨认",因为仆从领导的远见在管理实践中可以得到明确的检验。

(八)管家

《管家与授权经理》的作者彼得·布洛克(Peter Block)对"管家"(stewardship)这一概念的解释为"为另一个人忠实地保管某些东西"。它直接来源于希腊语"oikonomia",用来专指那些受主人之托管理一切家庭事务的人。围绕管家精神,格林里夫对仆从领导治理下的"受托人"(trustee)的"受托制度"(trusteeship)进行了深入、系统而独到的设计。格林里夫设计了一个由受托人精心设计的未来大型机构的蓝图:受托人是这个大型机构法律上的最终责任者,他们通过受托制度对组织管理和行政管理进行设计,他们是管理者而不是运营者;行政管理人员是机构的运营者而非管理者;而大型机构中的每一个人都可以成为领导者,因为他们都是为这个机构提供服务的仆从。

斯科特·派克(Scott Peck)在《等待降临的世界》一书中写道:"格林里夫提出,只要建立真正管理良好的三个大型机构——一是私营部门,二是公共部门,三是非营利机构,这个世界就能获得拯救。"[1]格林里夫对未来的期望是,如果这三个最大限度重要的大型机构——政府(公共部门)、盈利组织(大型企业)、非营利组织(包括大学、医疗机构、教会、慈善机构)——能够转化为我们这个社会的服务机构,那我们这个社会将充满希望。他的具体设想是:

(1)让仆从领导成为大型机构的受托人。格林里夫相信,"如果要建设更具服务精神的大型机构,那些想要提供服务的个人,从自身愿望出发,必须从他们立身处地之所成为机构的建设者(builder of institution)"[2],也就是让仆从领导成为"机构的建设者"。

(2)受托人组建仆从团队,成为大型机构的董事会。为了防止权力滥用,格林里夫强调应该组建"受托人群体"(trustee group)或"受托人团队"(trustee team),成为大型机构的董事会成员。

(3)董事长的双重角色。格林里夫所设计的大型机构的治理结构中,董事长并不享有独断的权力,除了受托人共有的责任和义务之外,董事长的额外职责就是更多的服务、更大的关爱。

---

[1] 引自万君宝:《知识经济时代的领导——仆从领导的特征、模型及其在组织中的应用》,《外国经济与管理》2005年第1期,第13页。

[2] Robert K. Greenleaf(2002). "The Institution as Servant", in Robert K. Greenleaf's *Servant Leadership: A Journey into the Nature of Legitimate Power and Greatness*, Paulist Press, p. 68.

格林里夫将董事长定义为一种微妙而矛盾的双重角色(a subtle paradox in their role)：一方面，他们不介入行政管理人员的日常管理与运营，是为组织确立目标和方向的外部指引者，"他们必须带着某种客观性置身于外，更有利于他们的观察和评估"；另一方面，他们又必须立身于内，"作为仆从领导的董事会，他们必须消息灵通""他们必须发挥影响力"。格林里夫的设想是，当仆从领导成为大型国有企业的创业领导、大型民营企业的创业领导、大型非营利机构的创业领导，并成为这三个大型机构的管家时，我们所生活的这个社会就更加充满希望。

(九)致力于员工的成长

致力于员工的成长是仆从领导的首要目标和根本目标。仆从领导理论与其他领导理论的主要区别在于：仆从领导理论认为应该将员工和下属的发展放在第一位，而其他领导理论则倾向于认为应该将组织的发展放在第一位。在《仆从领导》一文中，格林里夫写道：

> 对仆从领导的最好检验，也最难监管的是：人们，在接受服务的过程中，变得更健康、更聪明、更自由、更自主、更有可能他们自己也成为仆从吗？而且，对社会上最没有特权的人带来的效果如何？他们得到了什么好处或至少没有被进一步地剥夺吗？[1]

也就是说，对仆从领导的检验包括两个方面三条标准。"两个方面"即下属和弱势群体。"三条标准"：一是员工或下属是否获得更好的发展，他们是否变得更健康、更聪明、更自由、更自主？二是员工或下属在仆从领导的影响下是否也成为仆从？三是社会上的弱势群体——那些最没有特权、最容易被忽视、最容易遭剥夺的社会底层，是否获得了实实在在的好处？或至少在他们已经受到的众多伤害中没有继续被伤害？在这里我们可以看到，格林里夫本人不只是一种悲天悯人的宗教情怀，更重要的是他将每个人的发展，尤其是弱势群体的发展看作我们这个并不完美的社会发展的根本途径与重要指标，这正是他超越迄今为止其他一切领导理论的关键所在。格林里夫预言道："我对未来的期望部分取决于这样一种信念：在那些被剥夺的、不谙世故的人群中有许多将要承担领导作用的真正仆从；这一人群中的绝大多数人学会辨识那些甘冒风险为他们提供服务的人并找到他们愿意追随的真正的仆从！"[2]可以毫不夸张地说，格林里夫的仆从领导理论是目前我们这个时代最卓越的和谐社会领导理论。

(十)建立社群

建立社群是指保持和维系人类曾经共有的生活习惯、社会风俗和文化传统，它又被译作"建立共同体"。只有通过建立社群，才可以在工业革命浪潮的冲击下和信息化、全球化的洪流中，让彼此疏离的人们找到现代人类重聚的小岛和让人类的心灵获得慰藉的港湾。现代社会发展的结果是恬静的农业社会的社群关系被工业社会的法律关系所替代，而那些依靠法律制度建立起来的大型机构为了自身的利益，对它们所服务的对象设定了"有限的责任"(limited liability)而不是"无限的关爱"。因此，格林里夫观察到的现实是：由于脱离了社群，监狱不是将犯人改造成社会

---

[1] Robert K. Greenleaf(2002). "Servant as Leader", in Robert K. Greenleaf's *Servant Leadership: A Journey into the Nature of Legitimate Power and Greatness*, Paulist Press, p. 27.

[2] Robert K. Greenleaf(2002). "Servant as Leader", in Robert K. Greenleaf's *Servant Leadership: A Journey into the Nature of Legitimate Power and Greatness*, Paulist Press, p. 28.

的建设者而是进一步把他们变成了社会的破坏者;由于隔离了社群,医院的扩张不是更有利于病人的治愈而是更有利于医生和家庭;由于与社群的隔绝,"学校——我们寄托了建设一个更好社会的无限期望的地方,已经过度地变成社会爬升的机制,正在毁坏我们的社群。因此,格林里夫相信,"关爱(love)是一个无法准确界定的术语,它的体现既微妙又无限多样,但它的起点,我相信,是一种绝对情形:无限的责任。只要一个人对另一个人的责任精确到某种程度,关爱就会因为这种精确程度而大为减少"。但是,"当我们所信赖的商品与服务都由那些有限责任的大型机构来提供时",具有社群精神的信任与关爱也就不复存在了。格林里夫写道:"在社群不再存在的地方,信任、尊重和伦理行为对年轻人而言将难以学习,对年长者来说将难以保留。"[1]这一观点告诉我们,自我与他人、我们与他们、我国与别国、全人类与其他物种之间并非生活在各自狭隘的自私空间中,恰恰相反,我们生活在一个更广、更大、更加微妙且相互依存的共同体中。因此,仆从领导理论为当代中国的人类命运共同体建设提供了新的哲学基础和理论支撑。

第二节 仆从领导的理论模型与哲学基础

一、仆从领导的齿轮传动模型

根据仆从领导的十个特征,我们将其归纳为仆从领导的"齿轮传动模型"[2]。该模型表明,仆从领导与传统领导的根本差异在于对权力的认知与运用模式。仆从领导并不否认、拒绝权力,但在权力的运用方面,它不是通过传统的上下级之间"命令—服从"模式,而是伙伴之间"感召—服务"模式。就其实质而言,仆从领导是将传统"权力"由"统御力"转化为一种"驱动力"。"统御力"运用"命令—服从"模式进行传递,它存在于金字塔式的科层组织结构中;"驱动力"运用"感召—服务"模式传递,它更多地适用于扁平化组织和团队型组织。我们将仆从领导的作用机制转化为齿轮传动模型,并与传统的领导作用机制金字塔模型进行对照,如图6—1、图6—2所示。

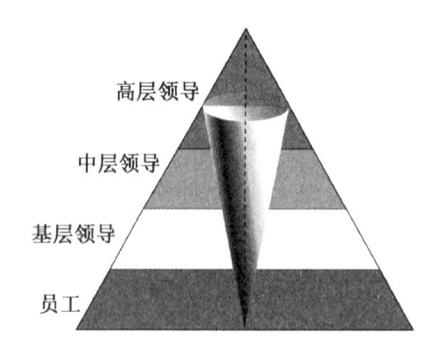

图6—1 传统领导的金字塔模型

---

[1] Robert K. Greenleaf(2002). "Servant as Leader", in Robert K. Greenleaf's *Servant Leadership: A Journey into the Nature of Legitimate Power and Greatness*, Paulist Press, p. 52.

[2] 万君宝:《知识经济时代的领导——仆从领导的特征、模型及其在组织中的应用》,《外国经济与管理》2005年第1期,第7~14页。

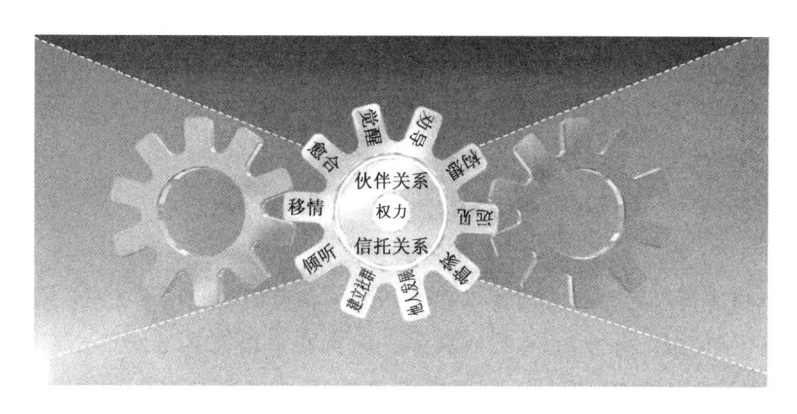

图 6—2　仆从领导的齿轮传动模型

在金字塔模型中,领导与员工之间是一种从属关系和上下关系,其中间是一个权力中轴,由粗到细的变化说明组织的层级越多,权力对员工的影响力就越小;在齿轮传动模型中,领导与员工之间是一种伙伴关系和信托关系。领导将"权力"转化为"驱动力",通过一个人的服务驱动十几个人的服务,由十几个人的服务驱动上千人的服务,由上千人的服务驱动上万人的服务,最后是服务于消费者、股东和整个人类社会,就像一个齿轮驱动它周围的齿轮一样,其驱动力传递用一组扇形的、向外扩张的射线表示。

在仆从领导的齿轮传动模型中,齿轮的外围有十个齿牙,分别代表仆从领导的十个特征。齿轮的内圈构成是仆从领导与员工之间的"伙伴关系"与"信托关系":"伙伴关系"源于拉斯-莫克斯利(Russs-Moxley)的观点,他强调,在一个日新月异的世界,个人才智、技能与精力都是有限的,依靠个人的努力无法制定符合各方利益共享的目标,因此,领导不再是传统意义上的个人,而是共享权力、汇聚力量并努力实现共同目标的多个人,领导者与员工之间是一种平等的伙伴关系;"信托关系"则源于马克斯·德普雷(Max DePree)的观点,他认为,仆从领导的工作就是信托工作,它是出于下属的信任,由下属暂时授予领导机会与职责,因此,领导不是一种职位(position),而是一种信托职业(fiduciary calling)。仆从领导的齿轮传动模型的核心是由空心代表的"权力",它表明仆从领导并不否认和拒绝权力,但仆从领导与其他类型的领导的最大差异在于对权力的认知。仆从领导并不是将追求和获得权力作为根本目的,相反,其对权力的滥用始终抱有警惕的态度,对权力带来的腐败始终保持警醒。在权力的使用方面,仆从领导将权力转化为对下属服务、为人民服务的驱动力。

二、仆从领导的管理哲学

(一)仆从领导的西方管理哲学

长期从事仆从领导研究的学者克里斯·李(Lee Chris)和詹姆克·隆(Zemke Ron)认为,仆从领导的哲学基础可以追溯到20世纪40年代马斯洛的需要层次理论和20世纪60年代道格拉斯 M. 麦格雷弋(Douglas M. Gregor)的"Y 理论"。有的学者将仆从领导的哲学基础追溯得更远,他们认为,《圣经》中的耶稣就是仆从领导的典范,为了消除沙漠之中艰苦跋涉、辛苦传道的弟子的劳顿,他亲自为弟子洗脚。《马太福音》第 20 章记载,耶稣告诫他的弟子:"欲为尔等中不朽者,必为汝等之仆从。无论谁想做你们中的第一,必须成为你们的奴隶——就像人子来到世上不是接受服务,而是提供服务的,将他的一生作为众人的赎身。"① 所以,有的学者提出,"在基督王国中,所有的领导都必须是仆从领导"②。

创业传奇

天下富豪多闽商

"闽商"为福建商人的简称。闽商以爱拼、开放、拓展的精神闻名于世。他们在经济领域具有一些共同的思想、行为,为人们所熟知。闽商在中国商界活跃了几百年,通过丝绸之路,他们创造了东渡日本、北达欧亚、西至南北美洲、南抵东南亚各国的辉煌历史。有人这样形容闽籍商人:"世界上凡有人群的地方,就有华人;凡有华人的地方,就有闽人。"

翻阅《闽商发展史》可知,陈嘉庚和黄乃裳堪称个中代表人物。20 世纪 30 年代,中国商人以东南亚为平台,把欧洲的工业文明、教育技术引入中国,陈嘉庚正是其中翘楚。而在更早前的 20 世纪初期,黄乃裳带着"中国技术"和"中国人",在东南亚筚路蓝缕,开发出有"新福州"之称的新诗巫。被誉为中国历史上十大商帮之一的闽商,在沉寂了一段时间后,如今再次以其惊人的成长速度、不断壮大的经济实力,跻身目前中国经济舞台最活跃的三大商帮。

自古以来,有钱商家多出自福建。在国内富豪榜中,福建籍的富豪可以说是占据了半壁江山,其中有我们比较熟悉的张一鸣、曾毓群、王兴、黄世霖、曹德旺、陈发树、许世辉、丁世忠兄弟等人;当然也有一些如许连捷一样神秘的隐形富豪。此外,闽商中还产生了一支不可忽视力量——闽籍华商,比如许荣茂、郭鹤年,以及黄惠忠、黄惠祥兄弟,黄志祥、黄志达兄弟,他们个个身家过千亿元。除了富豪榜,福布斯或胡润还有一个慈善榜。通过制作这个榜单,发现福建人做慈善很大方——全国富豪平均捐出个人财富的 2%,而闽商要多一倍,达到 4% 左右。而且,在慈善榜单上,福建人出现得很多,比如黄如论、曹德旺、许荣茂、侯昌财等。

改革开放四十多年来闽商呼应时代召唤,锐意进取,敢为天下先,直至勇立世界经济潮头的重新崛起。从赤手空拳到坐拥千亿元财富,杀入中国富人榜前十,来自福建龙岩的新时代"80 后"闽商张一鸣表现尤为亮眼。值得一提的是,依据最新发布的"2021 福布斯全球富豪榜",排名靠前的全球十大闽商家族身价都超过 100 亿美元,总财富值 1 981 亿美元(约 1.27 万亿元人民币)。

(资料来源:搜狐·华商精英圈,原题"1.27 万亿元人民币!闽商神秘富豪渐渐'浮出水面'",2021 年 5 月 7 日。)

---

① Matthew 20:26—28.
② Carlvin Miller(1995). *The Empowered Leader: 10 Keys to Servant Leadership*, Broadman & Holman Publishers.

(二)仆从领导的东方管理哲学

强调领导为下属服务,乃至为广大的人民群众服务,不仅在西方文化中具有深厚的根基,而且在东方文化中有着更深的渊源和更坚实的根基。在早于耶稣出现七百多年前的春秋时代,老子就在其道家学说中对领导者的素质进行了精当而深入的分析。老子认为一个高级领导者"圣人"应该放弃对个人权力的追求,做到"无欲""无私""无我",甚至"无身",最终达到"无为"。我们看到道家为高明的领导者设定了一个以"道"为最高目标、以"无为"为最高境界、以"无欲—无私—无我—无身—无为"为自我超越路径的道家的仆从领导成长哲学。道家的仆从领导哲学遵循的是自我超越、自我修炼的路径,但这种路径往往导致道家的"高人"或陷于遁入山林的逃避主义,或沦为谈玄论道的虚无主义。相比之下,儒家的仆从领导哲学更注重"修身—齐家—治国—平天下"的"入世"之道与"济世"情怀。这种"入世"之道与"济世"情怀使儒家的仆从领导具备了"任重而道远"的责任感、"可以托六尺之孤,可以寄百里之命"的使命感和"知其不可为而为之"的理想主义。因此,我们可以说儒家的仆从领导哲学在推动社会发展时,走的是社会实践路径。儒家的仆从领导哲学表现为"仁者—仁政—王道—平治天下"的框架体系。儒家的仆从领导哲学滋养了中国历史上一大批如范仲淹、赵普、曾国藩等"先天下之忧而忧"的治国能臣。但是,儒家的仆从领导哲学过度地将自己的"服务"束缚于封建的纲常伦理中,这使他们服务于人民、服务于社会的能力大打折扣。

(三)仆从领导的马克思主义哲学

马克思在《共产党宣言》中说:"共产党人同一般无产者的关系是怎样的呢?……他们没有任何同整个无产阶级的利益不同的利益。"他强调无产阶级运动是"为绝大多数人谋利益的独立自主的运动",他强调指出:过去的一切运动都是少数人的或者为少数人谋利益的运动。无产阶级运动是绝大多数人的,是为绝大多数人谋利益的独立的运动。无产阶级——现今社会的最下层,它如果不炸毁构成官方社会的整个上层,就不能抬起头来,挺起胸来。[①]

以上分析表明,从西方的基督哲学到东方的儒道哲学,从西方的管理哲学到马克思主义理论,都强调领导者为下属服务、为人民服务,基本上代表了人类的共同良知和历史发展的普遍理性。东西方管理哲学在这一点上的相同认知与共同交汇,并非是一种理论上的巧合,而恰恰是人类文明的共识。

第三节 创业实践中的仆从领导

在中国的管理实践中,有各种类型的仆从领导,如焦裕禄、杨贵被称为行政创业中的仆从领导,吴仁宝、郭凤莲被认为是乡镇企业创业中的仆从领导,荣毅仁、陶华碧被认为是企业家中的仆从领导,曹德旺、易解放则被认为是社会企业中的仆从领导……这些众多的仆从领导展示了中国社会变革中中华民族敢于担当的民族品格和真诚奉献的民族精神。

---

① 中共中央马克思恩格斯列宁斯大林著作编译局:《共产党宣言》,《马克思恩格斯选集》第一卷,人民出版社 1995 年版,第 283 页。

一、行政创业中的仆从领导

中国的社会主义建设是在旧中国一穷二白和帝国主义封锁的异常艰难的环境下谱写的感天动地、异彩纷呈的篇章,在"一五""二五""三五"期间,中国人凭着"一不怕苦,二不怕死"的精神,建立起完善的工业体系、公路铁路网和水利基础设施,涌现了许多可歌可泣的先进人物、先进代表、英雄、劳模,他们中的许多人是值得我们敬仰的仆从领导。

案例 1

治理"三害"的焦裕禄

焦裕禄出身贫寒,其父被日军逼死。焦裕禄本人在矿山做过苦工,给地主当了两年雇工,住在地主家一头是猪窝、一头是牛草的小棚里。1946 年 1 月,焦裕禄加入中国共产党。1962 年 12 月,焦裕禄被调到河南兰考县担任县委书记。

焦裕禄的成长经历,反映了那个特殊时代所有领导干部对信念的追求、对国家的热爱和对人民的真诚奉献——这也是那个光荣时代中华人民共和国培养的仆从领导的共同特征。1962 年 12 月至 1964 年间,河南兰考县遭受了严重的内涝、风沙、盐碱"三害",兰考人民面临严重的饥荒,全县的粮食产量下降到历史的最低水平。在除"三害"的斗争中,焦裕禄带领全县干部、群众经过小面积翻淤压沙、翻淤压碱、封闭沙丘试验,总结出一套行之有效的治沙、治水、治碱的"土办法"。这种治理风沙的办法又被形象地比喻为"贴膏药"和"扎针"。"贴膏药"就是把淤泥翻上来压住沙丘,"扎针"就是大规模栽种泡桐,都是当地人民群体在与风沙长期斗争过程中总结出来的"土秘方"与"土办法",焦裕禄在此基础上加以科学的改良并在全县范围内推广。泡桐是河南平原的优质土生树种,它生命力极强,适宜沙窝生长,且生长迅速,五六年就能长成大树,既能挡风又能压沙。泡桐年年生根发新苗,可以陆续移栽,不用进一步投资。成林之后,旱天能散发水分,涝天又能吸收水分,可以林粮间作,以林保粮。焦裕禄针对种树被毁坏、不好管理、老百姓积极性不高等问题建立了一套有效的规章制度:确定林权,订立护林公约,设立奖罚制度,定期检查,各公社、各大队设护林主任、护林员,并大建育苗场——将种树扩林与林权改革结合起来。这可能是新中国成立以后最早的林权制度改革试点。全兰考总动员,人人种树,泡桐遂蔚然成林。

据报道,焦裕禄当年带领兰考人民种下的泡桐,被人们亲切地称为"焦桐",如今已经成为老百姓发家致富的"绝色银行"。目前,泡桐的生产加工已经形成 500 家以上相关产业、产值过百亿元、超 4 万人就业的特色产业。在兰考县南彰镇,从事泡桐板材加工的就业人数便达到 500 人以上,人均月收入超过 2 500 元,在外地打工的农民也纷纷回乡,实现当地创业或当地就业。同时,由于泡桐木质疏松,回音效果好,成就了兰考"中国民乐之乡"的美誉。从 20 世纪 90 年代开始,兰考县徐场村因加工古琴而出名。全村有 600 口人以上,超 40 户拥有古琴作坊,年产古筝、古琴、琵琶等乐器超 20 个系列 5 万余件。在郭庄村,全村没有一名外出打工者,都在家门口就业或者自己创业。郭庄村所在的阎庄乡 3 万亩地有 2 万亩套种了焦桐,林木收益占农民纯收入的30%～40%，焦桐产业链已然成型，全乡超100家木材加工企业年销售收入达3亿元。目前，90%的乐器制作出自兰考，已经形成年产值超6亿元的乐器制作产业。

（资料来源：《焦裕禄生平事迹介绍》，共产党员网，www.12371.cn；《人民的好公仆——焦裕禄》，中华网·新闻，www.china.com.）

案例2

"治水"的杨贵

与治理"三害"的焦裕禄类似，杨贵是"治水"过程中涌现的新中国的仆从领导。他们工作的地方都在河南，北有兰考县，南有红旗渠，这两个地方是新中国成立后中国政府在党的领导下，依靠群众，发动群众，大力解决民生疾苦，深得人民拥护的典型。

1954年4月，26岁的杨贵被任命为河南林县县委书记。之前在太行山打游击时，杨贵就听说林县十年九旱，老百姓平时都不洗脸，长年累月不洗衣服，只有在婚丧嫁娶这些大事时，才舍得去缸里舀一点水来，全家人合用一个洗脸盆，洗完的水也舍不得丢掉，或给牲口喝，或拿去浇菜。杨贵在实际调查中发现，缺水问题不解决，不仅经济发展无从谈起，就连生活、生命都难保障；林县总共有耕地超90万亩，水浇地只有1.3万亩，方圆几十里才有一口井，还常常干涸，一遇灾荒之年，林县逃荒百姓成千上万人。为了从根本上解决缺水问题，1959年10月4日，林县县扩大会议上做出了"引漳入林"的重大决定，即从林县北部边境40里外的山西平顺县，引浊漳河之水，跨越巍峨的太行山的崇山峻岭，凿开坚硬的花岗岩山体，在悬崖峭壁之间开辟一条人工天河，将浊漳河之水引入林县。这就是气壮山河的红旗渠。即便运用现代技术和现代挖掘设备，这也是一项异常艰难的工程，而当时的林县人民运用的是钢钎加炸药，再加上"旱鸭子"等民间测量办法，硬是从花岗岩山体中，经过1959年10月至1969年7月十年的奋斗，创造出又一个人类工程的奇迹。整个工程总干渠长70.6公里，再分出41条支渠，全长超3 000华里，共挖断1 004座山头，跨越850条沟壑，修建90座以上渡槽，凿穿超70条隧洞，浇灌了65万亩良田。

完成如此巨大的工程，不仅需要苦干与实干，而且需要智慧和勇气。红旗渠修建的时候，正是"大跃进"之后的"三年困难时期"，但是当时的穷困县林县仍然准备了3 000万斤储备粮和超200万元现金，保证了工程的正常进行。林县是如何解决修渠工程的粮食供应的呢？1958年"大跃进"时，全国刮起了"浮夸风"，有的县领导为了"放卫星"报出了500甚至1 000斤的高产。林县根据实际情况，报出的产量只有125斤，结果吹得越凶的地方，收"征购粮"就越多，老百姓吃饭就越困难。杨贵回忆说："1958年秋后，上面命令土地要深翻1米。我一想，这不是瞎指挥嘛！就让群众只翻十几公分，结果我们的秋种都按时完成。可有的地方还有30%的土地没有来得及播种。第二年我们不但没断粮，还专门拿出1 000万斤粮食来支援灾区！还是实事求是好啊！修渠时我们手里有300万元经费和3 000万斤以上储备粮可以动用。工程动工前都是实地考察过的，而且是边干边测量，边调整施工方案。1960年，开工刚20天，战线太长，工期太慢，我们就适时确定了分段攻坚的策略。一段渠先通了，群众看到水后干劲就更大了。应该说,整个工程我们都是对群众负责,对自己负责的。"

1960年11月,因自然灾害面临全国性的大饥荒,中央发出通知,要求实行全国性的"百日休整",勒令所有基本建设项目全线下马,红旗渠面临停工。当时林县还有几千万斤的储备粮,不会饿死人。如果执行上级政策,红旗渠可能就此夭折,最后,杨贵用了一个折中的办法:绝大部分民工回队休整,留下300名以上青壮劳力继续开凿二期工程的咽喉——超600米长的隧洞"青年洞"。1961年7月,国务院领导到河南纠正"大跃进"造成的急躁冒进错误,听说林县红旗渠建设没停,非常生气,准备撤杨贵的职。在地委会议上,杨贵抓住发言时机,详细讲出实际情况,讲出没全停的理由,领导听到实情后不但没有对他撤职查办,反而表扬了他勇于表达自己见解的大无畏精神。

周恩来生前十分关心红旗渠的建设工作,他曾自豪地告诉国际友人:"新中国有两大奇迹,一个是南京长江大桥,一个是林县红旗渠。"在红旗渠的修建过程中,涌现出一大批如任羊成、张买江、郭秋英、李改云等劳动模范,他们是那个特殊时代用双手和钢钎,再加上中国人民不屈不挠的精神锻造出来的仆从领导。

(资料来源:《太行天河——红旗渠修建的前前后后》,共产党员网,www.12371.cn.)

二、创业中的乡镇企业仆从领导

1978年十一届三中全会以后,中国农村因实行联产承包责任制,乡镇劳动力得到了极大的释放,乡镇企业凭着它独有的土地优势、劳动力优势和制度优势,成为推动中国经济迅猛发展的强大力量。吴仁宝、郭凤莲成为乡镇企业中仆从领导的典型。

案例3

吴仁宝:华西村的仆从领导

华西村位于江苏省江阴市华士镇,处于江阴市以东,华士镇以西。2010年,华西村实现销售收入512亿元,人均纯收入达8.5万元;2010年,全村实现销售超300亿元,每户村民的存款最低为600万~2 000万元;2012年,华西村实现营业收入524.5亿元。华西村被公认为改革开放以来中国农村共同富裕的典型,获得了"全国文明村镇""全国文化典范村示范点""全国乡镇企业思想政治工作先进单位""全国乡镇企业先进企业"等荣誉称号,被誉为"天下第一村"。

华西村的奇迹离不开村支书吴仁宝的关键作用。从1957年那个"大跃进"的年代开始,吴仁宝就担任了华西村的党支部书记,在这个位置他一干就是48年。就在那年全国刮起了"放卫星"的浮夸风,在公社召开的预报粮食产量的卫星会议上,有的村支书报出了3 000斤的产量,有的报出4 000斤……有的甚至报出1万斤的产量。轮到吴仁宝了,会场里有的人以为他报的产量会超过1万斤,放出一个"大卫星"。没想到吴仁宝沉思良久,报出了3 700斤的数字,有些人认为他犯了傻,当场有领导提醒他:"吴仁宝同志,你要考虑清楚,产量高低是政治问题,也是党性问题,你再考虑考虑。"吴仁宝非常恳切地说:"就这个产量,多收一斤我们宁愿挨饿,也多卖给国家十斤;少收一斤,你们补给我一斤就行啦!"事后吴仁宝回忆这段历史说:"千难万难,实事求是最难。"

在吴仁宝的带领下,华西村的发展经历了三个阶段。一是农业学大寨的典型期。华西村是中国东部江苏省江阴市的一个普通村庄,虽地处长江平原,土地平旷,水网密布,但半个世纪前,这里的农民经常挨饿。当时村里的集体财产只有1 764元,欠债1.5万元,一台30马力的柴油机是当时华西大队的全部家当。吴仁宝带领华西人,发扬了那个时代中国农民特有的勤劳和坚韧,白天管理田间,晚上平整土地,拼命苦干,把原来1 200块以上的零星田块改造成高产稳产农田,成为"农业学大寨"的全国典型。吴仁宝"一战成名",1972年,华西村粮食亩产超过1 000公斤,成为当年的"农业学大寨"样板村。二是工业化的积累期。在"农业学大寨"热火朝天的时代旗帜下,他同时在私底下冒"资本主义"之险——偷偷摸摸地搞小五金,在那个物质稀缺的时代为华西村的发展积累了宝贵的第一桶金。在高调学大寨的同时,吴仁宝具有中国农民特有的智慧,干着另一些"离经叛道"的工作。自20世纪60年代起,吴仁宝就开始办粮食饲料加工厂、棉纺站、铁匠店,发展集体经济。1969年,吴仁宝顶着巨大的"资本主义尾巴"的政治风险,偷偷创办小五金厂。为什么冒险搞工业?因为种田实在挣不到钱。这些不受保护、偷偷摸摸的五金作坊成为日后燎原中国的乡镇集体企业的胚胎。到了1978年,这些小五金作坊给华西村带来了宝贵的起动资金,经过十多年的积累,此时的华西村已经拥有固定资产100万元,银行存款100万元,其实力已经超过当时的许多国有企业。三是改革时代的起飞期。吴仁宝有一个天天听中央新闻联播的习惯,这一习惯使他在中国几十年的政治风云变幻中培养了一种敏锐的政治嗅觉。一次在外出开会的途中,他听到了邓小平的南方谈话,长期的基层工作经验和敏感的政治神经使他感觉到一个惊天巨变的时代即将到来!他在赶回华西村的当夜召开了村干部会议,第二天即迅速向全国各地派出业务骨干购进大批工业原料。果不其然,全国的工业原料迅速涨价!凭着这种敏锐的政治嗅觉和灵敏的市场直觉,华西村的财富从当初的100万元增长到1 000万元,从1亿元增长到100亿元……华西村的资产总产值呈几何级数增长,并形成冶金、纺织、旅游三大支柱产业。

20世纪末,在人们羡慕的目光中,华西村成为中国第一个每家都有电话的"电话村",以及第一个"彩电村""空调村""汽车村""别墅村"。到今天,则是家家住别墅、户户有汽车、人均存款超百万元。

在华西村的历史巨变中,吴仁宝这个具有改革精神的仆从领导起到了关键作用。其仆从领导的典型特征表现为:

(1)整体地看待事物:吴仁宝的聪明与睿智在于他准确地把握了中国历史发展的大潮流与大趋势,并抓住了改革开放的历史性机遇,乘势而起,将华西村的发展之舟驶入了中国经济的发展浪潮之中。吴仁宝总结自己的人生历程时说:"60年代'顶'""70年代'拼'""80年代'醒'"。其实,"顶"→"拼"→"醒"正是华西村在中国当代历史的发展过程中,不断探索、不断思考、最终醒悟的过程。

(2)服务于人民群众的强烈愿望:无论是20世纪60年代的"顶"还是70年代的"拼",吴仁宝心里始终惦记着人民群众。他说:"我是穷过来的,看到有人穷我就心疼,最大的心愿就是让穷人过好日子,这是我的原动力。"他还说:"家有黄金数吨,一天也只能吃三顿;豪华房子独占鳌头,一人也只占一个床位。"他甚至说:"不怕群众不听话,就怕自己说错话;不怕群众不听干部话,就怕干部不听群众话,怎样才能尽可能不说错话,一是勤奋学习;二是深入群众,注意倾听老百姓呼声。"改革开放之后,迅速富起来的个人和地区很多,但像华西村这样富及每一户、每一个人,最终走向共同富裕的,中国大地上就此一个。

(3)服务于社会的执着信念:在吴仁宝的曲折经历中,有一种造福于人民、造福于社会的强烈信念在支撑着他的人生奋斗历程。他说:"我是信仰中国共产党的。无论任何时候,我都坚信一点,共产党是要为大多数人民谋幸福的。村帮村,户帮户,核心建好党支部,最终实现全国富!"他还说:"我们认为,贫穷不是社会主义,少数人富,大多数人穷也不是社会主义,所以,要发展经济,走共同富裕之路。共同富先要集体富,共同富必须家家富,共同富更需精神富,共同富必须先富带后富……个人富了不算富,集体富了才算富;一村富了不算富,全国富了才算富。"为此,华西村的发展,没有靠国家扶持,从来没有向国家伸手要钱,而是积极为国家做贡献,单交税一项就向国家交了几十亿元。

(资料来源:《吴仁宝》,共产党员网,www.12371.cn;《吴仁宝:八十五年人生奉献给"天下第一村"》,人民网,www.people.com.cn。)

案例 4

郭凤莲:大寨村的仆从领导

郭凤莲是虎头山上的"铁姑娘",是"农业学大寨"的典型,同时也是在历史的巨变中经受了考验、服务于人民的仆从领导。

对于经历了"农业学大寨"那个特殊的年代的人来说,郭凤莲同陈永贵一样,是笼罩在耀眼光环中的风云人物。但是随着"文化大革命"的结束和改革开放的开始,大寨的模式开始受到人们的怀疑和批评,甚至有些人公开谩骂大寨的极"左"和造假行为。当时身为人大代表的郭凤莲看到一系列谩骂和诋毁大寨的文章,心里感到特别憋屈,直接找到国家领导人邓小平。邓小平亲自接见了郭凤莲,长谈了一个多小时。见到邓小平,想到大寨和大寨的干部群众,包括她本人受到的委屈,她当场哭了。邓小平安慰她说:"不要怕别人骂,我就挨过许多骂,只要自己不倒,别人就骂不倒你,我自己三起三落,挨过多少整,受过多少骂。大寨的成绩是干出来的,不是吹出来的,我自己也去过大寨,也肯定过大寨,大寨的艰苦奋斗、拼命苦干精神具有典型意义。"邓小平同时鼓励她说:"大寨的山是搬不完的,从效益上来讲也不合算,把山留在那里栽上树效益会更好。贫穷不是社会主义的本质特征,要让大寨人民富起来。"这番话让当年的郭凤莲深受鼓舞。

但是从"一大二公"的共产主义标杆到分田到户的责任制,完成这一转变并不容易,当时的大寨,不仅干部群众没有完成这场转变,就是郭凤莲自己内心深处也没法适应这场转变。回到大寨后,她还是和过去一样,一边组织社员学习文件,一边利用冬季农闲和大家一起修地垒坝。而此时否定大寨的声音越来越响,越来越多。大力支持小岗村包产到户的安徽省委第一书记万里明确宣布:安徽决不再组织参观大寨。这让三十多岁正当盛年的郭凤莲感到大寨执掌了

16年的中国农村建设标杆将从自己手中悄然滑落。

1980年9月,郭凤莲收到了一份组织调令,昔阳县委组织部通知她从即日起调离大寨村。郭凤莲哭了,她舍不得离开奉献了自己的青春和汗水的虎头山,舍不得她熟悉的沟沟坎坎。最终,她"服从党的调动",离开了为之奋斗了近17年的大寨,先后在晋中果树研究所担任副所长和昔阳县公路段党支部书记。她坦然地接受了命运的安排,学会了栽种果树和搅拌油渣、铺设路面。

1991年11月,离开十年之久的郭凤莲再次接到了一份组织调令,让她重回大寨村担任党支部书记。原来,十一届三中全会之后的十年正是全国农村发生天翻地覆的巨大变化的十年,而大寨村的发展却陷入迷途。1980年11月,中共中央(83)号文件转发了山西省委《关于农业学大寨运动中经验教训的检查报告》。该文件指出,"历史已经证明,把先进典型的经验模式化、绝对化、永恒化的做法是错误的,有害的"。曾经人头攒动、络绎不绝前来参观的人挤满虎头山和梯田的景象不见了,此时的大寨村落寞了。郭凤莲被调离后的第二年,大寨村才开始试行生产责任制,但是由于一部分干部群众的反对,1982年分开的田地又重新合并。1983年大寨村才再次下放了自留地,这比起全国的节奏已经整整晚了两年。与此同时,大寨村先后换了4任支部书记。在来回的折腾中,大寨村的发展已经远远落后了,大寨人再也找不到那种勇立潮头的自信。他们怀念那位风风火火的"铁姑娘"。

1991年11月15日,已经45岁、离开了11年的郭凤莲被任命为大寨村第8任党支部书记。此时的大寨村的村民仍然住在大集体的排房里,日子并不比70年代好多少。此时,压在郭凤莲身上最重的担子是如何使村民像全国其他农村的村民一样富起来。她说:"过去是全国学大寨,现在是大寨人民学全国。"为了跑项目、跑批文、跑资金,她四处奔波。

1992年春,郭凤莲和老劳模宋立英乘火车前往上海。为节省经费,她选择了一个小巷子里最便宜的旅店,一个床铺才15元。出差3天,吃了3天方便面。凭着这种艰苦奋斗的精神,她先后建成了煤矿、水泥厂、衬衫厂、羊毛衫厂、酒业公司、核桃露饮料加工厂、贸易公司、旅游公司等。积累了一定资金后,大寨村开始给村里的每位老人发放每月30元的养老津贴,并为村里的儿童建起了免费幼儿园。目前,大寨村已从过去单一靠粮食挣钱发展为壮大多种经营、多元化体制并存的混合式集体经济,人均纯收入为1.7万元。大寨人开始过上了城里人的生活,多数农民盖了新房,户均面积超过了100平方米,农民家中电器齐全。村里先后建起了新小学、农民科技文化活动中心,并且吸引了越来越多的外地人到大寨来打工。如今的大寨,已经基本实现了"小有教,老有靠,病有报"的小康生活模式。

截至2007年,大寨村经济总收入为1.2亿元,比1980年增长了600倍,远远超过1992年她在上海考察时确立的那个百万元梦想。如今的大寨,幼儿园到小学教育全免费,全村60岁以上的老年人全年可以领到1万元左右的养老金,村民烧煤由集体发放,村民看病集体报销。凡考入大中专院校的学生,村里每年发500～1 000元的奖学金。大寨村成了昔阳县的"纳税第一村",从1997年开始累计向国家缴税超过5 000万元。

(资料来源:王少华,《传奇人物:大寨铁姑娘王凤莲》,共产党员网,www.12371.cn.)

三、企业家中的仆从领导

中国改革开放四十多年,涌现出许多勇于承担社会责任、强大民族产业、搞活地方经济、树立民族品牌的优秀创业者和企业家,他们是企业家中的仆从领导。

案例 5

"红色资本家"荣毅仁

荣毅仁的一生经历了抗日战争、国共内战、新中国成立、"文化大革命"和改革开放等所有的重大历史事件。在波澜壮阔的历史洪流中,荣毅仁的人生经历不仅折射出一个民族资本家向"红色资本家"的转变,而且足以展现中国历史巨变中一个企业家队伍中仆从领导的特有的民族印记。

荣家是兴起于 20 世纪初无锡后发展为全中国著名的当代工商业家族,其家族产业在鼎盛之时遍及大江南北,在上海、无锡、汉口拥有茂新面粉厂、申新纺织厂、福新面粉厂,成为名震工商业界的"面粉大王"和"棉纱大王"。到 1932 年,荣家的企业总数达 21 家,是当时国内规模最大的民营实业集团。荣毅仁的伯父荣宗敬曾对友人说,"当今中国人,有一半是穿我的、吃我的",可见荣氏家族企业足以撑起中国近代民族企业的半壁江山。

荣毅仁生于 1916 年,其于 1937 年上海圣约翰大学历史系毕业后,日本打响了全面侵华战争。二十出头的他开始辅佐父亲经营庞大的家族企业,先后担任无锡茂新面粉公司经理、上海合丰企业公司董事、上海三新银行董事,逐渐成为荣氏二十多家家族企业的代表。在那个山河破碎、风雨飘摇的时期,执掌家族企业之舵的荣毅仁深切感受到了在日本帝国主义铁蹄践踏之下和国民党的腐败管理之下,民族企业在夹缝中苦苦求生的艰难,同时也感同身受了老百姓的生存不易。荣毅仁作为仆从领导的成长经历中具有以下明显的特征:

(1) 顺应时变。国民党败退台湾时,曾期望荣氏家族企业举家迁到台湾,同时即将接管政权的共产党也通过地下渠道捎话,希望荣氏家族庞大的企业能够留下。在当时的兵荒马乱之际,许多富人纷纷携带资产迁往海外,包括荣毅仁的兄弟姐妹。当时的近代中国有"十大资本家",其中 9 家选择逃离大陆。荣毅仁和他 74 岁的老父亲权衡再三,却最终选择留下,原因很简单,他们对新生的中华人民共和国心存期待! 1949 年 5 月,解放军攻进了上海。荣毅仁开着汽车到外面打听情况,在马路上,他看到解放军战士在街道上席地而卧,毫不扰民。而就在几天前,国民政府行将崩溃前夕,国民党军队在荣家门前架起机关枪,要征荣家的房子做军营,结果荣家掏出 500 元大洋才了结此事。对比之下,他强烈地感受到了共产党军队的纪律严明、廉洁守法。

1949 年,年轻的荣毅仁全面接手了荣氏家族企业。而此时的荣氏工厂被其他逃往海外的家族成员抽走的资金高达一千多万美元,企业的日常经营异常困难。当年 6 月 2 日,上海工商界人士在上海外滩中国银行大楼举行座谈会,荣毅仁第一次见到了当时的上海市市长陈毅和副市长潘汉年。陈毅在会议上宣布了"共产党鼓励工商业者在新上海的建设中起积极作用"的政策,让荣毅仁心中有了底。之后,陈毅还带着家人公开到荣毅仁家里做客,表示要与荣毅仁这样的民族资本家交朋友,这在当时人心浮动的上海起到了极大的安定人心的作用。1950年2月,国民党的飞机轰炸上海,引发了上海滩的恐慌与混乱:工厂停工,资金短缺,销路中断。当时荣家的申新六厂面临工资都发不出的窘境,一些女工直接找到荣毅仁家,堵在荣家的客厅,摆出"不拿到工资不出荣家门的架势"。陈毅得知此事,马上找总工会的负责人前去疏通工作,并帮厂里申请贷款,补发了员工工资,让申新六厂渡过了难关。

(2)爱国爱民。1950年,我国因经济困难而发行公债,当时的上海任务很重,陈毅邀请几百个工商界人士到中国银行大楼开会,动员认购。荣毅仁当时担任公债推销委员会副主任,当场代表上海申新纺织印染公司认购了60万份,谁知交钱的时候,却交不出来那么多,有人问他为什么当时要认购那么多时,他讲了心里话:"我荣毅仁不认购多一些,别人还会认购多少呢?"由此足见荣毅仁在当时工商界的积极影响力。在荣毅仁的带领下,上海工商界掀起了认购热潮,共认购超过2 670万份,占整个上海公债总数的89%。抗美援朝战争爆发后,在上海工商界"抗美援朝保家卫国"的示威游行队伍里,荣毅仁高举大旗走在最前列,并代表申新职工捐献飞机12架。

政权稳固后的中国共产党开始了对工商业的社会主义改造。1953年荣毅仁成立上海申新纺织公司总管理处,将上海申新各厂整合在一起,主动向政府提出对他的申新系统棉纺行业实行统购统销。1954年,在中央提出"关于有步骤将10个工人以上的资本主义工业基本上改造为公营的意见"不久,荣毅仁在上海率先向市政府提出申请,将他的申新系统的荣氏企业实行公私合营。许多股东不能理解,担心财产全部被充公。荣毅仁却说:"社会主义是大势所趋,不走也得走。只要接受改造,大家都会有饭吃,有工作,而且可以保留消费财产。"此后,外地的荣氏企业也纷纷施行公私合营,至此,荣氏家族在中国内地的所有企业等于是无偿全部交给了国家,对工商业的社会主义改造起了积极带头作用,荣毅仁被人们称为"红色资本家"。

(3)百折不挠。1957年,将所有企业交给国家的荣毅仁,在陈毅市长的极力推荐下当选为上海市副市长、市工商联副主席,从此开始了他"脱商入政"的道路。1959年,他又调任北京担任了纺织工业部副部长。1966年"文化大革命"爆发,已经进京成为国家领导人的荣毅仁同样难逃劫难。他被红卫兵抄了家,家里的名贵字画、精致摆设等被抢走。他本人被剃了阴阳头,右手食指被打断,被迫进锅炉房运煤、洗刷厕所等进行"劳动改造"。不过,在周恩来的多次保护下,荣毅仁与夫人保住了性命。那些日子他苦闷、彷徨,但始终没有对自己选择的道路产生动摇。在公私合营之时,承诺付给资本家的定息在"文化大革命"时都停止执行了,荣家的经济异常拮据,亲戚过来没钱接待,他就让儿子拉了家里的冰箱、沙发等去变卖了请客。在生活最困苦的时候,荣毅仁仍对儿子说:"这只是生活中的一点曲折,要坚强,要看实质,挺过去总会有出头之日。"

(4)堪当大任。1978年的十一届三中全会标志着中国的一个全新时代的开始。中国需要向世界开放,需要吸引世界的投资,当时的国家领导人邓小平和叶剑英同时相中了荣毅仁。叶剑英说:"荣毅仁在国际上有知名度,家族中又有很多人在国外,利用他在国际上的影响,利用荣氏家族的优势,由他出面先吸引一部分人来投资,然后吸引更多的外资,荣毅仁的作用别人替代不了,共产党员替代不了,由他出面比较好。"1979年10月4日,在邓小平的授意下,中国国际信托投资公司(简称"中信")在香港正式成立,荣毅仁出任董事长兼总经理,63岁的他重操旧业,曾经的副部长再次回归为"荣老板"。他亲手制定了公司的第一个章程,强调"公司坚持社会主义原则,按照经济规律办事,实行现代化的科学经营管理"。荣毅仁不遗余力地网罗人才,聘请了前美国国务卿、为中美建交立下汗马功劳的亨利·基辛格(Henry A. Kissinger)为顾问,迅速扩大了国际影响力。

公司成立第一年,荣毅仁就接待了来自40个国家和地区的客人超过4 000人次,国内前来洽谈业务的也超过3 000人次。中信的经营涵盖了银行、贸易公司、法律、会计事务等广泛领域,从事贷款、进出口贸易、咨询、国际投标代理等国际业务,充当中国改革开放的试验田和前哨阵地。当时国际上害怕共产党,但是乐于和荣毅仁这样的人打交道。荣毅仁曾对美国著名资本家阿曼德·哈默(Armand Hammer)说:"你是资本家,见过列宁。我也曾是资本家,干社会主义。我们两个都是资本家,可以谈得拢。"尽管如此,荣毅仁的创业之路并非一帆风顺,不时有人写信告状,也常常被有关部门刁难。在一次写给高层的信中,荣毅仁请求:"请理解我在夹缝中走路的艰难!"

20世纪80年代初期,中国22项重点工程中的大项目——江苏仪征化纤工程,因投资不足准备下马。中国急需化纤产品,此项目下马的损失难以预料,纺织部找到中信寻求帮助。中信经慎重研究,提出了向海外发行债券的办法。1981年2月,中信成功地在日本发行了100亿日元的债券,从而保证了仪征化纤工程的顺利进行,并开启了国家项目国际融资的创举,被称为"仪征模式"。中信在之后数年先后在日本、德国、新加坡、中国香港等地发行了多次不同币种的债券。仅1984年就在海外成功地发行了四次债券,共发行300亿日元、3亿港币和1.5亿西德马克的公募债券以及1亿美元债券,为中国的工业化和改革开放开拓了国际融资渠道。荣毅仁巧妙地利用了香港的自由港的优势,全方位开展了国际金融、国际租赁、技术、贸易、房地产、经济咨询、卫星通信等业务,并在海外择机投资,发行债券,在当时仍然相对封闭的国有体制下,从夹缝中打开了一条面向国际市场的国际化经营道路,将中信公司打造成一个综合性跨国企业集团,为社会主义经济"走出去""请进来"做出了许多开创性的贡献。

1986年6月,邓小平在接见荣氏亲属回国观光团时说:"你们荣家对发展民族工业做了贡献,是有功的,是推动历史前进的,人民是不会忘记的。"世界著名经济学家、诺贝尔经济学奖得主罗纳德·H.科斯(Ronald H. Coase)一直对中国经济转型充满好奇,在《变革中国》一书里,他提出这样的疑问:"中国政府究竟做了什么,才能够引导这样一个几乎不可思议的转型?""几乎没有人能够预测到,一个共产党政府会走向市场。但现在中国政府带领中国走向市场经济的事实已经众所周知。"而荣毅仁的朋友、美国前国务卿亨利·基辛格的评价恰好可以回答这样的疑问:"荣毅仁是既了解东方,又了解西方的企业家。苏联人面临的最大困难之一就是他们找不到一个像荣毅仁这样的企业家。"准确地说,中国的顺利转型,中国社会变革的成功,离不开像荣毅仁这样立身于祖国、扎根于人民而又放眼于世界的仆从领导。这种品格也许可以从荣毅仁喜欢的名言中找到佐证:"发上等愿,结中等缘,享下等福;择高处立,就平处坐,向宽处行。"

(资料来源:高仲泰,《红色资本家荣毅仁》,中西书局2012年版。)

案例 6

"老干妈"陶华碧

如果说荣毅仁是自中华人民共和国成立到改革开放这一时代的国有企业的仆从领导的代表,那么"老干妈"陶华碧则是改革开放之后民营企业家中的仆从领导的典型。

"老干妈"陶华碧是当代中国企业家的创业传奇。"老干妈"在当今中国是与茅台齐名的中国著名品牌之一,"老干妈"辣椒酱每天卖出 130 万瓶,其原材料一年耗费 1.3 万吨辣椒、1.7 万吨大豆,3 年缴税 18 亿元,产值 68 亿元。"老干妈"品牌直接、间接带动 800 万农民致富。在国外,"老干妈"被译作"Lao Gan Ma",是享誉世界的奢侈品牌,售价为 12 美元/瓶,远高于国内售价,这让许多中国人觉得不可思议。陶华碧的人生磨难与艰苦创业、真诚质朴与事业辉煌、对生活于底层的"最没有特权者"的关爱与同情,体现了中国仆从领导特有的品质。她作为仆从领导的特征表现在以下几个方面:

(1) 久经磨难。陶华碧原名陶春梅,于 1947 年出生于贵州遵义一个偏僻山村,她没有上过一天学。20 岁那年,她嫁给了 206 地质队的一名队员。1989 年,丈夫病故,她不得不独自哺养两个儿子长大成人。为养家糊口,她常常给人烧火做饭,还拉过黄包车,做过苦工。为了维持生计,她开始做凉粉的生意,晚上备货,白天再用背篓背到附近学校去叫卖。为了提前进货,每天天不亮,她就要背上背篓,搭乘凌晨第一趟公共汽车去十多里外的市场购进原料。公车售票员经常以背篓占地为由把她赶下车,大吵一架之后她不得不背上七八十斤重的原料走回来。"当时 1 角 5 分的车票,我给 3 角,她还不让我坐。我说不行也得行,今天非要坐,天天吵架。"陶华碧后来回忆说。正是这种穷人常常遭受的不公待遇,使陶华碧对生活在社会底层的人充满深深的同情,同时却不由自主地对权力保持着距离与警觉。这一年,陶华碧在贵阳市的一条街边用捡来的断砖和油毛毡、石棉瓦搭起了一个路边摊,取名"实惠餐厅",专卖凉粉和冷面。因为量足价低,"实惠餐厅"吸引了大批中专学校的学生。看到困难的学生来吃饭,陶华碧总是加量或者不收钱,到了年底,那些家里贫穷学生的"挂账"往往都被她统一"销账"。时间久了,学生们都亲切地叫她"老干妈",慢慢地这个称呼成了她的名片。

(2) 艰苦创业。在"实惠餐厅",陶华碧自制的麻辣酱原本是自助的佐料,但渐渐成为顾客慕名而来的美味,很多远道而来的司机专门来买她的麻辣酱。对于这些慕名而来的客人,陶华碧都是半卖半送,但渐渐地来的人实在太多,她感觉到"送不起了"。后来她的凉粉生意越来越差,可麻辣酱却做多少都不够卖。一天中午,陶华碧的麻辣酱卖完后,吃凉粉的客人就一个也没有了。她关上店门,走了十多家卖凉粉的餐馆和食摊,却发现他们的生意都非常红火:都在用她的辣椒酱!1994 年 11 月,"实惠餐厅"更名为"贵阳南明陶氏风味食品店",辣椒酱系列产品开始成为这家小店的主营产品。为了给辣椒酱准备合适的包装,陶华碧找到了当时的贵阳玻璃二厂的厂长,请他提供玻璃瓶。看到土里土气的农村老太,厂长根本不愿搭理她,但这老太脾气太倔,要不到玻璃瓶就不走,而且现钱现货。厂长没办法,指着墙角的一堆剩货说,"要多少,你自己挑去吧!"没想到这老太开口就不简单:"有多少,我全要!"第二天,这老太打来电话把厂长吓了一跳:"一天一万瓶,现钱现货!"这在当时普遍面临倒闭的国有企业,可是一份巨大的订单。现在"老干妈"60%产品的玻璃瓶都是由贵阳第二玻璃厂生产的,该厂的4条生产线中有3条是为"老干妈"24小时开动,每天生产130万只玻璃瓶。

"老干妈"的名气在当地越来越响,慢慢地供不应求。一个"路边摊"竟然日进斗金,很多人眼红,三天两头来找麻烦,吃拿卡要,还冒充城管罚款。"老干妈"常常拿起炒瓢就要跟他们干架,孤儿寡母挣钱的不易,只有自己知道。

1996年,她招聘了40名工人,专门生产麻辣酱,产品销往云贵两省。1997年,"贵阳老干妈风味食品有限责任公司"正式挂牌,产品销往全国。但是,随着"老干妈"品牌影响力越来越大,山寨仿冒的厂家也越来越多,假冒"老干妈"的产品多达五六十种,有一家甚至抢在陶华碧之前注册了"老干妈"商标。2003年,经过几年的奔波上诉,陶华碧在国家领导人龙永图、副省长(时任贵阳市市长)孙国强的支持下,终于得到了国家商标局的公正判决,成为"老干妈"商标的唯一持有人。

(3)"老干妈管理模式"。"老干妈"没有精细的管理制度,没有现代的治理结构,管理却异常高效而规范。陶华碧不识字,但她对财务数字具有异常敏锐的直觉和超强的记忆力。最初的财务管理是会计报账,她在后面画圈;后来企业的规模越来越大,财务报告上必须签上自己的名字,陶华碧用了三天时间才学会了写"陶华碧"这三个字,她觉得要写好这三个字太难了,比剁辣椒要难多了。在企业的扩张方面,她表现出近乎固执的谨慎——银行的工作人员多次找她,希望她到银行贷款,她就是不贷款;政府领导劝她上市,她就是不上市。2003年,贵阳市一些政府领导曾建议陶华碧借壳上市,扩大公司规模。这种在许多企业看来求之不得的好事情,却遭到陶华碧的一口否决:"什么上市、融资这些鬼名堂,我对这些是蒙的,我只晓得炒辣椒,我只干我会的。"有官员感叹,和"老干妈"谈融资、搞多元化,比和外商谈投资还要难。在崇尚"资本运作"的当代中国,"老干妈"简直就是一个另类:它没有一分钱的贷款,没有一分钱的应收款,拥有超过20亿元的现金流,自有资金异常充足。

然而,陶华碧与她的员工沟通却极其顺畅。"老干妈"从当初200人的小厂已经成长为2 000人的大企业,该企业为员工提供的工资福利在贵阳是顶尖的。在公司里,没人叫她董事长或"老板",大伙都亲切地叫她"老干妈"。公司超过2 000名员工,陶华碧能叫出60%的人名,并记住了其中许多人的生日,每个员工结婚她都要亲自当证婚人。公司中有一种奇特的"老干妈文化":"老干妈"没有董事会、副董事长、副总经理,只有5个部门,高层管理者——包括她自己,一到公司就冲到生产第一线,她几乎从来不坐在自己的办公室里,她从来不接受记者采访,更厌恶富豪榜排名。她只有和自己的员工在一起,在生产线上转悠才感到踏实。她隔三岔五地跑到员工家串门,每个员工的生日到了,都能收到她送的礼物和一碗长寿面加两个荷包蛋;员工出差,她像送儿女远行一样亲手为他们煮上6个鸡蛋,一直送到他们坐上车后才转身回厂。从1998年开始,陶华碧把公司的管理人员轮流派往广州、深圳和上海等沿海城市考察学习。她说:"我是老土,但你们不要学我,单位不能这样。你们这些娃娃出去后,都给我带点文化回来。"

她很少坐由政府赠送的、带有"A888"车牌的豪华轿车,因为"坐着不舒服",她年老后唯一的娱乐是和几个老太太打麻将。在麻将桌上有人问她:"你赚了那么多钱,几辈子都花不完,还这样拼命干什么?"这个问题几乎使她彻夜未眠。第二天,正赶上公司召开全体员工大会,她突然想起昨天的那个问题:"我想了一晚上,也没有想出个味来。看到你们这些娃娃,我想出点味来了:企业我带不走,这块牌牌我也拿不走。毛主席说过,未来是你们的。我一想呀,我这么拼命搞,原来是在给你们打工哩!你们想想是不是这个道理?为了你们自己,你们更要好好干呀!"这席话感动了在场的每一个人,赢得了热烈掌声。

2012年,陶华碧以36亿元身家登上胡润中国富豪榜。2012年,"老干妈"产值达33.7亿元,纳税4.3亿元,人均产值168.5万元。

(资料来源:《陶华碧的创业励志故事》,图强作文网,https://www.tqzw.net.cn/zuowensucai/22781.html.)

四、非营利组织中的仆从领导

格林里夫强调,如果仆从领导能运用于政府组织、营利组织和非营利组织,那么,我们这个时代将充满希望。非营利组织是指不以营利为目的的组织,它涉及艺术、慈善、教育、学术、环保等广泛领域,具有民间性、自治性、志愿性、非政治性、非营利性等重要特征。非营利组织有时也称为第三部门(the third sector),与政府部门(第一部门)和企业界的私营部门(第二部门)一起形成影响社会的三种主要力量。近年来,中国的非营利组织进入了一个迅猛发展的时期,据不完全统计,2011年底,中国依法登记注册的非营利性组织达到45.75万个;截至2013年6月底,全国依法登记的社会组织有50.67万个,其中社会团体27.3万个,民办非企业单位23万个,基金会3 713个,从业人员超过1 200万人。这表明非营利组织在完善社会职能、抗震救灾、扶危济困、解决就业方面发挥了政府、企业无法替代的作用,正成为中国和谐社会建设不可或缺的力量。

但中国的非营利组织由于起步较晚、制度建设滞后、法制不健全等多方面的原因,其管理水平、管理绩效与社会效益方面仍然非常落后。一方面,非营利组织的总体数量与规模与西方发达国家甚至某些发展中国家存在明显的差距。据统计,中国每万人拥有的非营利性组织的数量为1.45家,远远落后于发达国家(美国为51.79家,法国则高达110.45家)的标准,而且低于印度和巴西这两个发展中国家的水平。另一方面,体制陈旧、管理落后、效率低下、腐败丛生等体制性问题没有得到根本性解决,某些领域的问题(如不规范、不透明、严重腐败等问题)甚至有愈演愈烈的趋势。例如,2011年的"郭美美网上炫富事件"就引爆了中国红十字基金会的信任危机,中国红十字基金会作为具有官方背景的、以社会慈善和灾难救助为主要目标的慈善机构,长期以来体制陈旧、管理不透明、管理混乱、缺乏公正的外界监督审计,迅速引发全社会的怀疑、批评与指责。而易解放、曹德旺的仆从领导品格和他们在非营利组织中的创业,让人们看到了中国非营利组织的希望。非营利组织中的仆从领导又被称为社会创业中的仆从领导。

案例7

"大地母亲"易解放

易解放是一位上海母亲,在二十多年的时间里,她通过发起成立"绿色生命"公益性组织,在内蒙古的大沙漠植树110万棵并无偿将其捐献给当地农民,被称为"大地母亲"。

2000年,旅居日本的易解放得到一个惊天噩耗,她的独生子杨睿哲因车祸去世。她无法接受这一致命的打击,感到生命的天空彻底塌陷了,生命对她已经毫无意义。易解放在承受中年丧子的巨大悲痛后,与丈夫杨安泰觉得应该做点什么来纪念远在天堂的儿子。于是,他们从儿子的死亡赔偿金中拿出25万元,在湖南捐建了一所希望小学。在儿子25岁生日那天,"睿哲希望小学"落成。易解放夫妇从此决定将全部精力倾注于中国的公益事业,做起了"全职公益人士"。

在对儿子刻骨铭心的思念中,易解放想起儿子杨睿哲生前的时候,母子二人从电视上看到中国北部土地沙化严重的情况,杨睿哲就认真地表示毕业之后要为祖国种树。而且他还说:"我们要么不干,要干就干大的!"在母爱的驱使下,易解放感到自己余生的全部意义和未来的使命,就是实现儿子的这种宏大遗愿。2002年,她牵头成立了一个名叫"绿色生命"的公益性组织,辞去收入颇丰的日本公司的工作,她的丈夫也卖掉自己开的诊所,带着儿子剩下的"生命保险金"和筹集的一点资金,回到内蒙古通辽市库伦旗的塔敏查干沙漠开始种树。"绿色生命"公益组织与当地政府签订了10年时间种植110万棵树的协议。协议规定"绿色生命"公益组织在20年内负责哺育这些树,20年期满后,这些树将全部无偿捐献给当地村民。

塔敏查干沙漠号称"八百里旱海",地处内蒙古东北最大的沙漠带,沙尘来临之时昏天黑地,一片苍茫。这里一年到头几乎滴雨不下,炙热的阳光炙烤着无垠的沙漠,素有"八年一小旱,十年一大旱"之说。实际上,"塔敏查干"这个词在蒙语里的意思就是"魔鬼"。2002年,易解放带领超过300名村民整整干了3天,在漫无边际的黄沙中种下了1万棵杨树。可是第二天,易解放却傻眼了,大风把风尖上的幼苗全给卷跑了,好多树苗不知去向,一些树苗被连根拔起。易解放决定从头再来,她干脆在林地附近的村民家里住了下来,在沙漠里一棵一棵地把树苗找回来重新栽上。易解放就像看护小孩子一样看护着这些树苗,有时候夜半风起,猛然惊醒了,她就会赤脚奔向林地,去看看树苗到底有没有被风吹倒。更严峻的问题是,当地严重缺水,打下去的井是枯井,根本抽不上来水,高温烘烤下的树苗日渐枯萎,她和许多村民一样几乎陷入了绝望。可就在这节骨眼上,长年无雨的库伦旗下了一场透雨,第一批树苗的成活率高达70%——易解放泪流满面,莫非儿子的在天之灵在冥冥之中正注视着她?抑或是上苍有灵要助她一臂之力?

第一年易解放种了一万棵树,但离110万棵的目标还很遥远,这个都市女人真正体会到了种树的难处。但更难的是筹集社会捐款之事——频频碰壁,有人怀疑,有人反对。为了寻找赞助合作,易解放开始在中日两国之间奔波往返。为了省钱,有时去日本她都舍不得坐飞机,而是花两天两夜的时间坐船过去。到了日本以后,为了省下住旅馆的钱,她住在朋友公司的办公室。白天公司要办公,中午没地方烧饭,也没法吃饭,她就拿个饭团吃,有时候时间来不及,她就干脆饿肚子。等到公司员工下班走了以后,她再去烧饭。即便如此,易解放在国内外募集的资金仍然寥寥无几,而每年超过20万元的运营费却是无法逃避的刚性支出。易解放继续咬牙扛着,丈夫默默支持着她,苦撑到第5年,2007年时易解放种了11万棵树,但儿子的生命保险金和自己在日本打工的日元已全部花光,最难的时候,易解放一狠心又卖掉了自己在上海的一套房子。

命运的转折恰恰发生在不经意之间。2008年,一位母亲为儿子种树的消息在中日两国被广泛报道,易解放的名字为许多人所知晓,一批批捐款随之而来,世界各国的志愿者纷纷加入她的种树行列。2010年,易解放竟然提前3年完成了110万棵树的承诺,树苗的成活率高达90%。

但长年累月的操劳和奔波,让一个大都市里衣着优雅的时尚女性变成了沙漠里风尘仆仆的老太太,过度的劳累和过分的操劳在毁灭着她的健康。2010年,易解放大病一场,做了三次大手术,切掉了10厘米的肠子。因为没有时间去看病,一拖再拖,小肿瘤变成大肿瘤,最后只能将肠子整段切掉。但她并没有躺下来休息。2011年5月,易解放又与磴口县政府签订了在乌兰布沙漠援建1万亩梭梭防沙林的协定。在她看来,如果说当年植树是为了抚慰自己的丧子之痛,那么如今则是为了那片土地的未来。库伦旗的百姓特地为杨睿哲建立了一个纪念碑,碑的正面是易解放与丈夫写给儿子的一段话:"活着,为阻挡风沙而挺立;倒下,点燃自己给他人以光亮。"2016年3月,易解放在接受记者采访时说,自己已经67岁了,希望有年轻人能来接手这份公益事业。她说:"我对这些自己种下的树都很有感情,我儿子不在了,我看这些树苗就像自己的孩子一样。我现在手上的项目,大概还有两三年可以做完。到时候我也70岁了,要看看我的身体情况。""我也希望有年轻人能来接手这份公益事业,但能够全心全意投入其中,又能起到领袖作用的,这样的人不容易找。"

觉醒是在黑暗中看到光明、在沉睡中搅动不安、在平静中感知危险的清醒的判断力和深刻的洞察力。易解放不只一个失独的母亲,她也是我们这个时代的觉醒者。有人计算过,14年来,易解放在内蒙古通辽市库伦旗沙漠、乌兰布沙漠等地已经种植两万亩近250万棵树,她获得了首届中国十大公益女性奖、第七届中华慈善奖等荣誉。沙漠化是干扰人类的世界性难题,中国有八大沙漠、四大沙地,沙土化面积高达173.11万平方千米,占国土面积的18.03%。如果有100个,哪怕是10个易解放这样的仆从领导,中国的沙漠治理乃至整个中国的环境保护就将充满希望!

(资料来源:李静、张锡坤,《"大地妈妈"易解放的后半生:在沙漠种千万棵树》,齐鲁壹点,2022年10月5日。)

案例8

"全球企业家"曹德旺

曹德旺是福耀玻璃集团创始人,该集团目前是中国第一、世界第二大汽车玻璃供应商。他"以人格做事",自称从没送过政府官员"一盒月饼",是不行贿的企业家。在美国政府对中国企业抡起"反倾销"大棒时,福耀玻璃集团是敢于应诉并且迫使美国商务部撤销"倾销"制裁的中国第一家民营企业。他同时又是佛教徒。从1983年第一次捐款至今,曹德旺累计个人捐款已达80亿元。2009年5月,曹德旺是中国唯一"安永全球企业家大奖"的获得者。曹德旺不仅是全球优秀的企业家,而且是公益组织中的仆从领导,而后者正是我们讨论的重点。

作为公益活动和公益组织中的仆从领导,曹德旺以其人格魅力和以身示范,正在改变中国公益活动和非营利组织的行为方式。他作为仆从领导的特征主要表现为：

(1)强烈的社会责任感。曹德旺是中国少有的具有强烈社会责任感的杰出企业家。他说自己一生就做了一件事——做玻璃，而且做到极致，做到中国第一、世界第二。他一心一意做实业，没有炒房，没有开矿，没有从事时髦的"互联网金融"。他说："我一直认为，企业家的责任有三项：国家因为有你而强大，社会因为有你而进步，人民因为有你而富足。做到这三项，才能无愧于'企业家'的称号。"做到这其中的任何一项都不容易，而曹德旺却在这三个方面同时为中国的当代企业家树立了楷模。

(2)对最没有权势者的关注。仆从领导的一条重要的标准是对那些最没有权势者的关注——那些生活在社会最底层的人是不是因为仆从领导的关注而境遇得到改善、生活得到提高，或者至少没有受到进一步的伤害。曹德旺出身卑微而贫寒，从而使他对生活在社会底层的劳苦大众充满了深深的同情。曹德旺自己回忆说："我是从最底层上来的，这是我一生最大的财富。我最困难时，一天才赚2分钱。我结婚那天，才第一次穿上鞋，袜子还是我哥的。一包七分钱的香烟都买不起。"这使他对员工、员工的家属充满了关爱："在福耀，不仅是员工，就连员工的直系亲属有困难，我们也会帮忙。""我不能让我的员工在家等死，2007年北京公司有个实习生得了白血病，他还不是我们正式员工，我为他花了一百多万元。"

孟子说："老吾老，以及人之老；幼吾幼，以及人之幼，天下可运于掌。"随着事业的发达，曹德旺将孟子所说的这种推己及人之心扩大到对全中国人民的关爱。自1998年至2011年，他共捐款超过40亿元，其主要捐赠如表6-1所示。

表6-1　　　　　　　　　　　　1998—2011年曹德旺的主要捐赠

时间	金额(元)	主要事迹
1998年	500万	他亲自飞往武汉洪灾区考察，个人捐出300万元，加上公司员工捐款等共筹资400万元，经由中央电视台汇出。同年，他也向闽北灾区建瓯市捐出200万元
2002年	420万	捐助"关心下一代"
2004年	1 300万	先后捐出500万元和800万元，用于修建福厦高速公路出口与316国道连接道路以及福清三条农村公路
2005年	670万	春节来临之际，他捐资70万元给永泰县福利院，帮助农村贫困老人过个好年；捐600万元修建福清高山中学科技楼
2006年	700万	闽北洪灾，捐200万元，福清基地员工捐款超47万元，用于闽北小学教学楼重建；捐资500万元给海南省文昌市
2007年	1 500万	每年捐资150万元，在西北农林科技大学设立"曹德旺助学金"，定向定额捐赠10年，总计1 500万元
2008年	2 000万	汶川地震，曹德旺多次亲赴灾区，先后捐赠2 000万元
2009年	2 900万	捐赠公益共计2 900万元
2010年	2 000万	该年10月，捐建南京大学河仁楼，推动河仁社会慈善学院建成慈善救助人才培养的基地
2010—2011	12亿	玉树地震捐款1亿元，西南五省区市干旱捐款2亿元，福州市公益事业捐款4亿元，福清市公益事业捐款3亿元，2011年4月向厦门大学捐款2亿元

他常说:"企业家若没有责任感,充其量是富豪。"他还说:"我有今天的事业,离不开政府的政策和社会各界的帮助,我欠社会的太多。""人要有良心,我对社会始终抱着感恩的心态,我是通过自己的力量来帮助社会。"2006年,福耀玻璃集团荣获"2006中国十大慈善企业"称号;2008年"中华慈善奖"大会上,曹德旺荣获"最具爱心慈善捐赠个人"称号;2011年曹德旺捐款45.8亿元,成为中国首善。

(3)打破行规。曹德旺年轻时吃过很多苦,他对每一分钱都精打细算:"该花一万花一万,该省一分省一分。"他要确保自己捐出去的每一分钱都发到最需要救助的人的手中,而不是被"雁过拔毛,层层拦截"。2010年5月,曹德旺通过中国扶贫基金会向西南五省10万户贫困家庭捐赠善款2亿元,他深有感触地说:"西南地区遭遇百年一遇的特大旱灾,老百姓的生活苦得很。我年轻的时候吃过很多苦,知道那种滋味。对于一些偏远山区的农民来说,2 000元可以说是他们的希望。"在捐款协议中,曹德旺提出了极为"苛刻"的要求:扶贫基金会应在半年内将2亿元善款发放到10万户农民手中,差错率不超过1%,基金会违约将赔偿;基金会管理费则不超过善款的3%("行规"一般为10%)。曹德旺成立了专门的监督委员会,并请新闻媒体全程监督,要求基金会每10天向他递交项目进展详细报告。这次捐款被称为"史上最苛刻捐款",对现行捐款体制构成了一次巨大挑战,开创了公益事业中捐赠者对公益捐款问责的先河。

(4)树立典范。2010年6月7日,曹德旺发起成立的公益慈善基金会——河仁慈善基金会在中国民政部登记注册成立,它是中国目前资产规模最大的公益慈善基金会,基金规模为35.49亿元。其资金来源为曹德旺及其妻子陈凤英捐出个人所持福耀集团3亿股、总价值35.49亿元的股票。2011年4月这3亿股股票正式完成过户,曹德旺当即表示,从完成过户的那一刻起,这些价值35.49亿元的股票不再受到曹家人的控制,由中国慈善机构按照基金会的专业管理模式加以规范管理。

当今的中国富豪兴起了建立慈善基金会的热潮,其中不乏一些精明之人看中了基金会的免税条款和随之而来的社会名望,将家族成员安排其中,以慈善之名行牟利之实,最终获得名利双收。曹德旺深知当今的"诈捐""伪慈善""利益交换慈善"对真正的慈善造成的巨大伤害,他希望自己承担起一份应有的责任,在这方面带一个好头。他说:"我捐款是没有条件的。不像有些人捐款,是要拿一块地、一个项目来换。"

但没有条件并不意味着没有责任,曹德旺的责任就是要把这个慈善基金会不仅建成最大的基金会,而且是最透明、最规范、最大限度造福于人民的基金会。该基金会的名称来源于其父曹河仁之名,蕴藏"上善若水,厚德载物"之意。他希望像管理一家上市公司一样来规范地管理这个基金会。为此,他采取了三方面的措施:一是制定章程。为了给基金会留下一部规范运作的规章,曹德旺花了大量的心血来制定基金会的章程。中国慈善的最大问题就是不公开,因为不公开,所以缺乏监督;因为缺乏监督,所以腐败丛生;因为腐败丛生,所以最应该得到救助的人并没有得到及时救助。河仁基金会的章程除了参考民政部现有章程外,重点突出"公正、公平、公开"的原则,体现了曹德旺的"制衡"用心——严格限定了理事长、副理事长和秘书长的权限及义务;理事会决议违反法律、法规或章程规定,导致基金会受损的,参与决议的理事应承担责任;处置捐赠的福耀玻璃股票需经基金会全体理事90%以上同意,形成书面决议方可执行;基金会每年用于公益事业的支出不得低于上一年基金会实际的现金收益的80%;基金会工作人员的工资福利和行政办公支出不超过当年总支出的10%;修改章程或者变卖基金会所持福耀玻璃股票要向捐赠人报告。为保证"每一分钱的去向都让社会知道",基金会必须定期公开审计报告和慈善项目名单,基金会的每一件事都会向社会公告。二是有序退出。曹德旺表示,河仁基金会完成建章立制、确立领导班子以后,他和儿子曹晖就退出基金会,不再担任理事,而只担任捐赠人的角色,其兄曹德淦任一届理事长后也将卸任。他的目标是家族成员完全退出基金会的管理,自己作为捐赠人的角色更有利于基金会的发展。其道理很简单,"我把钱捐出了,这钱就属于社会公共财产,要我去管怎么花钱,没有必要。因为我在里面(河仁基金),很多人会来找我(要钱),退出是减轻自己麻烦",曹德旺表示,"我想把福耀玻璃做得更好,用更多的钱支持基金会"。三是专业化管理。曹德旺的设想由专业的职业经理人和管理队伍加以规范管理。

自2011年至2015年,河仁慈善基金会共开展公益慈善项目86个,资助金额5亿元,涉及助学、扶贫、救灾等领域,其中一半以上的善款投入扶贫与救灾项目。2016年,河仁慈善基金会与中央统战部合作,在福建、湖北、贵州三省革命老区联村帮扶32个贫困村。从2016年起,每年每省捐助1 000万元,连续3年共9 000万元,用于支持当地生产脱贫项目。

曹德旺说:"我是佛教徒。在佛经里,什么是功德?虔诚如故,即谦虚诚实到一丝不苟。"他还说:"佛说,财施犹轻,法施最重。像我这样的捐款,只是有钱人做该做的事情,功德最小。积德要'无相布施',就是不要宣传,你才会积一点阴德。"仆从领导强大的内在力量就在于他能愈合自我,也能愈合他人。格林里夫认为,"对管理者最好的,也是最难的考验是:那些受到服务的人作为个人获得了成长吗?他们在接受服务时,变得更健康、更聪明、更自由、更自主吗?他们自身更有可能也成为仆从吗?再就是社会中最没有特权的人得到的结果:他们从中获益了吗?或者至少他们没有再次受到剥夺吗?"[①]从仆从领导的这几条标准来看,曹德旺无疑是我们这个时代的愈合者。

(资料来源:颖秋,《中国首善曹德旺》,https:www.bilibili.com/read/cv97893641.)

思考题

1. 仆从领导有哪十个特征?请结合你的一位领导,评价其在这些特征中的表现。
2. 简述齿轮传动模型的哲学基础和核心观点。
3. 请结合你所在的公司和行业,列举一位符合仆从领导特点的人物,并简述其在管理实践中表现出了哪些典型的仆从领导特征。
4. 根据你的生活体验,请从国内外创业领导者中各举出1~2例行政创业、乡镇创业、企业创业和社会创业中的仆从领导,并说明他们表现了仆从领导的哪些特征。

---

① Greenleaf, R. K.. "Essential of Servant leadership", in Spears, L. C. and Lawrence, M., *Focus On Leadership*, New York: John Wily & Sons, Inc., pp. 23.

模块三

汇聚理论

第七章

创业领导汇聚理论

本章讨论创业领导汇聚理论与创业领导。创业领导汇聚理论认为,世界各地的创业领导在创业过程中往往表现出许多共同的特征,或向共同的性格、心理、行为特征"汇聚"。相关研究表明,创业领导者主要表现为坦率型、控制型和平衡型三种典型特征。

第一节 汇聚理论的现实背景

创业领导汇聚理论(the convergence theory of entrepreneurial leadership)认为,世界各地的创业领导,无论其国家、民族、地域、制度环境与文化环境如何,他们在创业过程中往往表现出许多共同的特征,也就是说,在性格与心理特征的分析中,他们趋向于某些共同的特征,或向共同的性格、心理、行为特征"汇聚"(convergence)。创业领导汇聚理论有其存在与发展的现实背景。

一、全球一体化

全球一体化(globalization)意味着在当今世界,影响创业的制度、法律、伦理因素和国际贸易规则越来越趋同化、国际化和标准化。所有的创业者,无论在北美、亚洲、欧洲还是在非洲、南美,都必须面对全球化浪潮以及由此带来的全球竞争,面对共同的国际贸易规则、法律制度环境和全球风险。信息的流动、互联网的无所不在、人才的跨国流动,使所有的创业领导都要面对全球化这样的大环境。

> **创业聚焦**
>
> **世界是平的**
>
> 《世界是平的:一部二十一世纪简史》(*The World is Flat: A Brief History of the Twenty-first Century*)是一本由托马斯·弗里德曼(Thomas L. Friedman)撰写的畅销书,书中分析了21世纪初期全球化的过程。书中主要的论题是"世界正被抹平",作者分

析这种快速的改变是如何通过科技进步与社会协定的交合,诸如手机、网络、开放原码程式等,而产生的。全球一体化的发展,使世界朝向民主、共识、自由市场的方向前进,远离威权与项目经济,世界成为一个没有界线的整体,不仅打开了取用他国人才库的途径,而且开始采用共同标准,创造出更平坦的竞赛场。

托马斯·弗里德曼告诫我们,我们中的大多数人被"9·11"恐怖袭击分散了注意力,就在我们呼呼大睡时,全球化的时代正在悄然演进。1492—1800年是"全球化1.0"版本,其力量主要来自国家;1800—2000年是"全球化2.0"版本,其力量主要来自跨国企业,具体又可分为两个阶段,前半段来自"运输成本下降",后半段来自"通信成本下降";从2000年起,"全球化3.0"版本已经不期而至,其力量主要来自个人。

在"全球化3.0"版本中,科技和通信领域如闪电般迅速进步,使全世界的人们可以空前地彼此接近——在印度和中国创造了爆炸式增长的财富;挑战我们中的一些人,比那些人更快地占领地盘。

关于个人的力量如何改变世界,这样的例子几乎俯拾皆是:脸书(Facebook)总裁的一个决定,立即将美国总统特朗普从社交网络中开除出去;台积电总裁张仲谋的一个想法,立即使全球的芯片供应产生巨大波澜;马云的"阿里"及其旗下的支付宝、余额宝已经完全改变了几乎所有中国人的消费方式;几年前还无人知晓的抖音,每天使全球几十亿用户喜笑颜开、乐此不疲……

弗里德曼告诫我们:从前的企业要发展二十年,才能变成跨国企业;而在日益扁平化的今天,即使你今天创业,明天就可以开展跨国业务,这样的公司被称作"天生国际化"。为了面对全球竞争,今天的创业领导者必须掌握企业制胜的七大法则。

法则一:世界被铲平,当你感受到铲过来的那股力量时,请找一把铲子向自我的内在挖进去,千万别想要筑墙。

法则二:小应该做大。小企业想要发展,就要学做大。关键就在快速学会怎么利用新工具,参与全球竞合,把事业搞得更远、更快、更广、更深。

法则三:大应该做小。大企业要在抹平的世界里蓬勃发展,就要学会让客户做大,自己则做小。

法则四:最好的企业将是最好的合作者。在抹平的世界中,越来越多的任务必须通过企业内外的各种合作来达成。道理很简单:未来的价值创造,无论是在科技、营销、医学还是制造领域,都会变得复杂至极,绝非单一部门或单一企业能掌握。

法则五:世界抹平后的第一流企业会定期照"胸部X光"来保持健康,并把结果卖给客户。

法则六:第一流企业外包是为了制胜,而非缩编。外包是为了更快、更便宜地创新,是为了成长,为了获取更大的市场,为了请更多、专精更不同的人才,而不是为了省钱而炒更多人鱿鱼。

法则七:把工作包去海外的,不是那些不爱自己土地的人,有理想的人也在这样做。

(资料来源:编者根据相关网络资料整理而成。)

二、匀质化的组织模式

匀质化的组织模式(homogeneous organizational pattern)意味着知识的传播、商业学院与MBA教育的普及,以及组织的创建、变革与管理模式日益趋同。当今的创业领导者在领导初创企业的过程中,从创意的产品化、风险投资的介入到创意人才的吸引、市场竞争模式,都面临几乎相同的组织模式。在这个过程中,创意领袖、风险经纪人、风险评估师、上市保荐人、品牌设计师等创新推动者与创新经纪人应运而生。

同样,组织的僵化、机构的臃肿、"大企业病"也会成为所有组织的"流行病",如同创业聚焦"产业集中于半导体 台湾要小心'荷兰病'"所揭示的那样。

创业聚焦

产业集中于半导体 台湾要小心"荷兰病"

台湾半导体业炙手可热,台积电3年就吸走一万多人,其他半导体业今年还要招募上万人,高薪磁吸效应让人才供不应求。台积电近日还开出"政治学博士"的职缺,希望招募国际政治管理专才,协助应对地缘政治风险。对此,有大学校长提醒:台湾要小心步入"荷兰病"陷阱。

所谓"荷兰病",是指20世纪60年代荷兰在外海发现天然气油田后,因意外之财暴富升值,能源产业一枝独秀,却导致其他产业因此衰颓的现象。去年已有外媒指称中国台湾和韩国都有"荷兰病"的初期症状;但中国台湾专家则认为,中国台湾产业并未太过集中,并不类似典型的"荷兰病"。

无论要不要称为"荷兰病",中国台湾产业高度集中于半导体业的趋势已极明显。去年,半导体产业占整体出口比重达37%,产值则占GDP的18%。令人担忧的不是台积电将吸走多少人才,而是太多年轻人在高薪的半导体业快速赚到豪宅、名车和娇妻后,便早早退休享受人生。他们的智慧和精力原可用来创业和创新,却因财富来得容易而提前休止。

别忘了,除了"荷兰病"之外,还有"日本病"。20世纪90年代,日本因经济结构不合理、制度僵化而导致泡沫经济破灭;长期的通缩使日本陷入"失落的20年"。中国台湾人口已开始"老龄化",无论得了"荷兰病"还是"日本病",都很棘手。

(资料来源:联合新闻网,2022年2月17日。)

三、共同的创业文化

创业领导的哺育、成长、进化与淘汰,无论是在组织的内部还是外部,都需要一种共同的"创业文化"(a common entrepreneurial culture)——鼓励创新、支持创业、有利于开拓进取的社会氛围与组织气氛。从组织外部来看,企业家或创业者的成长,需要开放的社会环境、鼓励竞争和保护个人财产的法律制度和有利于创新、创业的社会舆论;从组织内部来看,创业领导者一定要建立一种开放、透明、公开交流、支持创新的组织文化。从全球化的发展趋势来看,这种创业文化的本质特征在世界各地几乎是大同小异的。以下是建立创业文化常用的一些做法：(1)建立鼓励创新创业的价值观，例如，"做错了没错，什么都不做一定是错的"；(2)建立创新使命，如"改变时代""创新未来"；(3)建立创新团队；(4)打破组织、部门之间的界限；(5)鼓励团结、支持与合作；(6)建立一种愉快的工作环境和氛围；(7)工作中可以适当地开开玩笑；(8)领导者就是"开心果"，他经常拿自己"开涮"；(9)团队中的每一个人都有一个"雅号"、艺名、绰号或花名；(10)经常组织非正式聚会，如酒会、茶会；(11)鼓励员工开展体育竞赛，培养员工健康、积极的竞争与合作精神；(12)奖励小小的成功；(13)容忍失败；(14)对一线员工授权；(15)培养员工自豪感；(16)培育创意领袖；(17)鼓励奇思妙想；(18)容忍个别人的"刺头""出格"行为；(19)对公司内部的服饰、着装、爱好没有统一的要求；(20)培育各个层次的文化英雄，如领导英雄、团队英雄、群众(无名)英雄。

第二节　创业领导的三种类型

美国加利福尼亚大学的学者丹尼尔 J. 麦卡锡(Daniel J. McCarthy)等人对安永 2003—2007 年的俄罗斯年度优秀企业家中的 130 人进行了问卷调查和个别访谈，其结果发现，处于市场经济转轨过程中的俄罗斯企业家与西方成熟市场中的企业家并无本质上的差异。从创业领导者的视角来看，他们与西方的同伴在本质上并无二致，表现为坦率型(open)、控制型(controlling)、平衡型(balanced)三种典型特征[①]。研究发现，创业领导者会展现出以上三类中的某一种主导性的性格特征，但没有任何一位创业领导者的性格特征是单一的。这与另一项相关研究的结论基本一致：创业领导者身上既具有应对型(交易型)领导风格，又具有应变型(变革型)领导风格。

统计发现，2/3 的俄罗斯创业领导者表现为坦率型，这与美国创业领导者的研究结果基本一致；1/4 的表现为平衡型风格；8% 的表现为控制型。具体统计结果如图 7—1 所示。

一、坦率型

坦率型的创业领导者往往与民主型领导者风格一致，他们表现出中度的权力欲、高度的成就感和归属感。相关文献研究表明，坦率型创业领导者与真诚型领导者在乐观、韧性、希望、未来导向、塑造伦理氛围等方面接近。他们在循循善诱、鼓舞人心、精力充沛、展现人格魅力方面又与应变型领导者或变革型领导者高度一致。应变型领导者同时鼓励创新，培育自我功能型结构(self-functioning structures)，将员工提升到更高层次，创造一种员工不羞于说出自己真实想法或不怯于失败的氛围，注重非正式性、友谊、民主、授权、决策制定与责任并且有时能分享所有权，这些方面与坦率型创业领导高度一致。同时这与卡尔·巴思(Carl Barth)所描述的应变型领导者"提升下属的成熟程度与愿望，关注成就、自我实现以及他人、组织和全社会的福

---

① Daniel J. McCarthy, Sheila M. Puffer, Sergei V. Darda(2010). Convergence in Entrepreneurial Leadership Style: Evidence from Russia, *California Management Review*, Vol. 52, No. 4.

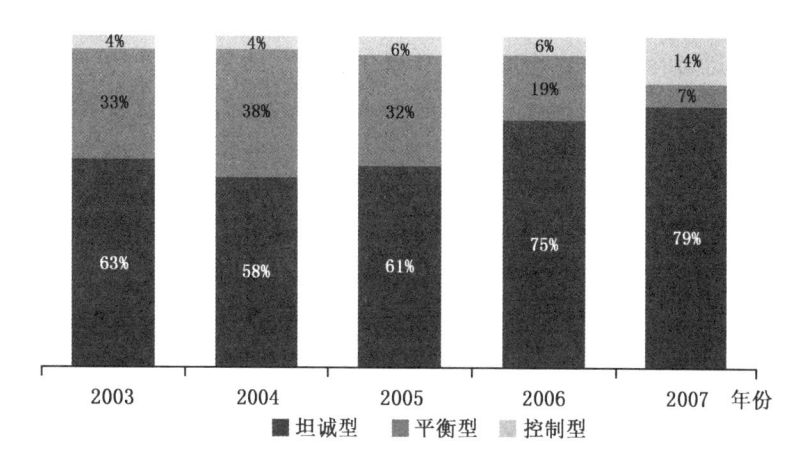

资料来源：Daniel J. McCarthy, Sheila M. Puffer, Sergei V. Darda(2010). Convergence in Entrepreneurial Leadership Style: Evidence from Russia,. *California Management Review*, Vol. 52, No. 4.

图7—1 俄罗斯创业领导者的三类特征分布

祉"等特征完全一致。[①]

这项研究还发现，与俄罗斯的管理者相比，俄罗斯的创业领导者表现出更高的应变型领导行为或变革型领导行为。应变型领导在新创企业中鼓励大胆、非同寻常的想法，从而开发新产品、新流程，培育新知识。比起应对型领导，应变型领导可以使下属获得更高的满意度——坦率型创业领导者无一例外地也展示了这些特征。在俄罗斯向市场经济转轨的过程中，绝大多数成功的创业领导者展示了这些应变型领导的特征。这在当下的俄罗斯是一种革命性的行为。以下例子足可说明这一点：

一位具有坦率性格的34岁的莫斯科啤酒、软饮料、矿泉水公司的负责人在2004年曾经说过："当员工在一起做决策时，你用不着劝说他们。"这表明一种坦率、包容性的领导风格有助于创建一种自我功能的组织，从而专注于组织的成功。一位38岁的莫斯科广告营销公司的创业领导者在2007年注意到，他为那些高发展潜力的员工建立了一种别具一格的管理体制，包括国际市场的开发机会。2006年，一位33岁的圣彼得堡的快餐食品的创业领导者注意到，在他的企业中，员工其实就是他的合作伙伴。"我们实际上始终处于合作伙伴的位置，我从不单独工作，而必须将许多人纳入工作之中。"一位莫斯科市场调研公司的创立者，在2005年她26岁时成为这家公司的合伙人，她说："这家公司有一种温暖的氛围，每个人都记得并珍视1998年经济危机期间，没有一个人被开除，工资也没有减一分。"她接着说，"每个员工都感到他们是创建这家独一无二的公司的合作者。"这些事例表明，创业领导者的坦率风格与苏联时期的控制风格形成了鲜明对照。有这样一个典型的例子：

一位典型的坦率型创业领导者是2007年接受调查的45岁的企业创始人，他创立了一家为零售商提供包装即时咖啡，包括听装、罐装、袋装服务的公司。他并

[①] B. M. Bass(1999). "Two Decades of Research and Development in Transformational Leadership," *European Journal of Work & Organizational Psychology*, 8/1: 9—32.

非科班出身,也没有受过专业的企业管理培训,以前是一位代表苏联国家队参加国际比赛的职业运动员,后来在美国运动队担任教练。该公司成立于1993年,位于下诺夫哥诺德(Nizhny Novgorod)。公司发展很快,2006年已经占据俄罗斯第二名的市场位置。该公司的增长动力源于新产品和加工设备方面的不断创新。作为一个创业者,他的关注焦点在于了解员工——理解每一个不同的人,公平地对待他们。他常说:"金钱并非你所追求的首要目标,但当你能给其他人赚钱的机会并帮助社区时,它的确是个好东西。"

在描述他的坦率型领导风格时,他谈到了他的用人观点——不仅专注于职业素质,而且重视个人品质,强调个人必须适应组织文化。他申明公司的激励体制原则是,个人不仅要做好分内之事,而且要对他人"传、帮、带"。他设法创建让员工自我实现的氛围,他认为这是成功的关键。他相信自己的直觉、朋友、同事,并让其共同塑造自己的领导风格。在此过程中,他会讨论事情,分享观点,强调他并不惧怕做出不受欢迎的决定,但是他会解释做出这种决定的原因是什么。他将周围的人们看作一个团队,强调信守承诺的重要性。

谈到为人之道,他说:"建立一种生产体系并无问题,但没有人,它就无法正常工作。关键之处在于使人们齐心协力地工作。我们的员工了解每件事,但他们并不害怕提出他们不懂的问题。"他补充说:"对于培养员工的承诺来说,企业文化至关重要。我们的员工眼中闪着火花,对最好的员工我给出股份奖励。我们的员工为工作而自豪,喜欢他们自己生产的产品。等着到我们这儿来工作的人有一长串名单,部分原因是在生产量增加的情况下员工有机会增加他们的收入——如果生产量提高1倍,那他们的收入也增加1倍。人不应该贪婪,贪婪是贫穷的第一步。"

该公司提供强有力的一揽子福利计划,包括医疗保险、午餐资助、利润分红和培训。这位创业领导者注意到:"我们拥有良好的、诚实的、稳定的关系,当遇到问题时员工会主动走过来,提供解决之道。每个员工都希望为这项工作的改善贡献一份自己的力量,90%的员工希望能这样做。如果许多东西来自底层,同时又能得到高层的支持,它们就可以促使企业不断前进。员工不应该害怕提出他们自己的想法,因为公司对变革始终秉持开放的态度。工作应该鼓舞人心,当公司不断成长壮大时,那是一件令人开心的事。"他继续说道:"领导过程涉及许多因素,比如诚实、伦理、确定优先事项、授权、加快决策进度以及公平对待每一个人。在这家公司中,每个人都有那么一点儿疯狂,他们都是工作狂。更重要的是,人们感到成为这个组织的一部分是一件有意义的事。企业中最美妙的事是设法处于尖端位置,其中的关键是让你自己身边是一群天资聪颖的人。"

[资料来源:Daniel J. McCarthy, Sheila M. Puffer, Sergei V. Darda(2010). Convergence in Entrepreneurial Leadership Style: Evidence from Russia. *California Management Review*, Vol. 52, No. 4, p. 57.]

相关研究表明,创业领导者的坦率,是面对巨大的不确定性、变动不居、迅速变化环境的重要品格与关键素质。在高度不确定的环境中运营,比如在俄罗斯和其他独联体国家,创业领导者往往面临有限的资源、缺乏声誉、有限的顾客基数、官僚腐败、法律法规的变更、政府的低效率,以及某些权力部门的胡乱作为、蛮横作风等。在这些高度变动不居的环境下展开经营,其成功的概率往往与创业领导者的创业精神、创业领导行为和绩效积极相关。而真诚坦率作为创业领导者的关键素质,其重要性就从多个方面凸显出来。

(1)对于优秀的创业领导者来说,变动不居的环境,如原材料的紧缺、价格的迅速变动、市场环境的迅速变化,既是危机又是机会,他们能在稀缺中发现机遇,在缺口中寻找突破,在市场空缺中发现施展拳脚的大好机会。那些优秀的企业家和卓越的创业领导者往往以"能人""下海者""开拓者""第一个吃螃蟹的人"的身份脱颖而出。

(2)在一种不稳定的环境中,因为对实际发生的情况缺乏预判性,创业领导者必须对现场管理者进行授权,而坦率的创业领导者可根据下属的反应能力和实际绩效,扩大或调整下属的授权。莫斯科一位30岁的手机通信全国连锁公司的董事长在谈到员工授权时说:"做出决策的层次越低,我们从低层获得的主动性就越强,这家公司运行得也就越好。但这个决策必须真正是好的,这正是我们必须开会沟通确定我们进展到哪一步的原因……我们的企业文化强调创新、坦率和友好、责任心、值得信赖……给予人们更多的责任心,他们就不会害怕犯错误。"

(3)坦率的性格更容易获得员工的认同,从而在组织中培育领导与员工之间、员工与员工之间、员工与顾客之间的信任、信赖和紧密的协作关系。一位45岁从事IT服务的创业领导者说:"我们的公司很小,但发展很快,我们从大量发展更慢的公司那里抢夺工作岗位。即便我们不断成长,我们仍设法保持快速、柔性、主动,对市场变化迅速做出反应。我们授权低层员工,让他们在聘用、解雇、工资、奖金和其他组织工作方面增强责任心。"组织内的信任与信赖构成该公司迅速成长的强大动力。

(4)坦率真诚的人更容易激发员工的内在激情,形成特有的共享文化与团队合作精神。一位28岁的快餐连锁业务的创业领导者,其业务在2001至2006年连续5年翻番,他将自己的成功归于自己的坦率型风格:"我将员工看作自己的合作伙伴,始终采取伙伴的立场。我从来不一个人工作,总是周围有许多人。我一向持有这样的观点:只有采取合作伙伴的态度,你才能收获很多——一个人什么都干不了!"另一位莫斯科营销公司的董事长说:"我从来不单独做出决定,我总是分担责任。"在2007年,这位38岁的创业领导者回忆自己的公司自1994年创立以来是如何变成现在的样子时说:"我有一种创造者的感觉,在10年之内我们白手起家创建了这个行业。"他庆幸自己对创业者的理解:"首先,创业者是最好的人类品质的整合器,他必须通过自己的真诚换取别人的真诚;其次,创业者必须成为经济的转换器,将各种生产要素转换成经济机会与经济效益。"

二、控制型

该项研究表明,有不到10%的受访者展示了控制型管理风格。其特征表现为:集权式决策制定,军事化纪律,通常挑选出受到高度信任的管理者组成的小圈子,与其他人相比,他们通常获得更大的自由和更多的好处。这种风格是苏联时代的一种反映,在那个时代,中央计划经济被看成政治的延伸,没有实现经济目标几乎就被视为一种蓄意破坏。其结果是,严格的规则,与之相伴的恐惧与奖赏,成为严格执行纪律的必要手段。在俄罗斯非创业性的组织中,它仍然是常见的领导风格,甚至在少部分企业家中也是如此。一位42岁下诺夫哥诺德的汽车工程公司(其产品主要是装甲车辆)的负责人就是这种控制型风格的典型。他说:"我的员工无权说'我不能'。"同样,一位58岁的电信行业的企业家说:"在我的企业发展过程中,我尝试过不同的管理模式,最终得出的结论是,最有效的模式就是对大多数人严格的权威式管理,但同时对那些最具有创意、最具有独立性和最具有亲和力的员工提供独立性,以及提出并实施创意的机会。"另一位经营连锁支付终端公司的负责人总结了他的控制型管理风格:"自从我成为企业家以来,生活并无多大变化,唯一重要的东西就是我所具备的品质——当我管理别人时我会非常严格。"在描述公司文化时,他说:"我们离苏联文化并不太远。"

调查发现,控制型创业领导在管理过程中可能非常成功,他们与交易型或应对型领导的管理风格高度吻合,其管理方式通常是:"你得干好这个,作为交换我会给你那个!"用这种方式,他们通常能给不在其内部圈子的人提供正面激励。另一项研究发现,交易型或应对型领导在俄罗斯的创业领导中非常有效,而变革型或应变型领导在其他文化环境中则非常有效。

为何控制型创业领导在管理实践中可能非常成功?其成功性可能取决于以下几种因素:

(1)行业因素:在传统、成熟的行业中,如传统宾馆业、传统渔业、传统机械加工、钢铁、船舶制造等行业中,技术已经高度成熟,工艺已经十分稳定,流程已经极其明确。为完成工作目标,控制型创业领导的确有其合理之处。

(2)体制因素:在计划经济体制中,或者市场经济条件下的大型国有企业中,组织的运行主要依靠从上到下的官僚机构的运行,在这种情况下,控制型风格往往极为高效。"组织理论之父"马克斯·韦伯早就告诉我们:通过精心的设计和严格的纪律与监管,官僚行政组织可以成为一种高效的机构。

(3)个人因素:有的创业领导者本身是这个行业、这家企业的开拓者和开创者,他们一手把这家企业带大,如同父母养育孩子一般,在组织中常常以"父亲"或"母亲"的身份出现,拥有至高无上的权威。他们习惯于发号施令,下属也习惯于言听计从,在这种情形下,控制型创业领导在企业的日常运行和重大战略决策的制定中往往驾轻就熟。有人认为,松下公司的松下幸之助、台塑企业的王永庆,都被称为"经营之神",在成本、流程管理方面,体现出典型的控制型风格。

(4)文化因素:在一种尊重权威、强调等级、注重纪律与规范的文化系统中,如中国文化、日本文化、韩国文化、俄罗斯文化中,控制型创业领导有着深厚的文化土壤。在这种文化氛围中,领导者制定决策、战略、大政方针,而下属服从与执行,成为一种预设的行为模式与社会规范,在一定的条件下往往十分有效。如果反其道而行之,则效果反而不佳。

下面的例子就是控制型风格的典型:

一位在俄罗斯处于领先地位的46岁的农业—工业控股公司(agro-industrial business holding company)的联合创始人是控制型创业领导者的代表。该公司成立于1995年,总部位于西伯利亚的克位斯诺雅茨克。截至2007年,该公司已经拥有20 000名员工,是该地区最大的家禽生产商。它在整个俄罗斯经营着48家大型超市、30家小商店、1家建筑公司,同时拥有自己的银行。

这位企业家认为,"创业是生活的一部分……我无法设想还有其他生活方式"

"生意让我精力充沛,我没有时间培养其他爱好"。他认为他不会毫无理由地去冒险,风险必须是合理的。他说:"我会害怕很多事情,但在评估情形,认识到自己可以承担多大风险以后,我便能迅速做出决策。"他进一步解释道:"我的家庭承担着重要的角色,关键是从家人那里你可以得到理解和支持。"

在苏联时代,他的父亲就是一位工厂主管,这似乎成了他的控制型领导风格的角色模板。这位企业家特别强调他从父亲那里得到的忠告——对决策负责,一切都要写下来以便控制它们的执行。他注意到许多重大的关键决策其实就是企业家本身的责任。他感到自己似乎具有某种"从上帝那里获得的使人跟随的东西,我相信你要么具备它要么不具备它,你无法自我培养这种品质"。他还描述公司文化中的创建成功关键要素也是企业家及其团队的工作内容之一,他通过个人的以身作则带领着四五十人的团队,与他们每个人都保持着友好的接触。他会与员工亲切招呼,与他们握手,参与他们的团队工作。他注意到企业文化的重要内容就是提升具有亲和力的人。他相信最困难的挑战是人本身,因为俄罗斯人的思想意识与性格特征,也就是人们常说的"最不可能把人们放到一个模子里强迫他们循规蹈矩,通常的办法是运用胡萝卜加大棒,我个人根据需要进行奖励或惩罚"。考虑到该公司十二年的成功运营,这种控制型领导风格无疑是有效的。

[资料来源:Daniel J. McCarthy, Sheila M. Puffer, Sergei V. Darda(2010). Convergence in Entrepreneurial Leadership Style: Evidence from Russia. *California Management Review*, Vol. 52, No. 4, p. 61.]

三、平衡型

研究结果表明,大约1/4的创业领导者展示了平衡型领导风格,他们兼具坦率型和控制型领导风格,类似于权变领导(contingency leadership)或情景领导(situational leadership)的风格。这种创业领导有时候是民主的,有时候又是集权的。这种类型的领导在某些场合会听取并采纳员工的意见,但在有些场合甚至在绝大多数情况下又会倾向于由高层做出决策,即"大权独揽,小权分散"。他们通常清晰阐明企业的目标,提供鼓励员工的激励措施,但同时也会宣布严格的指导政策与程序,并对结果加以严格监督。一位38岁的投资咨询公司的总裁这样描述自己的管理风格:"我通常运用胡萝卜加大棒的方法,当然也会运用个人的魅力。"另一位莫斯科媒体服务公司的女总裁说:"我们的集体就像是一个大家庭,对绝大多数员工来说,我就像是母亲。但随着公司的成长、新部门的建立,我也不得不运用集权式管理风格。"一个有趣的现象是,越来越多的平衡型创业领导者正处于由控制型向坦率型的转型过程中。位于符拉迪沃斯托克的一家零售公司的一位负责人回忆往事,表达了对以往决策方式的反思,他说:"事事都由我自己决定,这本身就是一种错误。我应该更多地授权,应该更早着手让职业经理来管事。"

以下是一位平衡型创业领导者的典型:

这位42岁的女性访谈者是典型的平衡型创业领导者,她经历了从控制型领导风格向更加民主型风格的转变。她是俄罗斯一家最大的翻译公司的创始人,公司成立于1990年,位于圣彼得堡市。她的公司聘用了涉及77国语言的1 500名翻译工作人员,其客户来自26个国家。她毕业于著名的某财经学院,成为一名经济学家,后来成为圣彼得堡工程学院的一名教授。在20世纪80年代苏联改革之前,她已经在多个组织中工作,分别是经济学家、工程师和会计师。

作为企业家,她的描述有点儿像艺术家。"我会做出风险性决策,但在做决策之前我会考虑很多",她说。谈到企业家的理想如何影响她,她描述那是一种自由的感觉,但显然又有某种挫折感,她意识到"从通常的字面意义上她没有机会成为一个女人",她补充道,"我的家庭和我的事业并不相容"。

至于平衡型领导风格,她说:"我过去通常是集权式风格,但我认识到它并不十分有效,现在我是情感型领导者。"她强调她现在设法将责任授予她的副手,并强调"现在每个人都知道他们是我们生意的基础,每个人都应该有机会成长壮大。"她讲道,目前公司还没有一个人跳槽离开,公司目前面临的问题是市场上缺乏有经验的人手,因此她必须从公司内部使之成长壮大。她接着说:"当他们成长壮大以后,我要尽量防止他们离开公司。"谈话过程中,她透露出的管理风格是明显的,比如她常说的:"我是这家企业的董事长,我亲手打造了它。而我也要向员工学习,但一个人必须充满激情,员工也会接受这种改变。"

[资料来源:Daniel J. McCarthy,Sheila M. Puffer,Sergei V. Darda(2010). Convergence in Entrepreneurial Leadership Style:Evidence from Russia. *California Management Review*,Vol. 52,No. 4,p. 61.]

平衡型创业领导显然正在经历由控制型向坦诚型的转变,这类似于交易型或应对型领导,随着经验的积累和领导技能的提高,逐渐转向变革型或应变型领导。在管理实践中,我们将看到越来越多的迹象显示控制型领导向坦诚型领导的转变,因为:(1)教育的普及和员工受教育程度的提高,使越来越多的高学历、高素质员工涌入工作场所,这些受过高等教育的员工对集权型领导、家长式领导带有天然的抵触,而更亲近民主式、坦率型领导;(2)全球化使知识人才实现了跨国流动,尊重知识、尊重人才、尊重员工的主动性和创造性成为国际管理的普遍趋势;(3)互联网和信息化的发展使知识迅速透明化、廉价化,管理者所需的战略、决策知识和领导技能不再是一种高深的"显学"与"绝学",相反,知识已经越来越触手可及。

思考题

1. 什么是创业领导汇聚理论?创业领导汇聚理论存在与发展的现实背景是什么?

2. 创业领导者应该如何培养一种创业文化?请举出5条以上的措施。

3. 根据创业领导汇聚理论,创业领导者有哪几种类型?请为每一种类型举出一个实例并加以说明。

4. "地球是平的",你同意这种观点吗?

讨论题

参阅案例六"如何成为'隐形冠军'"。

1. 对于中国的创业领导者来说,他们应该成为"隐形冠军"还是"多元化经营之王"?

2. 请举例说明,中国的创业领导者所创建的企业中,有哪些著名的"隐形冠军"。

3. 在当代中国,如何成为"隐形冠军"? 其利弊得失如何?

案例集

模块四

内部创业

第八章

创业领导的内部创业

内部创业又称公司创业或内部企业家精神,是指在现有公司内部进行的创业活动。本章系统地阐述了与创业领导内部创业相关的组织背景、组织要素与交互模型。

第一节 内部创业的组织背景

内部创业(in-house entrepreneurship),又称公司创业(corporate entrepreneurship)或内部企业家精神(intrapreneurship),是指在现有公司内部进行的创业活动。公司创业被界定为企业内部的创业精神,身处其中的人们争相提出发展的思想并转化成盈利的现实。还有的人将其界定为:在组织的处置和资源的承诺范围内进行的以获得创新成果为目的的创新活动。斯蒂文森(Stevenson)和杰瑞罗(Jarillo)将公司创业界定为:"组织内部或组织外部的任何个人追求机会的过程——不管他们目前控制的资源如何。"[1]维斯珀(Vesper)认为公司创业分为三类:(1)新的战略方向;(2)来自底层的创意;(3)自发的业务创造。而费恩·古思(vein Guth)与金斯伯格(Ginsburg)将公司创业分为两种:一是现有组织的新业务创造,二是通过战略革新对组织的变革。

而扎赫拉(Zahra)对以上界定进行了全面归纳,认为:公司创业是指在现有公司中通过产品创新、流程创新、市场开发并以创建新业务为目的开展的正规或非正规的活动。这些活动可以发生在总公司、分公司、职能部门或项目管理等各个层次,其目的都是提高公司的竞争地位与财务业绩。公司创业也可以带来现有业务的战略复兴[2]。

创业领导的内部创业遵循内部创业的一般规律,同时又具有一定的独特性。

---

[1] Stevenson, H. H. and Jarillo, J. C. (1990). "A Paradigm of Entrepreneurship: Entrepreneurial Management," *Strategic Management Journal*, Special Issue 11, 17—27.

[2] Zahra, S. A. (1991). "Predictors and Financial Outcomes of Corporate Entrepreneurship: An Exploratory Study," *Journal of Business Venturing*, Vol. 6, 259—286.

一、内部创业的背景

研究发现,创业领导的内部创业的必然性有以下几个方面的原因:

(一)普遍的竞争

普遍的竞争无所不在,包括原材料、工艺、技术、价格、顾客、市场和竞争者的数量,这些因素共同促成了竞争的普遍性和长期性。

以半导体产业为例,1947—1957 年是晶体管时代,1958—1966 年是集成电路时代,这两个时代是美国的半导体独步天下、无人能及的时代。1947 年巴丁(Bardeen)等人在美国电话电报公司(AT&T)下属的贝尔电话实验室对晶体管的发明,开启了崭新的晶体管时代。早期占主导地位的往往是多元化的大型企业,如美国电话电报公司、德州仪器公司(TI)等。1958 年至 1959 年,德州仪器公司的杰克·基尔比(Jack Kilby)等人开始了对单片集成电路的实用型设计。随着平面加工技术的改进,每块集成电路板可容纳的电路数量开始呈几何级数增加:第一个 10 年是从 10 个到 4 000 个,第二个 10 年是从 4 000 个到 50 万个,第三个 10 年是从 50 万个到 1 亿个。在最初的 20 年内,晶体管的数量增加了 1 000 万倍。这就是著名的"摩尔定律":它由英特尔创始人之一——戈登·摩尔(Gordon Moore)提出,即"一场集成电路板上可以容纳的晶体管数目约每 18 个月便会增加一倍"。这一定律深刻地揭示了半导体行业的竞争激烈程度。此时的行业主宰变成了像仙童(Fairchild)、摩托罗拉(Motorola)这样的专业化公司。

到 20 世纪 70 年代,集成电路(IC)的出现极大地强化了美国在世界半导体市场的主导地位。据美国商务部统计,1974 年,日本的集成电路产出为 5.60 亿美元,而美国当年的产值为 21 亿美元,两者在全球半导体市场所占份额分别是 59% 与 28%。然而 10 年之后(1989 年),日本在半导体和集成电路上的国际市场份额分别达到 48% 和 47%,反超美国 5 个百分点和 2 个百分点。

1985 年被认为是美国半导体行业最黑暗的一年,美国半导体行业解雇的人数达到历史纪录,英特尔的亏损也超过了账面价值。美国学者认为 1985 年"并不只是一个终点,而是一个转折点"。面对日本的追赶,美国政府、行业与企业采取了一系列反制措施,最终迎来了美国半导体业于 20 世纪 90 年代的"复兴",1998 年日本的半导体全球市场份额下降至 20%,而美国则回升至近 55%。日本在 20 世纪 80 年代的奋起并未维持太久,很快在 90 年代被韩国反超。从半导体行业的发展趋势我们不难看出,在所有行业,尤其在高科技行业内,竞争的残酷性与白热化程度要求创业领导者对周遭的技术进步和竞争者的技术飞跃时刻保持警觉。

(二)"大企业病"与危机感

现存企业随着企业规模的扩大和业务的扩展,都会不同程度地出现官僚主义。某些企业甚至由于机构重叠、层次臃肿而效率低下,出现了严重的"大企业病"。在这种官僚主义盛行的大企业内部,任何对抗现有体制的创造、创意或非同寻常的行为,都往往被无情地扼杀。许多研究者认为官僚主义无法与创业精神和平共存。它要求创业领导者对组织的老化、退化和这种不可避免的"大企业病"保持一种与生俱来的危机感。

华为公司的总裁任正非就是这种经常向下属灌输危机感的创业领导者。他说:"公司所有员工是否考虑过,如果有一天,公司销售额下滑,利润下滑甚至会破产,我们怎么办?十年来我天天思考的都是失败,对成功视而不见,也没有什么荣誉感、自豪感,而是危机感。也许是这样才存活了十年。我们大家都要一起来想,怎样才能活下去,也许才能存活得久一些。失败这一天是一定会到来的,大家要准备迎接,这是我从不动摇的看法,这是历史规律。"这种危机感产生于华为公司如日中天、销售业绩蒸蒸日上的20世纪80年代。2017年特朗普就任美国总统以后,就开始动用美国所有的力量对华为在全球的研发、生产、销售进行疯狂的遏制、封杀和打压,这完全印证了任正非作为一个卓越的创业领导者所具有的战略眼光和对危机的"直觉"。

(三)"叛徒"与"哗变"

企业规模的迅速拓展、内部的裂变以及不可避免的权力斗争,往往使有所作为的企业内部人士或具有创见的管理者以"叛徒""反叛者""造反者"的身份毅然离开现有体制。这种企业内部的"叛逃者"和"哗变者"由于熟悉现有企业的管理体制、内部流程和核心技术,他们一旦在市场站稳脚跟,就往往成为现有企业的强有力的竞争对手,甚至直接导致现有企业的败亡。史蒂文·布兰德(Steven Brandt)认为:"思想来自人们。许多人具有创新的能力。当人们对企业的使命与生命做出承诺,并在其能力范围之内有权从事某项工作时,其能力就得到了运用。没有承诺是过时的管理方式,企业必然会为此付出代价,它并不表示缺乏能力或愿望。"[1]这种企业内部矛盾产生的"哗变"往往对企业造成致命伤害,若处理不当甚至可能直接导致企业的败亡。创业传奇"'华为太子'李一男的'哗变'"就为我们提供了生动例证。

创业传奇

"华为太子"李一男的"哗变"

有的人一生默默无为,有的人一出场便光彩夺目。回顾华为几十年的发展历程,有一个不得不提的男人——年少成才的李一男!

李一男15岁便以优异的成绩被华中理工大学少年班录取,这所学校与任正非可谓关系匪浅。华为的郭平、郑宝用、胡厚崑等皆是毕业于此院校。他们都是任正非最亲密的战友,见证了华为从零到有的过程。郑宝用更是带领华为技术人员自主研发出了交换机,令华为的发展更上一层楼。然而相比郑宝用,李一男的光芒似乎更加耀眼。

李一男研二时进入华为实习,被独具慧眼的任正非相中,仅仅几天时间便成为工程师。李一男以一己之力解决了令华为工程师们困惑已久的难题,半个月的时间便升至主任工程师,之后又接二连三地升职,年仅26岁便成为华为常务副总裁。在公司内部,李一男被认定为任正非的接班人,被称为"华为太子"。

李一男负责研发,主导了中国第一个数字控程交换机的开发。华为通过这项技术掌握了核心竞争力,拿到了李嘉诚的13亿元大单,这笔资金奠定了华为在科技领域的江湖地位。在李一男领导开发的7年时间内,华为的技术实现了一个又一个突破,依靠这些技术,华为在市场上"攻城略地",营收突破200亿元。

---

[1] Brandt, Steven C. (1986). Entrepreneuring in Established Companies, p. 54, Homewood, Illinois, Dow Jones/Irwin Company.

然而任正非的超常提拔也带来了弊端。李一男的能力没得说,但是毕竟年轻,心高气傲加上身居要职令他开始有些膨胀。曾在华为研究院工作过的一个员工说:"李一男少年得志,为人较张狂,'给面子''留余地'等词在他的字典里是不存在的,他对其他副总也是态度粗暴。这可能源于他的单纯,不知道去了解如何做人,或许压根不屑于了解。"

1997年,由于业务发展迅速,华为企业内部出现了危机。华为在迅速扩张的同时,也埋下了"虚胖"的种子。当时华为内部的人都在想办法搭建自己的山头,整个华为内部可以说是山头林立,各扫门前雪,各看他人笑话。任正非敏锐地注意到了这个问题。为了改善华为还没有成为大企业却已经发展出的"大企业病",任正非引进了国际先进的管理经验。为了打破企业内部已经固化的职权结构,任正非在人事任命上进行了一系列的调整。李一男这位任正非的"干儿子"被从核心研发部门调到了市场部门。

2000年,华为出台了一条规定,鼓励老员工离职创业,同时允许他们将手中所拥有的华为股权兑现为华为的产品,并以此成为华为的经销商。李一男知道这个消息以后,立刻提出了辞职。在李一男离职的当天,任正非还带领着与他一起工作过的同事为李一男举行离职典礼,提前庆祝李一男在商业上获得成功。离别之时,任正非目光复杂,既有不舍又含欣赏。

离职之后,李一男将自己手中的股权兑换了一些华为设备,成了华为的经销商。李一男的企业叫作港湾网络,在其创业的第二年就实现了近1.5亿元的营业收入。李一男同样没有将目光放在代理商上,他要做的与任正非一样,那就是掌握核心技术。获得了1 900万美元巨额投资的李一男开始与自己的老东家——任正非的华为竞争。2003年李一男收购了京天企业,靠这两家公司的融合,李一男在市场上疯狂地挤占华为的市场份额。与此同时,李一男也在华为企业内部挖走了近3 000名员工,港湾网络对华为管理及研发的直接复制令华为元气大伤。为了对抗华为,李一男竟准备"卖身"华为的老对手——西门子。任正非对这种赤裸裸的背叛十分恼火,开始了全力反击。

2005年10月,华为斥资1 000万元挖走了深圳港湾研究院的语音组,彻底抹杀了港湾网络最赚钱的VOIP业务,而这也正是西门子最看重的。凡是有港湾网络参与投标的项目,华为必然参与,而且会拿出低得多的价格甚至是免费提供给客户。华为这样一种"杀敌一千、自损八百"的方法取得了成效,港湾网络迅速败下阵来。2006年,华为以17亿元的价格收购了港湾网络。与出售合同一起的是一个让李一男意料不到的条款,任正非要求李一男回到华为企业工作两年。任正非给李一男准备了一间特殊的办公室,这间办公室用透明玻璃制成,外面的人可以将里面的一举一动看得清清楚楚,这算是对李一男背叛华为的惩罚。

(资料来源:编者根据相关网络资料整理而成。)

(四) 国外竞争对手的出现

一家企业在国内市场长期处于垄断地位,获取高额垄断利润,往往会自满、自傲和不思进取。其结果是,当竞争对手突然出现时,企业往往惊慌失措,无法应对。20世纪80年代美国的复印机制造商施乐公司突然面对以高质量、低价格面市的日本复印机制造商加能时,就出现了这种情形。20世纪80年代末,美国的芯片制造商面对异军突起的日本制造商的高品质、低价格的产品时,情形类似。自2000年以来,日本家电制造商面对中国的格力、长虹、海尔、海信时,同样不知所措。

二、内部创业的前提

在现有的企业中进行内部创业往往困难重重,尤其是在官僚机构中,积习愈久的管理者往往官僚习气愈重,惰性也愈重。当这种官僚习气和惰性成为组织正常的生活节奏和行为方式时,它就形成了组织尤其是大型机构的"惰性文化"。在这种"惰性文化"下,任何突破现状、变革现实的思考与想法都很难从管理层、现有的组织结构中获得支持,就像缺乏空气和助燃剂的"星星之火"难以"燎原"一样,来自下属和基层部门的创业冲动很容易遭到抑制和扼杀。为此,奎因(Quinn)提出,企业的内部创业必须支持和培育一种"创业性思考"(entrepreneurial thinking),具体如下:

(1)明确目标的提出:它必须得到管理者和下属员工的一致认可。它意味着战略方向的重新选择、新市场的开辟、新产品的开发、现有技术的突破或新业务的开展。内部创业目标的确立与明确表达有利于树立信心,调动潜能并迅速凝聚共识从而发挥全力。

(2)系统反馈与积极强化:这有利于鼓励那些潜在的投资者、创造者与创业者,让他们知道我们的政策是明确的、透明的而且是能够贯彻执行的,形成"重赏之下,必有勇夫"的效果。比如中国20世纪80年代改革开放时期,中国的乡镇企业、街道工厂、国有企业面临一系列的资金困难、技术瓶颈、销售不畅、设备老旧等问题,一些先行试点的企业没有"等、靠、要",而是通过内部的创业活动,以及"悬赏"的方式,鼓励内部员工开动脑筋、调动资源,创造性地解决企业内部的资金、设备、技术、销售难题,涌现出一大批敢冒风险、大胆尝试的"能人""农民企业家""乡镇企业家"。

(3)强调个人的责任:对于任何创新项目来说,信心、信任与责任都是必不可少的。通过战略的重大调整和文化的变革,鼓励大胆创新者、别出心裁者脱颖而出,并对他们大胆授权。

(4)基于结果的奖励:奖励机制的实施将有利于一大批改革开放的人才的出现。中国改革开放之初的20世纪80年代,由于我们施行了鼓励改革、奖励创新、保障创业者的合法所得等一系列政策,中国出现了广泛的"下海潮""创业潮""承包潮""南下潮",从中涌现了一大批改革的"弄潮儿"。中国农民企业家李书福就是这样一位"弄潮儿",具体请参阅本章末案例五"李书福的内部创业"。

创业聚焦

美国机床独步天下

美国没有高端机床?怎么可能!如果我们把高端机床指数定为100的话,那么美国机床就是150,德日机床是100,中国机床是70。我们缺的那30恰恰就是原创,就像李冠兰说的那样,核心技术是要不来,买不来,更讨不来的!我们必须自主研发,而机床又是工业制造上的皇冠,是衡量一个国家制造业水平的重要标志。很多时候,我们总听到一些大V说美国没有高端机床,美国的制造业不如我们,如果真像他们说的那样,为什么在芯片、航空发动机这样的高端制造业美国依旧领先全球?对这些制造业至关重要的机床,我们是不是对美国缺少正确的认识呢?

首先我得说明一下,美英两国是机床鼻祖,世界第一台精密机床是英国一所大学发明的,直到今天,它和美国的另外两所机构被并称为世界三大超精密机床研究机构。而日本研究机床的时间比我们还晚一些,中国在1958年就有了数控机床,但后来美国把系统技术转让给日本,日本才有了今天的巴山崎马扎克、天田、三菱重工等。我们之所以在国际上看不到美国的高端机床,其实不是美国缺乏高端机床技术,只是它所重视的并不在这个领域。

据有关数据显示,美国的麦格(MAG)、格里森(Gleason)、哈斯(Haas)、哈挺(Hardinge)、善能(Sunnen)公司都是机床界的资深玩家,他们的技术水平丝毫不落后于德国和日本。比如格里森机床是齿轮技术的全球领导者,而且是曲面加工之王,它的超精密车床占美国和欧洲80%以上的市场。除了车床具有独特优势外,它还是超精密加工的代名词,在军工、航空、航天有着不可撼动的优势。善能公司的珩磨机也很牛,大功率船用柴油机、火炮炮管等加工都需要高精度的数控珩磨机床。美国的善能、德国的格林和纳格尔这三家公司掌握了全球最先进的珩磨机技术,虽然这些机床没有福特汽车在中国有名,但你想买都买不到。也正是这个原因,日本才有机可乘,日本主要是中小型通用民用机床,规模大、品类全,而且性价比高,一般中小型企业买的特别多。但高端制造业几乎看不到日本机床的身影,这导致很多人只看到销量排行榜,而不看事情的本质,天天瞎吹德国和日本的机床好。

我认为,美国的高端机床大部分用在军用科技上,根据军工方面的需求,定位机床的发展方向、科研任务,特别是讲究效率和创新,注重基础科研,投入大量的资金吸取全世界的优秀人才,这也导致了美国的机床技术不断更新。比如,1952年美国研制出世界上第一台数控机床;1987年研制出开放式CNC系统;同时美国也是第一个提出汽车和轴承的生产要求,并研制出大量的生产自动控制系统,从而带动了电子和计算机技术的发展。

美国在这方面的技术一直领先全球,无论是笛卡尔系统还是虚拟轴系统,都是美国研究出来的。所以在机床这个领域,大家千万别小瞧美国的实力。当然,我们也不必妄自菲薄,我们也有许多优秀的企业仍在不断努力中。比如北京精雕,是国产高速雕铣机床行业的龙头,拥有雄厚的技术实力,它的加工精度堪称一绝,典型的就是北京精雕制造的微米级高精度配件。你会看到,当两个金属块相遇的时候,就会合二为一,浑然天成,其实这是精雕技术达到高水平的时候就会出现的神奇现象。由于两个金属块的表面太过光滑,因此会产生范德华力,紧紧相吸,同时不管你是从哪方面去配合,都可以达到严丝合缝,连空气都进不去。北京精雕已经具有自主研发和制造高速电主轴、CAD/CAM软件、数控系统的综合能力,连苹果都在使用北京精雕的机器。又如,济南二机,这个曾经的"十八罗汉",在经历了机床行业的转型后,凭借自己的努力成为全球三大充压机生产商之一,已经是连续七年订单稳居第一。值得一提的是,到目前为止,它仍然是一家国有控股公司。

(资料来源:闽哥科技,今日头条,2022年4月23日,有删节。)

第二节 内部创业的组织要素

根据博尔州立大学(Ball State University)教授唐纳德·F.库拉科(Donald F. Kuratko)与杰弗里 S. 霍恩斯比(Jeffrey S. Hornsby)的研究,内部创业的组织要素涉及激励机制、管理层的支持、资源的可获得性、相应的组织结构和承担风险的意愿。[1] 这些组织要素往往受创业领导的影响,或者说,它们是创业领导施加影响力的结果。

一、激励机制

激励机制即鼓励创业精神、强调结果的有效激励机制。对那些敢于内部创业的员工,必须提供明确的、获得组织认同的激励,比如工资提升、资金或职位提升、销售提成、内部分红,甚至是员工持股。借此引起激励,不仅使员工获得金钱回报、经济保障、福利保障,更重要的是,使员工获得成就感和人生的自我实现。

二、管理层的支持

管理层的支持为员工提供了明确的、规范的、可追溯的制度保障,通常包括鼓励内部创业的战略规划、支持内部创业的部门计划、向内部创业倾斜的获得迅速提拔的人事制度安排,以及注重内部创业并容忍失败但更注重结果的职业生涯计划等。与此同时,对员工来说,还包括创新、敢于提出大胆想法并容忍失败的组织文化——"创新文化",鼓励跨职能、跨部门合作的管理团队。

三、可获得创新资源

创新资源包括精神资源与物质资源。其中,精神资源包括领导者的支持和鼓励、战略性计划的支持、组织文化的认同、团队与组织成员的认可;物质资源包括时间、资金、技术、实验设备、内部专利许可等。事实上,对任何企业来说,资源都是有限的,如何将有限的资源投向关键的战略性领域,如何适当分配来自各个方向的资源需求,往往取决于创业领导者的战略取舍与目标平衡。

四、组织结构的支持

严重的官僚主义习气往往成为扼杀创新的"毒化"环境,而组织结构的支持往往成为培育创新的有利土壤。这种组织支持包括明确的内部创新、创业战略规划、特定的内部创业基金或专项拨款、简化的审批程序、注重效率的实施与监管过程、强调结果的内部结项与审核程序,以及获得认可的金钱奖励与职位提升。

---

[1] Kuratko Donal F. and Hornsby Jeffrey S. (1998). Corporate Entrepreneurial Leadership for the 21st Century, *The Journal of Leadership Studies*, Vol. 5, No. 2, pp. 30—31.

五、承担风险的意愿

承担风险的意愿意味着中层以下的管理者和普通员工乐于尝试、敢于提出别出心裁的想法,敢于尝试不同途径与方式,甚至能够容忍失败。对一个创新者而言,容忍一两次失败是可以理解的,但要容忍多次、无数次失败则极其艰难。同样,对一个组织而言,接受一两次失败是可能的,但要接受无数次失败或者是系统性失败则是极其艰难的。道理很简单:在残酷的市场竞争中,往往是以成败论英雄,以结果计得失的。

第三节 内部创业的交互模型

相关研究表明,内部创业并不是偶然发生的意外事件,也不是随意发生的自然事件,而是在特定的社会与组织环境下的个人特征与组织特征的聚合作用。

一些学者提出内部创业是个人特征与环境(社会环境与组织环境)的交互行为。马丁(Martin)于1984年提出创业者在以下因素的作用下会进入一种"自由选择期"(free-choice period):

(1)部分的社会疏离(partial social alienation),比如家庭的贫困、周围人的鄙视、事业上的打击,往往使创业者感受到来自周遭社会环境的排斥,并萌生一种改变现状的强烈愿望。

(2)心理/生理的倾向性(psychological/physical predispositions),即激发创业者创业的心理与生理特征。比如杰克·韦尔奇(Jack Welch)从小口吃,说话结巴,经常受到小朋友的嘲弄,他为此非常抑郁、痛苦。而他的母亲则勉励他:"因为你脑子太聪明,上帝特意给了你口吃的毛病!"年幼的韦尔奇面对小朋友的嘲笑并没有自卑,相反更加坚信他比别人更聪明、更善于用脑子。中国的企业家中不乏先天残疾的人,他们身残志坚,依靠自己的智慧、毅力和胆魄,创造出一片事业新天地。

(3)示范效果(demonstration effects),是指他人的创业事迹、经历、经验或者成功的商业模式往往会带动自己学习、跟随与模仿。所以中国的"温州模式""义乌模式""北京倒爷模式"在中国早期的企业家成长中,带动了一大批创业者成功走上创业之路。最近网络热议的"巴菲特午餐"也是这种示范效果的典型例证。

(4)家庭因素(family factors)。中国早期的企业家中,许多成功者如曹德旺、李书福等"白手起家"型,都与家庭的贫困有着很大关系;中国的"富二代"接受家族产业,也与家庭因素密不可分。

(5)诱发事件(precipitating events)。企业的内部创业往往有许多"诱发事件",即促使内部创业由意愿转化为切实行动的内部与外部事件。比如,美国对华为芯片的断供迫使华为不得不从头开始,由芯片设计转向芯片制造,并着手解决芯片制造的关键技术设备即光刻机的问题。再如,中国金融市场的开发使摩根大通、花旗银行集团进入了中国一度受到保护的金融市场,这些跨国巨头一直看好中国巨大的保险市场。这些外资金融巨头的进入将迫使中国的保险公司大幅度提升自己的服务质量,并迅速进行内部创业。

马丁认为,创业者在"自由选择期"内遇到"创业机会"(venture opportunity),并得到财务支持与环境支持时,他就可能进入一种"新创业"(new venture)。另外,加德勒(Gartner)提出过"创业"模式(venture creation),伯德(Bird)于1988年提出过"创业意愿"模式(entrepreneurial intentions),同年格林伯格(Greenberger)与赛克斯坦(Sexton)提出了"创业创意"模式(new venture initiation),拜格瑞夫(Bygrave)于1989年提出过"创业探索"模式(entrepreneurship research)。

在综合以上学者观点的基础上,库拉科与霍恩斯比提出了"内部创业的交互模型",如图8-1所示。该模型认为影响内部创业行为的主要因素包括三个方面:一是组织特征,包括管理层支持(management support)、工作突破的审慎选择(work discretion)、奖励/强化系统(rewards/reinforcement)、时间可能性(time availability)、组织边界(organizationary boundaries);二是个人特征,包括风险承担的倾向性(risk-taking propensity)、自主的愿望(desire for autonomy)、成就需要(need for achievement)、目标导向(goal orientation)、内在控制轨迹(internal locus of control);三是诱发事件(precipiating event),大致可以分为积极诱发事件和消极诱发事件两种[①]。

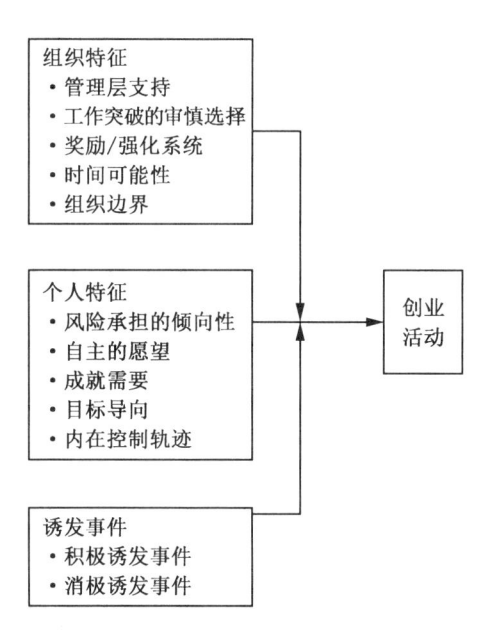

图8-1 内部创业的交互模型

一、组织特征

如同植物的生长离不开合适的光照、土壤、水分,菌类的繁殖需要特定的基质、热量和温度一样,企业的内部创业需要特定的组织环境的支持。它们是:

---

① Kuratko Donal F. and Homsby Jeffery S. (1998). Corporate Entrepreneurial Leadership for the 21st Century, *The Journal of Leadership Studies*, Vol. 5, No. 2, pp. 30-31.

(一)管理层支持

企业内部创业,来自领导层支持,包括确定创业的战略方向、必要的精神支持与物质保障,都是内部创业成功的关键。以日本的半导体为例,日本电气公司(NEC)在半导体方面成功切入,并在与美国同行的竞争中后来居上,就与领导层的支持密切相关。NEC 的成功,在很大程度上取决于它成功的创新战略和企业领导者的关键作用。早在 1964 年,NEC 的董事长小林就制定了"C&C"(computers and communications)的企业愿景,将开发电脑与通信业的核心技术作为企业的战略主攻方向。在其战略指导下,NEC 从 20 世纪 60 年代中期开始开发集成电路中的 NMOS 技术,该技术在当时是未经检验的高风险技术,但在集成化和运算速度方面显然比 PMOS 更优越,也更契合"C&C"的标准与发展愿景。在公司高层的大力推动下,"C&C"作为一个宏大构想,指引了企业知识积累的根本方向,进行了具有进取性的大量投资,并最终获得成功。

NEC 进一步向价值链的高端攀升,力争成为微处理器的创新者与领导者——这本是英特尔长期把持的领域。1984 年,NEC 开始引入 V 系列微处理器,它终止了与英特尔的合作,开始了与昔日竞争对手 Zilog、Matra-Harris、索尼、夏普的合作,并力图建立微处理器的行业生产标准。

(二)工作突破的审慎选择

它意味着在创新战略确定以后,谨慎地选择自己的战略主攻方向,将有限的资源迅速投向有可能获得突破的关键领域或关键技术制高点。半导体技术更新换代很快,一项新技术的发明会对市场竞争带来全新的格局和破坏性影响,如 DRAM 小型化、NMOS 与 CMOS 的交替出现,它为日本半导体业的后来居上创造了条件。在 DRAM 领域,20 世纪 70 年代之前,工艺简单、设计灵活、费用低廉的单稳电路模式 PMOS 一直是该行业的技术标准。20 世纪 60 年代,NEC 开始研究速度更快、适合低端驱动的 NMOS 技术。巨大的研发成本使美国企业避开了 NMOS 技术,NEC 的冒险精神在 20 世纪 70 年代开始有了回报。1972 年 NEC 宣布 1K NMOS 取得成功,继之以 1974 年的 4K NMOS,从此开启了向美国出口大规模集成电路(LSIs)的时代。

(三)奖励/强化系统

1976—1981 年,半导体的投资占到了 NEC 总投资的 50%,1986 年的投入达到 485 亿日元,其中包括对半导体生产自动化的投资,这种大规模投资即便在石油危机和全球衰退的冲击下也没有停止。最终这种冒险投资得到了回报:NEC 在全球半导体市场的份额从 1974 年的 2.2%上升到了 1992 年的 10%。从 1985 年至 1991 年,它在全球半导体市场上雄居首位达 7 年之久。巨大的市场回报使 NEC 加大了对科研人员与科研团队的奖励,这反过来又进一步提高了他们投入研发的积极性。

(四)时间可能性

对企业的内部创业来说,时间的可能性和时机的选择非常重要。20 世纪 90 年代韩国企业借美日半导体贸易摩擦之机巧妙进入半导体业并进行逆周期大规模投资,就是这种把握时间可能性的典范。20 世纪 80 年代,美国和日本签订"半导体贸易协议"(Semiconductor

Trade Agreement,STA)以加强两国政府对半导体贸易的产量控制与价格监控。20世纪90年代,美国政府对日本输入的半导体产品进行了一系列的价格限制与"倾销"制裁,强迫日本开放本国市场。日本在DRAM领域的价格削减迫使大部分美国厂商退出这一领域,而此时的日本厂商正在向1M的高端领域努力攀升,造成64K DRAM、256K DRAM的大量短缺,为韩国乘虚而入提供了难得的机遇。美国在打压日本半导体的同时,也有意让韩国"吃掉"日本的市场份额,这对韩国企业而言也许是一个有利的时机。此时的韩国企业逆向思维,进行了不合常理的时机选择(odd timing):在行业不景气时反而加大投资。这种极具冒险精的"不合理的时机选择"迫使那些犹豫不决的竞争对手加快退出了无利可图的低端市场。实际上这种选择并非盲目,韩国财阀在基建、船舶建造方面的丰富经验可以使它们快速建立工厂,迅速启动生产线,比竞争对手更快地大批量生产。三星的第一条半导体生产线在6个月内建成投产,是行业平均时间的一半。

1992年11月,韩国的三星宣布推出64M DRAM,这标志着它在全球DRAM微小化方面首次取得商业化成功。1993年三星站到了DRAM生产的世界顶端。1993年韩国集成电路销售额达到47.7亿美元,占据了世界半导体市场份额的5.2%,三星贡献了其中的一半,成为世界上最大的DRAM制造商。

(五)组织边界

组织的内部创业往往从某一个部门开始,如研发部门,一旦成功,就会被运用于组织的某个核心部门如制造,围绕这个核心部门,其配套部门如原材料供应、物流、仓储、销售、售后服务就必须重新进行优化组合。所以企业的内部创业必须伴随内部边界的调整与重构。而某些重大技术变革、重大技术革新会将整个行业、行业以外的所有相关经济领域的组织边界打乱,并进行彻底的重构和再造。

比如电子商务这一技术的突破与模式创新彻底改变了传统企业制造—物流—批发—零售的商业模式,实体店大量倒闭;原有的围绕批发—零售而建立的传统供应链完全解体,大型购物中心客流量剧减,代之以网店的突然涌现、新的物流系统和物流中心的出现、快递新业务的爆炸性增长……原有的组织边界从根本上被颠覆,新的组织边界不得不迅速调整并重新构建。

与此类似的是,韩国半导体在DRAM技术的突破使这种技术创新在以三星为代表的"财阀主导的一体化结构"即"高度的纵向一体化"和"高度的横向一体化"中迅速得到推广。韩国财阀从国家获得大量的财政支持,公司内部拥有充实的资金资源与人力资源积累,使三星、现代、LG这样的大型企业财团可以实现全产业链的技术一体化;一旦某项技术获得突破,它就可以运用庞大的组织资源实现海外生产体系的横向一体化,最终达到迅速占领市场的目的。

二、个人特征

(一)风险承担的倾向性

企业的内部创业,要求创业者具有极强的风险承担意识。它表现为面对巨大的不确定性和债务风险、市场风险、声誉风险时,创业者能够迎难而上,坦然面对。比如李书福在创业过程中,从事过照相、金属提炼、冰箱配件、摩托车制造、汽车制造等多个风险投资业务,且大多取得了不俗的成绩。当他以民营企业家的身份进入由国有汽车企业和外资巨头控制的汽车制造业时，这个动辄上百亿元投资的资金密集型、技术密集型的行业看起来并不适合他这样的手中只有5亿元资金的莽撞进入者，在外人和业内人士看来，这完全是必输无疑的赌博，相关人士劝他"你就不要进入汽车这个行业了，进来也是失败"。但他的真诚表白："请给我一次失败的机会吧！"几乎感动了所有人。而他后来不仅造出了真正属于中国的民族品牌汽车，而且围绕"吉利"品牌，申请了两百多项专利，获得了包括发动机在内的核心汽车制造技术。他后来的一连串大胆举动更是震惊了汽车业，包括斥资80亿美元收购沃尔沃、参股戴姆勒而成为奔驰汽车的第一大股东。这一系列极具风险精神的投资，使筚路蓝缕、艰辛打造的"吉利"品牌逐渐成为令人自豪的高端民族品牌。

(二) 自主的愿望

对创业领导者来说，自主的愿望是期望主宰自身命运的愿望。它包含了三个层次：

一是主宰个人命运，通过经济上的独立获得人生的自由。据研究，一个人的年收益达到3 000万元以上，就基本获得财务自由，他就与世界上所有的亿万富翁一样，基本上处于人生需求的"自由解放"层次。在当今许多成功的企业中，如华为，许多中高层创业者已经完全达到这一层次。

二是主宰企业的命运。比如华为刚进入通信器材行业时就为自己确立了"三分天下有其一"的目标：在全球通信器材市场，它要与德国的西门子、美国的思科这两大巨头"三分天下"。这表明华为在全球竞争中必须主宰企业自身的命运。

三是主宰民族的命运。有担当的创业领导者往往能站在人类文明和世界进步的高度来看待个人、企业、民族的发展。比如曹德旺全家移民美国后真切感受到了中国汽车玻璃在世界制造业中的许多空白。他说："我不能移民美国，我移民了，中国就没有自己的玻璃！"而且他还劝说家人也不要移民美国，他告诫家人，你们要是移民美国了，就别想得到我的遗产。在他的劝说下，全家人又回到了中国。他后来还说："真正的企业家是不会移民的，那些移民的不是企业家，是小老板。"

(三) 成就需要

创业者和创业领导者往往具有强烈的成就需要和自我实现的需要。当他们创业成功以后，经济上已经"自由解放"，但他们依然勤勉不辍、辛勤工作。日本的"经营之神"松下幸之助、中国的"经营之神"王永庆都是如此。

(四) 目标导向

成功的创业领导者往往具有清晰的目标导向，但这种目标导向应该是渐进的，由模糊到清晰的，在企业成长过程中，随着企业的成长和竞争环境的变化，创业者自身的目标也是不断调整的。比如李书福的"汽车梦"就是一个不断调整、不断清晰、不断变得高远的人生目标，从造摩托车到造汽车，从拥有吉利民族品牌到拥有沃尔沃、奔驰等世界著名品牌，从当代的电动汽车到未来的具有中国自主知识产权的自动驾驶的智能汽车，李书福拥有一个逐渐清晰、日益宏大的中国"汽车梦"。

(五)内在控制轨迹

内在控制轨迹是一种将个人命运归结为内在因素,如自身努力的一种心理趋势。与之相对的是"外在控制轨迹",即将个人命运归结为外在因素,如"运气""社会"。具有"内在控制轨迹"的人往往将个人的成功或失败归之于内,从自身的努力和其他内部因素中寻找原因;而具有"外在控制轨迹"的人,往往将个人的成功、失败归结于外。比如有的人常常将自身的失意、失落、失败归结于"命不好""运气不好""社会对我不公"。创业者和创业领导者往往是那种具有"内在控制轨迹"的人,面对挫折和失败,他们很少怨天尤人,而是将其精力和关注的焦点放在自身和事情本身的内在逻辑、过程与细节中。这使他们更能接近事物的本质,在实践中试错,在战斗中学习,从而最终发现真理。

"塑胶大王"王永庆就是这样一位从管理的内在逻辑与细节中寻求真理的管理大师,这就是他令人叹为观止的成本管理技巧,王永庆称之为"追根究底"而"止于至善",它成了台塑占领全球石化市场的"看家本领"。他说:"经营管理、成本分析,要追根究底,分析到最后一点,我们台塑就靠这一点吃饭。"当今的任何企业都需要做成本分析,但王永庆领导下的台塑却做到了极致。他要求管理人员从细节入手,将总的成本分解为单位成本,由单位成本分解为单元成本,由单元成本推算出标准成本。王永庆常常引用他小时学过的《大学》中的两句话来概括他的管理哲学:一是"知止而后能定,定而后能静,静而后能安,安而后能虑,虑而后能得";二是"大学之道,在明明德,在亲民,在止于至善"。这里的"止"就是事物的根源,成本管理就在于追根溯源,一直找到事物的源头,这样才能达致管理的最高境界——"至善"。所以他认为管理不分中外,其管理的精髓都是一样的,用一句话来概括,就是"追求合理化"。

三、诱发事件

诱发事件是指促使创业活动加快发生的、发生在企业内部或外部的重大影响事件。它大致可以分为积极诱发事件和消极诱发事件两种。

(一)积极诱发事件

积极诱发事件是指有利于创业活动展开的重大影响事件,比如国家的改革开放、行业鼓励政策(放宽监管、税收优惠、研发补助)、重大技术改进、有利的经济周期等,都可能成为加速创业活动的诱发事件。华西村支书吴仁宝创办的乡镇企业就是利用改革开放、搞活乡镇企业的典型。

(二)消极诱发事件

消极诱发事件是指不利于创业活动展开的重大影响事件,包括国家对某些行业的监管,重大技术发展导致本行业原有的竞争屏障或行业壁垒突然消失,市场竞争形势的迅速恶化,重大国际纠纷引发的贸易冲突,以及不利的经济萧条和下行周期等。如滴滴打车的进入对所有的出租汽车公司而言都是一个竞争形势恶化的坏消息。但许多创业领导者能够化"危"为"机",将突然降临的危机转化为创业的动力和机遇,使自己由"逼上梁山"到"柳暗花明"。比如,企业的倒闭迫使有些创业领导者自谋生路,从此走上创业之路;企业经营不善,迫使管理层将企业转制或承包经营,给有抱负的创业领导者提供了"奋力一搏"的机会。请参考本章末案例七"内部创业:李书福的人生跨越"。

思考题

1. 什么是内部创业？内部创业分为哪几种类型？
2. 内部创业的组织要素有哪些？试举例说明。
3. 什么是创业领导的交互模型？其主要内容是什么？
4. 什么是"诱发事件"？请举例说明。

习题及参考答案

讨论题

参阅案例七"内部创业:李书福的人生跨越"。

1. 请按照时间顺序，划分李书福的内部创业的阶段。
2. 运用创业领导的交互模型，分析影响李书福内部创业的三个主要因素及其具体内容。

案例集

3. 李书福的内部创业为何能够成功？影响其成功创业的组织因素有哪些？
4. 李书福认为："未来世界传统汽车行业只有两三家企业能活下来，谁能届时占领技术制高点，谁就是胜利者"。你赞同他的观点吗？并说明原因。

模块五

制度理论

第九章

中国创业领导制度理论及实践：道家视角

创业领导制度理论认为，创业领导的成长与发展是制度建构的产物。本章探讨了中国社会制度背景下道家的创业制度理论及其实践。第一节分析了道家的创业领导思想；第二节通过道家"高人"范蠡的事例，透视了道家创业领导思想在商业管理中的实践；第三节通过曹参的事例，分析了道家创业领导思想在行政管理中的实践运用。

创业领导制度理论（the institutional theory of entrepreneurial leadership）认为，创业领导的成长与发展是制度建构的产物。这种制度包括两类：一类是正规制度，包括法律制度、社会制度；另一类是非正规制度，包括宗教、阶级与利益集团（如财阀制度、种姓制度）、宗族/家族制度、关系网等。本章我们主要讨论中国社会背景下道家的创业制度理论及其实践。

第一节 道家的创业领导思想与制度构建

道家思想是中国创业领导制度理论中最辉煌的篇章，它哺育了中国历朝历代具有鸿鹄之志和治国才能的"高人"，同时它又是堪与儒家思想对垒且别具一格的"思想高地"。辅助周公的姜尚，助吴王勾践复仇的范蠡，汉高祖的谋臣张良，汉初的三任丞相萧何、曹参、陈平，辅佐刘备"三分天下"的诸葛亮，唐朝中兴名将郭子仪，晚清重臣曾国藩，新中国的"红色资本家"荣毅仁等许许多多定国安邦的治世能臣与战略谋划大师，都被称为道家思想的践行者。古典经济学的开创者亚当·斯密（Adam Smith）在《国富论》中提出的"看不见的手"，据中国经济学家的考证，其实源于法国的重农学派弗农（Vernon）。而弗农的思想灵感，据说就源于老子的《道德经》。道家思想倡导"达则兼济天下，穷则独善其身"，它同时哺育了中国历史上当政的辅弼之士和在野的富商巨贾。本章试图对这两方面的创业领导者做由点到面的分析。前者可以归纳为"行政创业领导者"，后者可以归纳为"商业创业领导者"。

一、道家创业领导思想的主要内容

道家思想的创始人老子，姓李，名耳，字聃，春秋末期楚国人。其思想主要体现在《道德经》

中。老子的《道德经》中与创业领导思想密切相关的是"无为而治""慈俭让之道""上善若水""大智若愚""治大国如烹小鲜"等思想。

(一)"无为而治"

老子认为,"是以圣人处无为之事,行不言之教;万物作而弗始,生而弗有,为而弗恃,功成而弗居。夫唯弗居,是以不去"[1]。他同时强调:"爱民治国,能无为乎?……生之畜之,生而不有,为而不恃,长而不宰,是谓玄德。"[2]老子的人生智慧与人生哲学告诉我们,一个成功的创业领导者要成就一番大事业,就必须顺应历史的发展规律,顺应时变,顺势而为,乘势而起,而不是悖逆时代的潮流,并且"生而不有,为而不恃",不把这种成功据为己有。比如中国近代民族资本家荣氏家族产业在鼎盛之时遍及大江南北,拥有茂新面粉厂、申新纺织厂、福新面粉厂等几十家大型企业,是近代中国著名的"面粉大王"和"棉纱大王"。但近代中国饱受帝国主义的侵略、掠夺和官僚买办的欺凌压榨,荣氏家族在艰苦的经营中也深刻感受到旧中国的民族资本在帝国主义和封建势力的双重压迫下的生存艰难。所以在1949年中国共产党接管上海后,年轻的荣毅仁全面接手了荣氏家族企业,积极拥护共产党对工商业的改造,把整个荣氏家族的产业全部交给了国家,其被称为"红色资本家"。1978年十一届三中全会以后,63岁的荣毅仁在邓小平的亲自授意下,重操旧业,在香港成立"中信"公司,成为中国改革开放、招商引资的桥头堡,荣毅仁出任董事长兼总经理,曾经的副部长再次回归为"荣老板",为中国的改革开放立下汗马功劳。

(二)"慈俭让之道"

《老子·六十七章》说:"我有三宝,一曰慈,二曰俭,三曰不敢为天下先。慈故能勇;俭故能广;不敢为天下先故能成器长。"[3]在贫寒、艰苦的环境中奋斗出来的创业者,很多是坚持"慈俭让之道",其"慈"表现为对众生的慈爱、对下属的关爱、对家人的热爱,履行一个企业家对全社会的关爱与责任;其"俭"表现为强化成本管理,杜绝浪费;其"让"表现为不把事业的成功完全归于个人,不贪恋金钱、权势、荣誉、地位,而是贯彻"功成身退,天之道"的道家人生哲学。比如被誉为"经营之神"的台湾企业家王永庆因为家贫,父亲王长庚生病时因无钱医治而上吊自杀,此事给奉行慈孝之道的王永庆巨大刺激。在经营成功、成为世界"塑胶大王"以后,他推己及人,把对亲人的爱扩展为对天下众生的爱,以父亲的名义成立长庚医院,以救助千千万万像他一样的穷苦病人。他在中国大陆一次捐助一万所希望小学;汶川大地震时,他又代表中国台湾企业,一次捐助1亿元,感动了亿万人民。但在平时的生活和成本管理中,他又极为节俭,据说他的一条毛巾能用数年,而他在企业的成本管理中则能做到极致。

(三)"上善若水"

"仁者乐山,智者乐水。""水"是道家管理哲学的重要范畴,也是道家推崇的生命元素与生存智慧。老子认为,"上善若水,水善利万物而不争。处众人之所恶,故几于道"[4],即水滋润万

---

[1] 引自张忆译注:《老子白话今译·二章》,中国书店1992年版,第4页。
[2] 引自张忆译注:《老子白话今译·十章》,中国书店1992年版,第20页。
[3] 引自张忆译注:《老子白话今译·六十七章》,中国书店1992年版,第131页。
[4] 引自张忆译注:《老子白话今译·八章》,中国书店1992年版,第16页。

物却不倨傲,身处低位("处众人之所恶");做人要善守,"知其雄,守其雌,为天下溪","知其荣,守其辱,为天下谷"①;水以柔弱胜刚强,"天下之至柔,驰骋于天下之至坚"②,"天下莫柔弱于水,而攻坚强者莫之能胜"③;水以宽容海纳百川,"江海之所以为百谷王者,以其善下之,故能为百谷王"④。千百年来,水的智慧一直激励着中国的创业领导立身要高,具有利国利民的高尚格局;处位要低,"处众人之所恶",把自己看作为人民服务的仆从。水的智慧还告诫我们,作为成功的创业领导,容要大——"为天下溪""为天下谷",具有海纳百川的胸怀;同时,志要坚——柔弱胜刚强,天下之至柔驰骋于天下之至坚,具有水滴石穿的毅力与摧枯拉朽的勇气。这就是"红色资本家"荣毅仁所说的"发上等愿,结中等缘,享下等福;择高处立,就平处坐,向宽处行"。

(四)大智若愚

老子强调创业领导者要有最高的智慧,那就是大智若愚的"圣人"智慧,所以他说:"我愚人之心也哉!沌沌兮!俗人昭昭,我独昏昏;俗人察察,我独闷闷。"⑤这种最高智慧在领导艺术上完全遵循"道法自然"的无欲、无我状态。他说:"太上,不知有之;其次,亲而誉之;其次,畏之;其次,侮之。信不足焉,有不信焉。悠兮,其贵言。功成事遂,百姓皆曰'我自然'。"⑥老子将领导艺术的境界分为四等:第一等是顺应自然,老百姓不知道有他的存在;第二等是让老百姓感到亲切并赞美他;第三等是让老百姓感到畏惧;第四等则是引发老百姓的愤怒反抗并直接侮辱他。第一等才是最高的领导艺术,他不是个人的成功而是天下的成功,他不是追求个人的幸福而是追求天下的幸福,因此,老百姓甚至感受不到他的存在,也因此老百姓说(这一切幸福)都是"我自然"的结果。这种"我自然"的状态,具体表现为:"我无为,而民自化;我好静,而民自正;我无事,而民自富;我无欲,而民自朴。"⑦也就是说,创业领导者的最高领导艺术是在提升自身的同时,最终提升其下属与百姓,使他们在追求幸福的过程中获得进步与成长。

(五)"治大国如烹小鲜"

老子认为治理一个大的国家,就像烹调一条小鱼一样必须小心谨慎。如果煎一条大鱼,操作步骤相对简单。但如果是一条小鱼,就需要极高的技巧,在温度、火候、程序方面要把握精准,才能两面金黄、色香味美;否则,胡乱操作一番,或者过于急躁,这条小鱼就会体无完肤,甚至煎至焦糊。对于创业领导者来说,这种"大国"可能是一次重大的企业战略,也可能是一次重大的项目谈判,或者是决定企业命运的重大决策等,而无论是何者,都要反复斟酌,仔细权衡,谨慎决策,精准实施。所以,老子反复强调"天下难事,必作于易;天下大事,必作于细"⑧,"为之于未有,治之于未乱","合抱之木,生于毫末;九层之台,起于垒土;千里之行,始于足下"⑨。

---

① 引自张忆译注:《老子白话今译·二十八章》,中国书店1992年版,第55页。
② 引自张忆译注:《老子白话今译·四十三章》,中国书店1992年版,第85页。
③ 引自张忆译注:《老子白话今译·七十八章》,中国书店1992年版,第150页。
④ 引自张忆译注:《老子白话今译·六十六章》,中国书店1992年版,第129页。
⑤ 引自张忆译注:《老子白话今译·二十章》,中国书店1992年版,第38页。
⑥ 引自张忆译注:《老子白话今译·十七章》,中国书店1992年版,第34页。
⑦ 引自张忆译注:《老子白话今译·五十七章》,中国书店1992年版,第111页。
⑧ 引自张忆译注:《老子白话今译·六十三章》,中国书店1992年版,第123页。
⑨ 引自张忆译注:《老子白话今译·六十四章》,中国书店1992年版,第125页。

老子倡导的创业领导艺术,是大处着眼,小处着手:"大处"是战略,是"无为";"小处"是运营,是"有为",是谨小慎微。老子建立了丰富的创业领导行为辩证法:战略上要"无为",但不是无所作为,而是顺应自然,依道而行,做大事,做正确的事,做符合人类社会发展规律的事。运营上要认真研究,仔细斟酌,反复权衡,从细微处见精神,从毫末处识先机。因此,老子强调高明的创业领导者具有敏锐的洞察力,"其安易持,其未兆易谋;其脆易泮,其微易散。为之于未有,治之于未乱",这样就能在战略上占得先机,在战术上谋取主动,在运营上求得精细。

创业聚焦

赛道换了,中国的锂电池技术异军突起

日本的一名记者在2018年曾到福建宁德市采访了中国企业宁德时代,采访播出后震惊了整个日本的动力电池行业。殊不知,这家企业什么时候成了全球最大的车载电池厂商?特斯拉、丰田等欧美大厂商一年至少几十次奔向宁德市。要知道,在十年前,中国的企业在锂电池领域可是连门板都没摸到呢,那时候日本才是世界第一。为何拿着一手王炸的日本最后却输给了我们,在列强联手的"围剿"下,差点被逼上绝路的中国锂电池发展又是如何取得全球霸主的宝座?不甘落后的日本举全国之力奋起直追,这场没有硝烟的战争又将走向何处?

锂离子电池在科技领域属于核心角色,可以说,谁掌控锂电池的商业化,那谁就能成为电子产品的"王"和未来电动汽车的希望。动力锂电池主要有两种:一是磷酸铁锂电池,它发明的时间比较早;二是三元锂电池。1958年,美国加州大学的哈里斯(Harris)第一个发现锂金属在有机脂溶液中会出现钝化层,还出现了一定的离子传输现象,这对锂电池的发展奠定了非常重要的基础。在此之后的几十年里,美日企业都下足功夫研究锂电池,企图造出能量密度更高的电池。1975年,日本三洋公司在正极材料研究中取得突破,研制出可以商业化的二氧化锰电池。1979年,美国的约翰·古迪纳夫教授(John Goodenough)发明了钴酸锂电池材料。这种电池材料的重要性,就好比这种材料是手机锂电池的神经系统,随后古迪纳夫教授还发明了磷酸铁锂电池制造工艺,也因此他被称为"锂电池之父"。

可惜的是,古迪纳夫教授是典型的学者,只对研究感兴趣,并没有申请专利,反而被日本的一个商业间谍把研究成果都传回了日本。1995年11月,日本抢先注册了专利。此后没几年,古迪纳夫教授的核心技术被泄露到加拿大魁北克水电公司(以下简称魁北克水电),就是这家公司差点把中国的锂电池发展逼上绝路,那时候的魁北克水电在全球各地疯狂抢注专利。当时全球很多专家把这个行为评价为魁北克水电的流氓行为。2003年,魁北克水电向中国国家知识产权局申请专利,专利几乎覆盖磷酸铁锂电池的所有制造技术。2008年9月中国国家知识产权局无奈之下批准了专利申请,得意忘形的魁北克水电给中国国内的电池厂商提供了两个选择:要么每家一次性缴纳1 000万美元的入门费给他们,要么每生产一吨磷酸铁锂就得给他们2 500美元。然而这样的无耻行为在全球都不受待见,各国都很清楚,动力电池的技术关乎国家的前途和利益,当前的专利就是一张

纸而已。为了自身国家的利益与发展，2009年，欧洲专利局撤销了魁北克水电在欧洲的磷酸铁锂电池专利权。鉴于欧美已经做好榜样，2010年，中国电池工业协会连忙向国家专利复审委员会提出魁北克水电专利无效的申请。第二年国家专利复审委员会宣告魁北克水电的111项专利权全部无效。

但当中国处于水深火热，还摸不着技术门板的时候，日本锂电池领域发展早已走在世界前列，研发布局的广度和研发收获的深度都独步全球，以至于当时去日本考察的中国汽车界人士称，日本电动汽车动力源的发展现状是站在世界之巅的。因此，要彻底发展好我们锂电池的种子，在那时就种下了。其实日本从1973年就开始了动力电池的研究，由于第四次中东战争爆发，原油危机导致全球工业生产暴跌，日本跌了20%以上，吓得其马上启动锂电池技术研发，决心尽快开发电动汽车，摆脱对石油的依赖。1989年，日本的科学家发明了锂离子电池，同时还把镍镉电池全面规模化，开启商用时代。日本电池厂商们也因此凭借这两种技术赚得盆满钵满。可以说，20世纪90年代日本的电子产品是横扫全球的。在动力电池方面，全球第一家商用锂电池公司是日本的索尼公司——当之无愧的锂电池行业"领头羊"。关键是当时日本像索尼这样世界领先的电池厂商很多，这些电池厂商形成了包抄态势。到了2000年，日本锂电池企业总销售额占据了全球销售额的93%，并以绝对的知识垄断让日本电池登上了世界之巅。而且日本在动力电池技术方面的迭代速度很快，快到让全球艳羡，最重要的是，日本还掌握了世界市场上超50%的专利和核心技术。可以说日本是抓了一手"王炸"，曾经狂言要做全球电动汽车领域的主导者，按照这样的发展速度，日本的汽车电池、新能源电车也应该是可以令全球艳羡的。那它是如何一步步被晚了二十多年才开始的中国赶超的呢？

仅仅是日产盛宴的7年后，2017年，中国宁德时代成为全球最大的动力电池生产商，超越了日本，而且在全球前十名的锂电池生产商中，日本仅占据一席，韩国占据两席，中国占据了七席。这得益于2010年中国出台的新能源车的补贴政策——一辆混动车最高补贴5万元，纯电动车最高补贴6万元，10米以上的混动公交和纯电公交，每辆最高补贴42万~50万元。在这样的巨额补贴之下，2010年中国电池公司一下子就冒出了1 500家以上，这其中就有2011年才成立的宁德时代。与此同时，日本为了追求利润，抛弃了镍镉电池行业，转向技术价值更高的锂电池行业，这一领域就拱手让给了生产成本更低的中国电池厂商。其实锂电池的下游市场主要是手机和笔记本电脑等电子产品市场，而且当时中国手机的普及率连1%都不到，这简直就是一个巨大的潜在市场，其中蕴含着巨大的商机。

基于中国受高等教育群体的优势和人口大基数，中国逐渐成为世界的消费级电子产品的中坚力量，再加上中国的劳动力富足，雇员的平均工资只是日本厂家的1/23、韩国的1/14，中国的厂商凭借成本上的优势，将对手打得落花流水，日本厂商的市场占有率逐渐缩小，松下无奈只能放弃中国市场，几乎全线溃败，最终形成日本厂商跌倒、中国厂商吃饱的局面。要知道，此前的日本占据了整个消费级锂电池市场的65.3%，到了2011年仅占34%，只是比排名第二的中国多了1%。一年之后，中国赶超日本，稳占第一。

对日本厂商而言更糟糕的是，一边是消费级锂电池翻车，另一边是车载动力电池在吃亏，而这个"亏"主要是他们自己政府搞出来的。他们从过去的专供纯电动汽车转变为同时供应燃料电池汽车，他们太贪心了，想要两边都盈利。政府想得是挺美的，但对企业来说则是很难的，只能二选一：要么是纯电动车汽车，要么是燃料电池汽车。实力强大的本田、丰田押注的是燃料电池汽车，此时，另一种全新的电池技术——三元锂悄然诞生了，从而把锂电池战推向高潮。比较三元锂电池和磷酸铁锂电池，两者各有其优缺点。磷酸铁锂电池工艺相对成熟，因为它不含钴和镍这样的稀有金属，所以其成本低，循环寿命长，而且安全性好，也不必支付高昂的专利费。但它的缺点也很致命，就是续航能力较差，冬天低温的时候性能会更差。三元锂电池恰好相反，它最大的优势就是续航时间长，而纯电汽车最看重的就是续航是否足够长。比如早期的特斯拉因续航能达到400千米而成为一时的焦点，但是三元锂含有很多的稀有金属，因而其成本会比较高。它最大的缺点就是安全问题：三元锂热稳定性较差，还不到300度就会分解出氧分子，易爆燃。虽然厂家为了避免爆燃风险，会增加外护板、冷却系统等安全保护设计，但是难免会有意外发生。三元锂电池的核心技术一开始掌握在欧美厂商的手上，后来其又将专利授权给日韩企业。2014年之前，中国动力电池企业对于三元锂电池的技术积累几乎为零，于是中国不得不面临第二场生死攸关的三元锂电池之战。对私家车来说，其续航能力必须强，不然消费者不买账，毕竟安全性可以通过技术改进实现。所以，选择三元锂电池是未来的必然趋势。

国家为鞭策企业转型，2016年年底出台了新一轮针对三元锂的补贴政策，续航能力越强的新能源车，补贴就越多，可以说这项政策就是针对三元锂电池的"精准扶贫"。2018年的新政策规定，所有续航在150千米以下的车，再也拿不到补贴了，这使得许多生产磷酸铁锂电池的企业基本"团灭"，只剩下老牌的比亚迪。宁德时代却押对了宝，乘着政策的东风，不仅成为中国动力电池行业的老大，而且是"四连冠"的世界霸主。

相关数据表明，中国企业占据全球动力电池四种核心部件市场份额的60%~70%，在这一领域，中国从零做到了世界第一，还把拿着一手"王炸"的日本对手击溃在地，这值得我们引以为傲。然而曾经站在世界之巅的日本，如今眼睁睁地看着自己世界第一的位置被夺走，自然是非常不甘心的，所以他们暗下决心开始举全国之力将市场份额重新夺回来。日本新能源产业技术综合开发机构宣布，将与丰田汽车和松下等企业启动新一代高效电池全固体电池核心技术的研发，争取在2022年底之前确立技术。那么，在这场没有硝烟的锂电池战争中，我们有能力应对吗？首先，中国近几年的科学技术井喷式发展有着质的飞跃，我们的科学家也很给力，锂电池方面的科学出版物和专利申请数量在上升，这些都能让中国在国际市场上挺直腰杆。而且宁德时代近期发布了一种全新的钠离子电池，这种电池能量密度比目前的磷酸铁锂电池略低，但是它在低温性能和快充方面具有明显的优势。宁德时代计划2023年形成钠离子电池的基本产业链，实现规模化商用。如果能顺利成功的话，中国等于开辟了一条全新的技术路线，让我们一起拭目以待吧。

（资料来源：伦哥视界，原题"日本的溃败，掌握先进技术又怎样，我们换个赛道就把它甩老远"，今日头条，2022年1月26日。）

二、道家创业领导思想的制度构建

(一)"无为而治"的制度构建

汉初以刘邦、张良、萧何、曹参、周勃、陈平为代表的"高层管理集团"全都经历了秦朝的暴政和农民起义的暴乱。汉初建立政权时,国力消耗、疲惫到了极点,人口大量损失,汉高祖刘邦的马车在全国找不到四匹纯色的马,皇帝以下的官员只能坐牛车。因此,汉初三任丞相,从萧何、曹参到陈平一致采取了免除田租、免除赋税、免除徭役、鼓励生育的"宽缓之政",使"无为而治"作为一项国家战略在汉初得到长期执行。所以汉文帝的谋臣宋昌评价当时的天下形势时,做过这样一个精当的评价:"汉兴,除秦苛政,约法令,施德惠,人人自安,难动摇。"(《史记·孝文本纪》)这源于刘邦在生前指定的一项代际传承的管理团队安排。《史记·高祖本纪》记载:

> 已而吕后问:"陛下百岁后,萧相国即死,令谁代之?"上曰:"曹参可。"问其次,上曰:"王陵可。然陵少戆,陈平可以助之。陈平智有余,然难以独任。周勃重厚少文,然安刘氏者必勃也,可令为太尉。"吕后复问其次,上曰:"此后亦非而所知也。"[①]

从这段历史记载中,我们知道由从萧何、曹参到陈平为核心的管理团队,是汉高祖刘邦在"临终遗言"中确定下来的。而这三任丞相基本上贯彻了"无为而治"的治国方略,使汉初的国力得到迅速恢复,至文帝、景帝之时,国家经济已经非常强盛。《史记·孝文本纪》对这种"无为而治"的治国方略有过生动描述:

> 孝文帝从代来,即位二十三年,宫室苑囿狗马服御无所增益,有不便,辄弛以利民。尝欲作露台,召匠计之,直百金。上曰:"百金,中民十家之产,吾奉先帝宫室,常恐羞之,何以台为?"上常衣绨衣,所幸慎夫人,令衣不得曳地,帏帐不得文绣,以示敦朴,为天下先。治霸陵,皆以瓦器,不得以金银铜锡为饰,不治坟,欲为省,毋烦民。南越王尉佗自立为武帝,然上召贵尉佗"兄弟",以德报之,佗遂去帝称臣。与匈奴和亲,匈奴背约入盗,然令边备守,不发兵深入,恶烦苦百姓。吴王诈病不朝,就赐几杖。群臣如袁盎等称说虽切,常假借用之。群臣如张武等受赂遗金钱,觉,上乃发御府金钱赐之,以愧其心,弗下吏。专务以德化民,是以海内殷富,兴于礼义。[②]

从这段史料记载中,我们可以看到汉文帝采取了很多重大的制度改革:

(1)皇室消费节俭制度:不仅"宫室苑囿狗马服御无所增益",而且修一个露台需耗费百余金,相当于中产之家十家的年收入,便加以取消。

(2)着装节俭制度:他自己常穿的是黑色粗糙丝织品"绨衣",宠幸的妃子也"衣不得曳地""以示敦朴,为天下先"。

(3)丧葬从俭制度:中国古代皇帝视死如生,皇陵建造往往穷奢极欲,秦始皇陵就是典型;但汉文帝规定自己的霸陵不得运用金银铜锡等豪华装饰,只以瓦器代替,以山为陵,不得垒起坟堆。

[①] 杨钟贤校订:《史记·高祖本纪》,引自《四库全书荟要第二卷·史记》,天津古籍出版社1998年版,第53页。
[②] 杨钟贤校订:《史记·孝文本纪》,引自《四库全书荟要第二卷·史记》,天津古籍出版社1998年版,第61页。

(4)便民制度:对老百姓不利的制度一律废除,史料记载汉文帝时期所有的田租一律废除,而且废除了从秦朝沿袭下来的诽谤、连坐、黥刑等残暴的法律。

(5)安抚制度:对边境拥兵自重、自称武帝的叛将赵佗采取了以德报怨的安抚制度,使其"去帝称臣"。

(6)和亲制度:对屡犯边境的匈奴采取和亲政策,主要是避免"烦苦百姓"。

(7)愧奖制度:对犯贿赂罪的大臣不但不惩罚,而且拿出皇室的金钱奖励他,这颇类似于好莱坞的"最差编剧奖"——主要是为了达到"以愧其心"的讽刺效果。

这些制度的成败得失自有历史评价,其中的安抚制度、和亲制度、愧奖制度到汉武帝时期大多被抛弃,但其"专务以德化民,是以海内殷富,兴于礼义"的效果则是明显的。

唐太宗李世民的谋臣魏征就是极力推崇"无为而治"之道的,他在劝谏李世民隋朝因奢靡而亡的教训时说:

> 圣哲乘机,拯其危溺,八柱倾而复正,四维弛而更张。远肃迩安,不逾于期月;胜残去杀,无待于百年。今宫观台榭,尽居之矣;奇珍异物,尽收之矣;姬姜淑媛,尽侍于侧矣;四海九州,尽为臣妾矣。若能鉴彼之所以失,念我之所以得,日慎一日,虽休勿休。焚鹿台之宝衣,毁阿房之广殿,惧危亡于峻宇,思安处于卑宫,则神化潜通,无为而治,德之上也。[①]

据著名学者南怀瑾的研究,中国历史上的开明盛世,如"文景之治""贞观之治""康乾盛世"大多采用了道家的"无为而治"的治国方略。

(二)"慈俭让之道"的制度构建

中国历史上处于上升期的统治者,尤其是开国之君,大多提倡"慈俭让之道"。这是因为历代开国之君曾目睹前朝奢靡腐败的历史现实,期望从中获得历史教训;同时,他们又从国运长久、建立万世基业的目的出发,秉持"慈俭让之道"。他们大多强调立政要"慈",有所作为的帝王往往把自己看作全体国民的"慈父",爱惜民力,体恤民情;行政要"俭",通过勤俭治国来降低国家的运行成本,从而提高管理的整体效率;善政要"让",通过开言、进贤、纳谏等措施,建立一套圣君贤臣的贤人治理体制和优秀的管理团队。在记录一代明君李世民与其贤臣魏征、王珪、房玄龄对答的《贞观政要》一书中,这三个方面有详细记载与生动体现:

1. 慈

《贞观政要》中记载了唐太宗李世民的"爱民如子""君臣之义,同于父子"的事迹——

> 贞观二年,关中旱,大饥。太宗谓侍臣曰:"水旱不调,皆为人君失德。朕德之不修,天当责朕,百姓何罪,而多遭困穷!闻有鬻男女者,朕甚愍焉。"乃遣御史大夫杜淹巡检,出御府金宝赎之,还其父母。

> 贞观七年,襄州都督张公谨卒。太宗闻而嗟悼,出次发哀。有司奏言:"准阴阳书云:'日在辰,不可哭泣。'此亦流俗所忌。"太宗曰:"君臣之义,同于父子,情发于中,安避辰日?"遂哭之。

> 贞观十九年,太宗征高丽,次定州,有兵士到者,帝御州城北门楼抚慰之。有从

[①] 李戣著,骈宇骞、齐立洁、李欣译注:《贞观政要·卷一·君道第一》,中华书局2009年版,第12页。

卒一人病，不能进。诏至床前，问其所苦，仍敕州县医疗之。是以将士莫不欣然愿从。及大军回次柳城，召集前后战亡人骸骨，设太牢致祭，亲临，哭之尽哀，军人无不洒泣。兵士观祭者，归家以言，其父母曰："吾儿之丧，天子哭之，死无所恨。"太宗征辽东，攻白岩城，右卫大将军李思摩为流矢所中，帝亲为吮血，将士莫不感励。①

以上记载了唐太宗李世民体恤民情的三件事：一是灾荒之年，百姓卖儿卖女，唐太宗下令用皇室的钱财帮助百姓赎回儿女；二是贤臣去世，唐太宗不顾禁忌，为之恸哭；三是祭奠牺牲的将士，唐太宗"哭之尽哀"，对于负伤的将军"帝亲为吮血"。这种事迹即使发生在今天，也足以感天动地！

2. 俭

《贞观政要》中记载，唐太宗李世民对于体顺民情、勤俭治国、反对奢靡有过详细的记述与明确的规定——

> 贞观元年，太宗谓侍臣曰："自古帝王凡有兴造，必须贵顺物情。昔大禹凿九山，通九江，用人力极广，而无怨讟（dú）者，物情所欲，而众所共有故也。秦始皇营建宫室，而人多谤议者，为徇其私欲，不与众共故也。朕今欲造一殿，材木已具，远想秦皇之事，遂不复作也。古人云：'不作无益害有益。''不见可欲，使民心不乱。'固知见可欲，其心必乱矣。至如雕镂器物，珠玉服玩，若恣其骄奢，则危亡之期可立待也。自王公以下，第宅、车服、婚嫁、丧葬，准品秩不合服用者，宜一切禁断。"
>
> 由是二十年间，风俗简朴，衣无锦绣，财帛富饶，无饥寒之弊。②

从这段记述中，我们可以看到，唐初对统治者的日用开支是有严格规定的，"自王公以下，第宅、车服、婚嫁、丧葬，准品秩不合服用者，宜一切禁断"，这种俭约之风以及相关制度的设立，有利于整个社会财富的积累，大大减轻了人民的负担，从而"财帛富饶，无饥寒之弊"。

3. 让

唐太宗的谦让之道，在《贞观政要》中记载得尤其丰富，并转化为举贤、求谏、纳谏等一系列制度设计，相关内容在该书卷二"任贤第三""求谏第四""纳谏第五"等篇目都有详细记载，从而在最高统治者李世民身边聚拢了一大批如魏征、王珪、房玄龄、杜晦如这样的忠谏之臣，使中国历史上一以贯之的谏议制度在盛唐得到淋漓尽致的发挥。关于谦让之道，李世民是这样说的——

> 贞观二年，太宗谓侍臣曰："人言作天子则得自尊崇，无所畏惧，朕则以为正合自守谦恭，常怀畏惧。昔舜诫禹曰：'汝惟不矜，天下莫与汝能；汝惟不伐，天下莫与汝争功。'又《易》曰：'人道恶盈而好谦。'凡为天子，若惟自尊崇，不守谦恭者，在身倘有不是之事，谁肯犯颜谏奏？朕每思出一言，行一事，必上畏皇天，下惧群臣。天高听卑，何得不畏？群公卿士，皆见瞻仰，何得不惧？以此思之，但知常谦常惧，犹恐不称天心及百姓意也。"
>
> 魏征曰："古人云：'靡不有初，鲜克有终。'愿陛下守此常谦常惧之道，日慎一

---

① 李竞著，骈宇骞、齐立洁、李欣译注：《贞观政要·卷六·仁恻第二十》，中华书局2009年版，第182～183页。
② 李竞著，骈宇骞、齐立洁、李欣译注：《贞观政要·卷六·约俭第十八》，中华书局2009年版，第169页。

日,则宗社永固,无倾覆矣。唐、虞所以太平,实用此法。"①

唐太宗的戒惧之心——"上畏皇天,下惧群臣",契合了道家的"治大国如烹小鲜"的管理之道。

(三)"上善若水"的制度构建

"上善若水"的制度构建表现为中国历朝历代的民生、民本制度,即强调"天视自民视,天听自民听","民意"即"天意",把顺乎民意、从善如流作为一个基本的治理原则与制度设计的最高准则。它集中体现于唐太宗对"水能载舟,亦能覆舟"的深刻体验——

> 贞观十八年,太宗谓侍臣曰:"古有胎教世子,朕则不暇。但近自建立太子,遇物必有诲谕。见其临食将饭,谓曰:'汝知饭乎?'对曰:'不知。'曰:'凡稼穑艰难,皆出人力,不夺其时,常有此饭。'见其乘马,又谓曰:'汝知马乎?'对曰:'不知。'曰:'能代人劳苦者也,以时消息,不尽其力,则可以常有马也。'见其乘舟,又谓曰:'汝知舟乎?'对曰:'不知。'曰:'舟所以比人君,水所以比黎庶,水能载舟,亦能覆舟。尔方为人主,可不畏惧!'"②(《教戒太子诸王》)

作为一个基本的治理原则与制度设计的最高准则,"顺乎民意"在《贞观政要》中表现为以下几个方面:

(1) 存百姓:"为君之道,必须先存百姓。若损百姓以奉其身,犹割股以啖腹,腹饱而身毙。"③"存百姓"的对立面是"损百姓",百姓没有了,管理者的根基也就没有了。它告诫我们,高明的创业领导者永远把员工和顾客的利益放在第一位,而不是把企业的短期利益和自身的利润放在第一位。其中,员工是"内部顾客",市场上的顾客是"外部顾客",两者缺一不可。

(2) 顺百姓:"百姓欲静而徭役不休,百姓凋残而侈务不息,国之衰弊,恒由此起。"④它强调要让百姓得以休养生息。

(3) 畏百姓:"'可爱非君,可畏非民?'天子者,有道则人推而为主,无道则人弃而不用。"魏征经常引用的一句话是:"臣又闻古语云:'君,舟也;人,水也。水能载舟,亦能覆舟。'"⑤它要求最高统治者从根本上认识到民心向背是决定一个政权存亡的根本性力量。

(4) 爱百姓:魏征曾经劝谏唐太宗,"陛下为人父母,抚爱百姓,当忧其所忧,乐其所乐,以百姓之心为心,故君处台榭,则欲民有栋宇之安;食膏粱,则欲民无饥寒之患;顾嫔御,则欲民有室家之欢。此人主之常道也"⑥。它要求最高管理者"以百姓之心为心",把解决百姓的忧乐疾苦作为执政的根本目的。

根据历史学家钱穆的研究,唐朝采取了最有利于工商业发展的宽松制度——

> 唐朝不收一切商业赋税,为前代所未有者。此皆因唐太宗实行轻徭薄赋政策所致。武德九年时(公元 626 年),太宗与大臣商议如何抑止盗贼,有谓用重刑禁之。

---

① 李竞著,骈宇骞、齐立洁、李欣译注《贞观政要·卷六·谦让第十九》,中华书局 2009 年版,第 177 页。
② 李竞著,骈宇骞、齐立洁、李欣译注《贞观政要·卷四·教戒太子诸王第十一》,中华书局 2009 年版,第 107 页。
③ 李竞著,骈宇骞、齐立洁、李欣译注《贞观政要·卷一·君道第一》,中华书局 2009 年版,第 2 页。
④ 李竞著,骈宇骞、齐立洁、李欣译注《贞观政要·卷一·君道第一》,中华书局 2009 年版,第 8 页。
⑤ 李竞著,骈宇骞、齐立洁、李欣译注《贞观政要·卷一·政体第二》,中华书局 2009 年版,第 22 页。
⑥ 李竞著,骈宇骞、齐立洁、李欣译注《贞观政要·卷二·纳谏第五》,中华书局 2009 年版,第 46 页。

太宗笑道:"民之所以为盗者,由赋繁役重,官吏贪求,饥寒切身,故不暇顾廉耻耳。联当去奢省费,轻徭薄赋,选用廉吏,使民衣食有余,则自不为盗,安用重法耶!"

太宗曾患关节病,公卿因其所居宫室卑湿,奏请另造楼阁居住,以愈旧疾。太宗以德不及汉文帝,不欲劳敝百姓,遂反对大兴土木,并实行轻减赋税。

如唐初并无榷盐之税。唐兴逾100年之后,玄宗开元年间才开始课盐。以后才涨至40倍。天下之赋,盐税收入当占五成。

唐初亦无茶税,德宗建中以后(公元780—783年)才开始征收茶税,帮税茶比玄宗更迟了近70年。

唐初亦不禁私人酿酒,要到代宗广德年间以后才开始有榷酒之税,此时亦距唐初140余年了。

唐初待工商界甚优厚,虽设关卡,但不征税,此乃依循隋代只设赋调之制。①

由此看来,道家的创业领导思想在唐朝,尤其是在唐初转化为一系列的制度构建,形成了有利于工商业的宽松环境。

第二节 范蠡:道家创业领导思想在商业管理中的实践

道家的创业领导思想在中国社会管理实践中的案例很多,但由于道家崇尚功成身退,归隐山林,实际上有详细记载、有历史资料可寻的人并不多。值得庆幸的是,《史记·越王勾践世家》为我们记载了范蠡的事迹,让我们窥见创业领导在中国古代商业管理中的典型案例。

一、功成身退

道家强调"为而弗恃,功成而弗居","功成身退,天之道"。范蠡辅佐勾践灭吴兴越,"雪会稽之耻""深谋二十余年";"北渡兵于淮以临齐、晋,号令中国,以尊周室,"成为春秋时代的最后一位霸主。所以史书上称"勾践以霸,而范蠡称上将军"。雪耻、复国、称霸,这其中的任何一项都是汗马功劳,而范蠡一口气把这几件事都干了,到了功高震主、位极人臣的地步,所以范蠡考虑到这是功成身退的时候了。《史记·越王勾践世家》是这样记载这段历史传奇的——

还反国,范蠡以为大名天下,难以久居,且勾践为人可与同患,难与处安,为书辞勾践曰:"臣闻主忧臣劳,主辱臣死。昔者君王辱于会稽,所以不死,为此事也。今既以雪耻,臣请从会稽之诛。"勾践曰:"孤将与子分国而有之。不然,将加诛于子。"范蠡曰:"君行令,臣行意。"乃装其轻宝珠玉,自与其私徒属乘舟浮海以行,终不反。于是勾践表会稽山以为范蠡奉邑。②

这段话极其精彩地再现了范蠡与勾践的对白,对范蠡而言,其功成身退有三种选择:"请

---

① 钱穆讲授,叶龙记录整理:《中国经济史》,北京联合出版公司1996年版,第191页。
② 杨钟贤校订:《史记·越王勾践世家》,引自《四库全书荟要第二卷·史记》,天津古籍出版社1998年版,第171页。

死""请辞""请隐"。"请死":勾践遭受了会稽之耻,根据"主忧臣劳,主辱臣死"的君臣之道,当时的范蠡就应该伏死,之所以活到今天是因为没有雪耻,现在既然已经一雪前耻,现在当然是该死了。这话说得荡气回肠,是块石头都能感动得流泪,勾践自然不会答应。二是"请辞":该做的事情做完了,可以"乞骸骨"回家终老了。这一条勾践也绝不会答应,其实范蠡早就把勾践看穿了,知道他"为人可与同患,难与处安",如果勾践欣然应允,则坐实了范蠡的判断,所以勾践下了一道死命令:"孤将与子分国而有之。不然,将加诛于子。"也就是说,我要把国家分一半给你,不然的话,我就杀了你! 这显然就是豪横、命令加威胁,在慷慨的背后已经露出了狠毒!这种请辞也就根本不可能。唯一的选择就是"请隐":"君行令,臣行意"——君王的职能是发布命令,臣子的职能是按自己的意愿行事。在月黑风高之夜,范蠡悄悄地溜了,而且走的是海路,让勾践没法追赶——"乃装其轻宝珠玉,自与其私徒属乘舟浮海以行",这两条很重要,范蠡归隐的时候,带走了两样非常重要的东西:一是"轻宝珠玉",这是创业的原始资本;二是"私徒属",即一直跟随自己打天下的核心团队,这是创业的核心队伍。而勾践知道范蠡其意已决,并未派人追赶,只有对外宣布会稽山三百里作为范蠡奉邑,显然这是表面文章,与他先前的"分国而有之"的豪言壮语已是天壤之别了。

二、择海而居

范蠡带领他的创业团队逃到齐国,这是有深谋远虑的。第一,齐国是春秋时代的大国,经济实力强盛,独擅盐铁之利,是当时的经济强国和商业强国。第二,齐国水陆交通发达,范蠡从越国出走的创业团队应该是一个比较庞大的队伍,便于迅速到达。第三,他选择栖居的地方是人烟稀少的海边,便于隐藏身份。《史记·越王勾践世家》记载了这段历史:

> 范蠡浮海出齐,变姓名,自谓鸱夷子皮,耕于海畔,苦身戮力,父子治产。居无几何,致产数十万。齐人闻其贤,以为相。[①]

这是他创业的第一阶段,他选择隐姓埋名,从海边的拓荒开始。结果,没过多久,通过父子齐心努力,"致产数十万",成了当地的致富能人,齐国终于知道他的贤能,把他推举为齐国之相。这表明,在很短的时间内,他就通过自己成功的经营,包括开垦海滩、经营鱼盐,一不小心就成了当地的巨富,并且凭借其贤能做了齐国之相。

三、择陶而居

在创业的第二阶段,他选择了陶(今山东定陶)。做了齐国的相以后,范蠡不禁发出感叹:"居家则致千金,居官则致卿相,此布衣之极也。久受尊名,不祥。"于是他把相印归还,尽散其财,散发给家乡父老乡亲,"怀其重宝",悄悄地迁到定陶。定陶历史悠久,山川形,西临黄河,北接梁济运河,南连东鱼河,处于三河环绕的三角地带,水陆运输非常便利,被称为"天下之中"。实际上,这里的"天下之中"并非地理上的中心,而是经济、商业、运输上的中心,也就是"交易有无之路通",是"为生可以致富"的好地方。他再一次改名为"陶朱公","复约要父子耕畜,废居,候时转物,逐什一之利。居无何,则致赀累巨万"。也就是说,陶朱公第二次创业,充分利用了

[①] 杨钟贤校订:《史记·越王勾践世家》,引自《四库全书荟要第二卷·史记》,天津古籍出版社1998年版,第177页。

定陶的天时、地利,选择了耕种、畜牧、贱买贵卖("废居")的商业运营等混业经营的多种业态,通过经济周期、快进快出、薄利多销("逐什一之利")的方式,迅速积累了巨万家财。此时的陶朱公已经不是齐国巨富,而是天下巨富了。

四、劝友隐居

《史记·越王勾践世家》记载,范蠡隐居到齐国以后,写信劝好友大夫种退隐江湖——

> 范蠡遂去,自齐遗大夫种书曰:"蜚鸟尽,良弓藏;狡兔死,走狗烹。越王为人长颈鸟喙,可与共患难,不可与共乐,子何不去?"种见书,称病不朝。人或谗种且作乱,越王乃赐种剑曰:"子教寡人伐吴七术,寡人用其三而败吴,其四在子,子为我从先王试之。"种遂自杀。①

这封书信揭示了古代君臣之间残酷的事实,"蜚鸟尽,良弓藏;狡兔死,走狗烹",揭示了勾践"可与共患难,不可与共乐"的阴毒本质,这应该是范蠡与勾践长期共事而得出的深刻结论。但大夫种缺乏范蠡先"请死",继"请辞",终"请隐"的人生智慧,受人诬告,最终被勾践用其人之道还治其人之身,用他自己的计策弄死了他,迫使他自杀身亡。这极其残酷地应验了范蠡对勾践的观察与判断,反过来映衬了范蠡的道家谋略。

第三节 曹参:道家创业领导思想在行政管理中的实践

将道家创业领导思想用于行政管理实践的是汉代的丞相曹参。历史上记载,汉高祖刘邦立国之后,充分吸取了秦朝败亡的教训,以道家思想治国,在两位丞相萧何、曹参的治理下,国力迅速恢复。其中最典型的是"萧规曹顺"的事例。

萧何任丞相的时间大部分在战争时期,而真正把国家从战时经济转向和平经济,促使国家经济繁荣的当属曹参。因此,本节我们将重点讨论曹参如何将道家的创业领导思想运用于汉初的国家经济管理。

一、功高不骄

刘邦平定天下以后,论功行赏,众将领都推举曹参第一,"平阳侯曹参身被七十创,攻城略地,功最多,宜第一"②。而汉高祖力荐萧何,曹参屈居第二。《史记》记载,曹参一生总共打下了两个诸侯国,一百二十二个县,俘获诸侯王二人,诸侯国丞相三人,将军六人,郡守、司马、军候、御史各一人。在战功方面,除了韩信,没人能超过他。他长期以右丞相的身份担任打仗的天才即韩信的辅佐,战功显赫也在情理之中。项羽被灭之后,他就归还了右丞相的相印。从归相印、论功劳这几件事来看,他并未因功高而骄。

---

① 杨钟贤校订:《史记·越王勾践世家》,引自《四库全书荟要第二卷·史记》,天津古籍出版社1998年版,第176页。
② 杨钟贤校订:《史记·萧相国世家》,引自《四库全书荟要第二卷·史记》,天津古籍出版社1998年版,第226页。

二、担任相国

刘邦平定天下之后,吸取了秦朝迅速败亡的另一个教训:秦朝统治者没有把秦国的子弟分封到各地做诸侯王,一旦中央军被击败,秦朝的政权便土崩瓦解。因此,刘邦平定天下之后便将自己的子弟分封到战略要地做诸侯王,对刘家王朝形成拱卫之势。其中最重要的战略布局是把他的大儿子刘肥分封到齐国做齐王,而担任齐国相国的正是曹参。齐国包括了今天的山东半岛和齐鲁大地,土地平旷,物产丰饶,拥有鱼盐之利——在中国农业社会中都是极其重要的战略物资。刘邦死后,吕氏篡权,正是齐王刘肥率领几十万大军保护了中央政府,协助中央平定了吕氏叛乱,足见派长子刘肥做齐王是具有战略远见的后招。而曹参担任齐国相国,协助中央政府管理地方政府,建立起拱卫中央的诸侯王国,正是这一战略布局的关键。

三、黄老治国

曹参并未辜负刘邦的这一使命和信任。他很快地完成了从战场大将向治国能臣的身份转换,其根本原因就是注重调查、虚心学习。《史记·曹相国世家》记载——

> 参之相齐,齐七十城。天下初定,悼惠王富于春秋,参尽召长老诸生,问所以安集百姓,如齐故(俗)诸儒以百数,言人人殊,参未知所定。闻胶西有盖公,善治黄老言,使人厚币请之。既见盖公,盖公为言治道贵清静而民自定,推此类具言之。参于是避正堂,舍盖公焉。其治要用黄老术,故相齐九年,齐国安集,大称贤相。①

从这段史实记载中,我们大致可以推定:一是齐国在诸侯国中是一个大国,下辖七十城,曹参进行了统一的规划、建章立制与规范管理。二是虚心请教,找到了当地德高望重的长者与知识分子,咨询治国之策。三是主动探望盖公:听闻山东半岛西部有盖(gě,舸)公,是道家高人,"善治黄老言",于是带着厚重的礼物去请教他。四是如获至宝:"盖公为言治道贵清静而民自定",曹参于是干脆把办公地点就放在盖公住处,"参于是避正堂,舍盖公焉"。五是大有成效:"相齐九年,齐国安集,大称贤相",在做齐相国(后改为丞相)的九年间,把齐国治理得社会治安稳定、人丁兴旺,得到百姓的广泛赞誉,"大称贤相"。六是善于抓住工作重点:惠帝二年,萧何去世,曹参告诫手下,赶快准备行装,"吾将入相",没多久,调令果然下达。接替他位置的继任者向他请教齐国治理之道,他的经典建议是"以齐狱市为寄,慎勿扰也"——把齐国的监狱、市场当作工作重点,千万不要去扰乱它。继任者大感不解:难道治理齐国就是如此简单,要把工作重心放在如此微不足道的两件小事情上?这从侧面反映了齐相的继任者与曹参的管理水平真的不在同一层次。而邓小平在十一届三中全会以后主导中国改革开放的工作,重点也是抓这两件事:一是搞活市场,充分释放民间活力,让一部分人先富起来,通过市场来合理配置资源,充分激活全社会的效率;二是管治监狱,就是对各类恶性的流氓、盗窃、抢劫、杀人案件进行"严打",有力地震慑了一批犯罪分子,为改革开放奠定了一个风清气正、社会安宁的安定氛围。其实,西方的经济学讲的主要也是这两点:一是效率,通过市场体现出来;二是公平,通过法律

---

① 杨钟贤校订:《史记·曹相国世家》,引自《四库全书荟要第二卷·史记》,天津古籍出版社1998年版,第228~229页。

加以保障。任何一个社会若治理良好,一定是这两个方面都做得很好;这两个方面任何一个若出问题,抑或是两个都出问题,则这个国家的治理一定会乱套。所以,有人把"狱市为寄"称为"曹参指数",用它来评判一个国家或地方的治理水平。因此,可以说曹参是中国古代非常了不起的道家思想的经济学家,他不仅提出了"曹参指数",而且用九年时间把它运用于一个诸侯国的管理实践,取得了非常好的效果,这比西方的经济学家的效率、公平理论早了上千年。曹参临走时,还对"曹参指数"给出了详细的解释,"夫狱市者,所以并容也",监狱、市场都是兼收并蓄的地方,好人、坏人都有;好人你不管束,他可能也是好人;但坏人你不管制,就一定会成为首恶、恶霸。所以无论是监狱还是市场,管治的重点都是坏人:在监狱里要把改造好的人放出去,让坏人留下;市场上好人、坏人都要留下,但不能让坏人作奸犯科、欺行霸市。曹参提出了一个很多管理者忽略的重要问题:"奸人安所容也?"——即便是坏人、恶人,也要给一个安置之所、谋生之地。极坏、极恶之人,要把他们安置在监狱;小坏、小恶之人,要把他们安置在市场,寻找自己的活路,但要严加管治。一个治理良好的社会可以把坏人变好人,一个治理糟糕的社会往往把好人变坏人。所以曹参对经济学的重要贡献有两点:一是"曹参指数",二是"坏人经济学"。

四、萧规曹随

道家创业领导思想强调:"治大国如烹小鲜""功成事遂,百姓皆曰'我自然'""我无为,而民自化;我好静,而民自正;我无事,而民自富;我无欲,而民自朴。"但这种"无为"而"自化"、"好静"而"自正"、"无事"而"自富"、"无欲"而"自朴"在管理实践中其实极难把控,弄不好会落下一个"惰政""懒政""不思进取"的坏名声。相反,"新官上任三把火""一顿操作猛如虎",即便把事情弄得一团糟,至少会得到"有冲劲""敢于进取""敢冒风险"的美名。事实上,新官上任的曹参和同是新官上任的惠帝都面临这种处境。尤其是新履职的惠帝希望日理万机,"先天下之忧而忧,后天下之乐而乐",把高祖传给他的事业进一步发扬光大。而令皇帝更加担心的是,曹参自担任丞相之职起,日子过得特别"无为""无事""日夜饮醇酒",与他来往的官吏、宾客见他无所事事,都想对他有所劝谏,反被他拉到办公室喝酒,被他故意灌醉,结果劝谏的事也不了了之。这种状况让皇帝非常忧心,《史记·曹相国世家》这样记载——

> 参子窋(zhuó,琢)为中大夫。惠帝怪相国不治事,以为"岂少朕与"?乃谓窋曰:"若归,试私从容问而父曰:'高帝新弃群臣,帝富于春秋,君为相,日饮,无所请事,何以忧天下乎?'然无言吾告若也。"窋既洗沐归,闲侍,自从其所谏参。参怒,而笞窋二百,曰:"趣入侍,天下事非若所当言也。"[①]

从这段记载中可以看出,皇帝当时忧心忡忡:汉高祖刚死,新皇帝年纪小,你曹参身为丞相,应该日理万机、心忧天下才对,却天天喝酒,对我也没啥请示、汇报,是不是欺我年少无知,不堪辅佐? 但曹参毕竟是两朝元老,为刘家天下立下盖世之功,他绝对不敢当面斥责,而是通过同窗好友曹参的儿子——时任中大夫的曹窋,私下悄悄告诉他:今后少喝酒,多关心国家大事。曹窋回家后趁侍奉父亲的机会,把皇帝的话换成自己的话对父亲劝谏了一遍。哪知曹参

[①] 杨钟贤校订:《史记·曹相国世家》,引自《四库全书荟要第二卷·史记》,天津古籍出版社1998年版,第229页。

勃然大怒,对儿子家法惩处,打了200大板,怒斥道:"国家大事岂是你黄口小儿可以随便议论的?还不赶快回去上班侍奉皇帝去!"这就出现了后来著名的有关"萧规曹随"的精彩对白:

> 至朝时,惠帝让参曰:"与窋胡治乎?乃者我使谏君也。"参免冠谢曰:"陛下自察圣武孰与高帝?"上曰:"朕乃安敢望先帝乎!"曰:"陛下观臣能孰与萧何贤?"上曰:"君似不及也。"参曰:"陛下言之是也。且高帝与萧何定天下,法令既明,今陛下垂拱,参等守职,遵而勿失,不亦可乎?"惠帝曰:"善。君休矣!"

翻译过来,便是:

曹参脱帽谢罪说:"请陛下自己仔细考虑一下,在圣明英武上您和高帝谁强?"

惠帝说:"我怎么敢跟先帝相比呢!"

曹参说:"陛下看我和萧何谁更贤能?"

惠帝说:"您好像不如萧何。"

曹参说:"陛下说的这番话很对。高帝与萧何平定了天下,法令已经明确,如今陛下垂衣拱手,我等谨守各自的职责,遵循原有的法度而不随意更改,不就行了吗?"

惠帝说:"好。您休息休息吧!"

在这场精彩的对白中,曹参知道打的是儿子的屁股,但真正打的是皇帝的脸,让小皇帝有些震怒,所以免冠谢罪。但他的道理却从三个层次上讲得明明白白。第一层次,管理现状:"您不如高祖;我不如萧何。"第二层次,管理基础:"高帝与萧何定天下,法令既明。"这已经为汉朝打下了很好的管理基础。第三层次,管理措施:"今陛下垂拱,参等守职,遵而勿失,不亦可乎?"在管理实践中,"有为"是一种很高的管理技能,而"无为"则是一种最高的管理智慧,也是一种最高的管理境界。

为了达到这种管理境界,一方面,曹参极力塑造一种"清静""无事"的内部环境——

> 相舍后园近吏舍,吏舍日饮歌呼。从吏恶之,无如之何,乃请参游园中,闻吏醉歌呼,从吏幸相国召按之。乃反取酒张坐饮,亦歌呼与相应和。参见人之有细过,专掩匿盖之,府中无事。①

这种"吏醉歌呼"、领导与下属"歌呼与相应和"、"见人之有细过,专掩匿盖之",实际上是一种上下关系融洽的和谐管理与快乐管理。而在用人上则是:投机钻营之辈一概不用,"吏之言文刻深,欲务声名者,辄斥去之";重用的是敦厚纯朴之人,"择郡国吏木诎於文辞,重厚长者,即召除为丞相史",而且与他们建立密切的信任关系,"日夜饮醇酒"。

这种道家创业领导思想在行政创业中的运用使汉初的国力迅速恢复,人口从战争时代的3 000万人迅速增加到汉初的5 000万人。司马迁对这一时期的评价是:"黎民得离战国之苦,君臣俱欲休息乎无为……政不出房户,天下晏然。刑罚罕用,罪人是希。民务稼穑,衣食滋殖。"②普天之下的人民过上了安居乐业、丰裕富足的生活。

---

① 杨钟贤校订:《史记·曹相国世家》,引自《四库全书荟要第二卷·史记》,天津古籍出版社1998年版,第229页。
② 杨钟贤校订:《史记·吕太后本纪》,引自《四库全书荟要第二卷·史记》,天津古籍出版社1998年版,第57页。

思考题

1. 道家的创业领导思想是什么?
2. 在中国历史上,道家的创业领导思想如何转化为具体的制度构建?
3. 作为创业领导者,范蠡的智慧有哪些?
4. 作为行政创业领导者,曹参具有哪些道家的管理思想与管理智慧?
5. 什么是"曹参指数"? 它与西方古典经济学中的"效率"与"公平"有何异同?
6. 在中国当代的创业领导者中,你认为哪些成功的创业领导者具有道家的创业领导思想? 他们同时具有哪些道家的管理智慧? 请举例说明。

第十章

中国创业领导制度理论及实践：儒家视角

儒家思想及其衍生而出的社会制度设计对中国的整个封建社会产生了深远影响。本章从儒家视角探讨了中国的创业领导制度理论。第一节分析了儒家创业领导理论的最高理想与基本原则——"仁政"；第二节分析了"食禄者不得争利"的制度设计；第三节分析了常平仓制度；第四节分析了均输、平准与盐铁专卖制度。

儒家思想从根本上影响了整个封建社会的制度设计，从而全面、深入地影响了中国的创业领导制度理论与管理实践。从本质上看，儒家的创业领导制度理论是一种以"仁政"为理想、以民生为依归、以长治久安和社会的整体繁荣为目标的制度理论。其中最具代表性的是"食禄者不得争利"的制度设计、常平仓制度以及均输、平准与盐铁专卖制度，这些制度设计将创业领导的创业过程限定在促进社会长远利益和无碍民生的有限空间内，从根本上决定了中国古代的创业领导者对皇权的依附性和对官商的勾结性。

第一节 "仁政"：儒家创业领导理论的最高理想与基本原则

儒家思想中并无专门的创业领导理论，但儒家思想的确又极大地影响了中国古代封建社会的整体制度设计，进而影响了创业领导的社会环境与制度背景。从孔子的著述中，我们可以看出他对个人的合理致富并不持否定态度："富而可求，虽执鞭之士吾亦为之。"（《论语·述而》）据考证，他年轻时在鲁国也做过乘田、委吏等掌管财富的"会计"工作。

《史记·仲尼弟子列传》记载，孔子的弟子中有许多是擅长经营、管理的创业领导者，著名的有子贡、冉有等人。孔子的学生中，数子贡最为富有，他是名副其实的创业领导者。孔子在《论语》中对子贡褒奖有加，多次称赞他会做生意，对行情判断、把握很准确："赐不受命，而货殖焉，亿则屡中。"（《论语·先进》）《史记·仲尼弟子列传》称："子贡好废举，与时转货资……家累千金。"冉有做了鲁国权臣季氏的家庭总管，孔子很欣赏他的管理才能："千室之邑，百乘之家，求也可使治其赋。"

儒家的根本社会理想是孔子的"仁道"与孟子的"仁政"，是由小康社会进而"天下大同"，这就决定了其创业领导思想是以人民的幸福、社会的和谐为基本原则。在这一总的原则下,将儒家理论作为治国纲领的中国古代社会推演出"食禄者不得争利"、盐铁专营、常平仓等创业领导制度理论。

综观儒家经典"四书""五经"繁复的论述,儒家思想为创业领导者建立了一个以"道德"为基础、以"仁政"为愿景、以"王道"为路径、以天下大同为最终目标的仁政理论体系。

一、以"道德"为基础

"德惟善政"——道德是一切"善政"的基础,因为有德者以德服人,"柔远能迩,惇德允元,而难任人,蛮夷率服"(《尚书·虞书·舜典》)。孔子认为"德"是政府管理的核心,"德"在执政者的素质要求中居于中心地位,其他素质则处于从属地位:"为政以德,譬如北辰,居其所而众星共之。"(《论语·为政》)在孔子看来,为政之道,在于管理者的道德示范作用和道德感化作用,即所谓"举直措诸枉,则民服;举枉措诸直,则民不服"(《论语·为政》)。这也就不难理解,当鲁国的权臣季氏请教孔子如何制止国内的偷盗之事时,孔子将根源归结为政府主要管理者季氏本人的贪婪,孔子开出的药方是"苟子之不欲,虽赏之不窃"(《论语·颜渊》)。也就是说,社会的道德败坏,根源往往在于管理者本人或管理层本身出了问题。同时,道德还是用人取舍的重要标准,因为"唯仁者能好人,能恶人"。

二、以"仁政"为愿景

道德的社会人格表现为"君子",其政治人格则表现为"仁者"。孔子认为"仁者"的政治素质表现为五个方面:

一是"仁者爱人",孔子这里的"人"无贵贱之分、等级之别、亲疏之异,一切具有生命的社会中的人都要得到怜爱、关爱与疼爱。所以孔子得知马厩失火之后,第一关心的是"人",而不是自己的财产——"马":"伤人乎?不问马。"(《论语·乡党》)。同时,孔子对于当时残暴的"人殉"制度极为愤慨,就是对以俑取而代之的"人俑"也是大加挞伐:"始作俑者,其无后乎?"(《孟子·梁惠王上》)这在当时视生命如草芥的奴隶社会是一种巨大的人性进步。

二是"仁者"恕人,"己所不欲,勿施于人""夫仁者,己欲立而立人,己欲达而达人"(《论语·雍也》)。

三是"仁者"通过自己的道德楷模与行为示范,可以"不令而行":"政者,正也。子帅以正,孰敢不正?"(《论语·颜渊》)"其身正,不令而行;其身不正,虽令不从。"(《论语·子路》)

四是建立"足食""足兵""足信"的物质保证与精神保证——

> 子贡问政。子曰:"足食,足兵,民信之矣。"子贡曰:"必不得已而去,于斯三者何先?"曰:"去兵。"子贡曰:"必不得已而去,于斯二者何先?"曰:"去食。自古皆有死,民无信不立。"[①]

在"足食""足兵""足信"这三者之间的关系中,"足食""足兵"是物质基础,"足信"则是精神保证。在正常情况下,只有"足食""足兵"才可能"足信",但在极端的情况下,"足信"则更为重

[①] 勾承益、李亚东译注:《论语白话今译·颜渊篇·第十二》,中国书店1992年版,第124页。

要,它是一个国家安身立命的根本保证。

五是"博施于民而能济众"——

> 子贡曰:"如有博施于民而能济众,何如? 可谓仁乎?"子曰:"何事于仁,必也圣乎! 尧舜其犹病诸!"[1]

在孔子看来,"博施于民而能济众"是极高的政治标准,实际上达到了其倡导的"老者安之,朋友信之,少者怀之"的和谐治理的标准,是尧舜也难以企及的圣明之治的境界。

在此基础上,战国时代的孟子将"仁者"的政治人格进一步发展为一种政治理想与政治愿景——"仁政":

> 今王发政施仁,省刑罚,薄赋敛,深耕易耨,壮者以暇日修其孝悌忠信,入以事其父兄,出以事其长上,可使制梃以挞秦楚之坚甲利兵矣。[2]

由此我们看到,在战乱频仍、人民负担沉重的战国时代,孟子的"仁政"愿景与孔子的"仁道"的政治人格已经有了很大区别:孔子重礼治,轻法治,但孟子在一定程度上支持法治,只是强调"省刑罚",反对苛严繁杂的法律;孔子主张"博施于民",孟子却认识到国家税收的正当性,只是反对苛捐杂税,主张"薄赋敛";孔子在《春秋》中揭示的是"春秋无义战",反对一切战争,但孟子面对的是战国时代的任何一个国家都无法逃避战争这种残酷的现实,所以在孟子的仁政思想中,其所标榜可检验的成果是可以抵御强国的"坚甲利兵",从而"仁者无敌"。

三、以"王道"为路径

在施行仁政的基础上,孟子描绘了"王道"的社会理想。"王道"与"霸道"是对立的社会治理观:"王道"倡导"仁义"与"仁政",主张以道德治国,其理想的实现表现为"王天下";"霸道"倡导法治与武力,主张以刑法治国,其理想的实现表现为"霸天下"。孟子倡导的是"王天下"——

> 不违农时,谷不可胜食也;数罟不入洿池,鱼鳖不可胜食也;斧斤以时入山林,材木不可胜用也。谷与鱼鳖不可胜食,材木不可胜用,是使民养生丧死无憾也。养生丧死无憾,王道之始也。五亩之宅,树之以桑,五十者可以衣帛矣。鸡豚狗彘之畜,无失其时,七十者可以食肉矣。百亩之田,勿夺其时,数口之家,可以无饥矣;谨庠序之教,申之以孝悌之义,颁白者不负戴于道路矣。七十者衣帛食肉,黎民不饥不寒,然而不王者,未之有也。(《孟子·梁惠王上》)

这可能是孟子所在的战国时代对"王道理想"的生动写照,其内容大致可以分为"两个阶段"和"四个要求"。

(一) 两个阶段

孟子的"王道理想",在实施阶段表现为以下四个要求:

一是"王道初级阶段":"谷与鱼鳖不可胜食,材木不可胜用,是使民养生丧死无憾也",其实是温饱阶段。

二是"王道高级阶段":"五十者可以衣帛""七十者可以食肉""谨庠序之教,申之以孝悌

---

[1] 勾承益、李亚东译注:《论语白话今译·雍也篇第六》,中国书店1992年版,第59页。
[2] 王介宏校订:《孟子·梁惠王上》,引自《四库全书荟要第一卷·孟子》,天津古籍出版社1998年版,第1页。

之义",这属于物质富足、精神丰富的康宁阶段。

要实现"王道理想"的两个阶段其实并不容易,一要"推己及人"——"老吾老,以及人之老;幼吾幼,以及人之幼;天下可运于掌"(《孟子·梁惠王上》),二要将孔子倡导的"恕道"用于国家的管理。

(二)四个要求

孟子的"王道理想",在实施阶段表现为以下四个要求:

1. 与民同乐

它要求最高管理者站在最基层、最底层的百姓的位置上,感受老百姓的喜怒哀乐——

"今王鼓乐于此,百姓闻王钟鼓之声、管籥之音,举欣欣然有喜色而相告曰:'吾王庶几无疾病与,何以能鼓乐也?'今王田猎于此,百姓闻王车马之音,见羽旄之美,举欣欣然有喜色而相告曰:'吾王庶几无疾病与,何以能田猎也?'此无他,与民同乐也。今王与百姓同乐,则王矣!"①

2. 在与民同乐的基础上能"得民心"

孟子从历史的兴亡中,总结出"得民心者得天下,失民心者失天下"这一基本规律:

"桀纣之失天下也,失其民也;失其民者,失其心也。得天下有道:得其民,斯得天下矣;得其民有道:得其心,斯得民矣;得其心有道:所欲与之聚之,所恶勿施尔也。"②

3. 王道之治的"软实力"——对天下之人的吸引力

"今王发政施仁,使天下仕者皆欲立于王之朝,耕者皆欲耕于王之野,商贾皆欲藏于王之市,行旅皆欲出于王之涂,天下之欲疾其君者皆欲赴诉于王。其若是,孰能御之?"③

4. 为民父母

它要求在国家治理、举贤任能这一高度复杂的问题上,最高管理者要具有超越常人的智慧与判断力,将"贤人"与"罪人"放在实践中考察:

"左右皆曰贤,未可也;诸大夫皆曰贤,未可也;国人皆曰贤,然后察之;见贤焉,然后用之。左右皆曰不可,勿听;诸大夫皆曰不可,勿听;国人皆曰不可,然后察之;见不可焉,然后去之。左右皆曰可杀,勿听;诸大夫皆曰可杀,勿听;国人皆曰可杀,然后察之;见可杀焉,然后杀之。故曰,国人杀之也。如此,然后可以为民父母。"④

这实际上要求最高管理者"爱民如子",是对管理者的最高要求。

四、以天下大同为最终目标

孟子提倡"王道",是为了"天下顺之",即所谓的"得道多助,失道寡助。多助之至,天下顺之;寡助之至,天下畔之。"在"天下顺之"的基础上,儒家进一步提出了用"王道理想"平治天下

---

① 王介宏校订:《孟子·梁惠王下》,引自《四库全书荟要第一卷·孟子》,天津古籍出版社1998年版,第3页。
② 王介宏校订:《孟子·离娄上》,引自《四库全书荟要第一卷·孟子》,天津古籍出版社1998年版,第15页。
③ 王介宏校订:《孟子·梁惠王上》,引自《四库全书荟要第一卷·孟子》,天津古籍出版社1998年版,第4页。
④ 王介宏校订:《孟子·梁惠王下》,引自《四库全书荟要第一卷·孟子》,天津古籍出版社1998年版,第2页。

的终极目标,这就是《大学》中所强调的通过"修身""齐家""治国"来实现"平天下"的终极理想——

> 大学之道,在明明德,在亲民,在止于至善。知止而后有定,定而后能静,静而后能安,安而后能虑,虑而后能得。物有本末,事有终始,知所先后,则近道矣。
>
> 古之欲明明德于天下者,先治其国;欲治其国者,先齐其家;欲齐其家者,先修其身;欲修其身者,先正其心;欲正其心者,先诚其意;欲诚其意者,先致其知,致知在格物。物格而后知至,知至而后意诚,意诚而后心正,心正而后身修,身修而后家齐,家齐而后国治,国治而后天下平。
>
> 自天子以至于庶人,壹是皆以修身为本。其本乱而末治者,否矣。其所厚者薄,而其所薄者厚,未之有也。此谓知本,此谓知之至也。[①]

儒家将人类想要"征服"的世界划分为两种:外部世界与内部世界。

(一)"征服"外部世界

"征服"外部世界就是"平天下",或"平治天下"。这个理想非同一般,因为它把普天之下的人看作一样的,无男女之分,无贵贱之分,无贤愚之分,无种族之分,全部看作平等的个体,一视同仁地加以治理,即孟子所说的"老吾老,以及人之老;幼吾幼,以及人之幼;天下可运于掌"。这在标榜"民主""人权"的西方管理思想中根本做不到,在强调人"生而平等""生而自由"的《契约论》和《人权宣言》中找不到,甚至在强调一神教、排斥其他宗教的基督教的《圣经》中也找不到。这是一种平视众生、悲悯人类的"世界政府"的理想。

(二)"征服"内部世界

儒家思想认为,"征服"内部世界是比"征服"外部世界更加艰难的过程,因为我们每个人都有难以克服的欲望与"心魔",需经历一个"格物—致知—意诚—心正—身修—家齐—国治—天下平"的由内而外、知行合一、身心合一的修炼、升华过程。它大致要经历7个升华阶段:

(1)知识的升华:"格物"即参透、弄清万事万物的本质规律;"致知"即形成知识,达至真理。它是由纷繁复杂的万事万物达致宇宙根本规律的一次知识的飞跃与认识的升华,用道家的话说,就是"一生二,二生三,三生万物",我们找到了那个"一",即宇宙万物的本质规律,自然就完成了从"格物"到"致知"的认识升华。

(2)意识的升华:就是由"致知"到"意诚"。通过真理的获得转而形成一种强烈的意念,进而达到意识的升华。

(3)意志的升华:由强烈的意识转而形成一种强烈的意志,即由"意诚"到"心正"。

(4)道德的升华:由"心正"到"身修"则是一种道德的升华,它是由强烈的内在心理活动——意志,转向外在的行为修养。

(5)组织升华:由个人的"身修"达到"家齐"——家庭的和谐管理,是一种组织的升华。家庭是中国社会治理的最小的组织,也是最基本的组织,它被看作整个社会大厦的最基本的构件。由"身修"到"家齐"的提升实际上是一种由个人层面向组织层面的提升。

[①] 韩路校订:《礼记·大学》,引自《四库全书荟要第一卷·礼记》,天津古籍出版社1998年版,第103页。

(6)家国升华：由治一家到治一国，是由最小组织到最大组织的升华。

(7)天下升华：由治一国到治天下则是人生境界的最高升华，儒家叫"平天下"，即"一人之心，千万人之心；一人之家，千万人之家"——由推己及人到推己及家，到推己及国，再到推己及天下，将忠恕之道外化为一种世界政府的终极理想。这种世界政府的终极理想无法在信奉马基雅维利的西方政治学中找到，也无法在其他民族文化的基因里找到，历史学家汤因比认为，只有在中国文化中才可以找到——

> 就中国人来说，几千年来，比世界上任何其他民族都成功地把几亿民众从政治文化上团结起来。他们显示出这种在政治、文化上统一的本领，具有无与伦比的成功经验。这样的统一正是今日世界的绝对要求。中国人和东亚各民族的合作，在被人们认为是不可缺少和不可避免的人类统一过程中，可能要发挥主导作用，其理由就在这里。①

历史学家汤因比将这种具有"世界主义思想"的中国文化归纳为在漫长的历史长河中"中华民族逐步培育起来的世界精神""儒教世界观中存在的人道主义""儒教和佛教具有的合理主义"，以及不是狂妄地支配自然而是"必须和自然保持协调的信念"——这些历史与文化遗产，"使其可以成为全世界统一的地理和文化上的主轴"。在汤因比看来，在所有的人类文明中，只有以儒家思想为核心的中华文明才能在推动构建人类命运共同体的过程中担当重任。

从以上分析中我们可以看出，儒家思想的仁政理想为中国的创业领导者构建了世界政府、天下大同的未来理想和人类关怀，同时勾画了创业领导不断超越自我、追求自我实现的7个升华阶段。所以后来的人类文化学家理查德·霍夫施塔特（Richard Hofstadter）认为，儒家思想塑造了中国创业领导者或企业家的一种完美人格。

第二节　食禄者不得争利

在儒家的创业领导思想中，有一条"食禄者不得争利"的原则，即掌握全社会行政资源的官僚——"食禄者"不得经商谋利，以防止他们垄断整个社会的民生资源，为老百姓的生计留下必要的生存机会，同时为中国古代的创业领导者留下较大的发展空间。作为一条基本准则，它极大地影响了中国古代社会的创业领导制度设计。

一、禄食之家不与百姓争利

"食禄者不得争利"强调的是封建社会中王公贵族享有官位世袭制，他们占有土地等基本的生活资料，同时又拥有国家给予的俸禄作为资本，如果他们从事生意买卖并与百姓争利，就会迅速形成统治阶级对财富的垄断并导致底层老百姓的赤贫乃至破产。

孔子的总原则："天子不言有无，诸侯不言多少，禄食之家不与百姓争利。"（《汉书》七十三）

---

① ［英］阿诺德·约瑟夫·汤因比（Arnold Joseph Toynbee）、［日］池田大作著，荀春生、朱继征、陈国梁译：《展望二十一世纪——汤因比与池田大作对话录》，国际文化出版公司1985年版，第294页。

其要义在于统治者关心的是国家之利,其关键在于利国利民而非利己。孔子在《礼记》中有言:"君子不尽利以遗民。《诗》云:'彼有遗秉,此有不敛穧,伊寡妇之利。'故君子仕则不稼。"这句诗源于《诗经·小雅·大田》,说的是秋收时节故意给田中留下一些禾穗,让家中没有劳动力的寡妇来捡拾。孔子引用此诗,意在强调"君子仕则不稼""君子不尽利以遗民",即有德行的君子谋天下之利而不谋个人之利,让老百姓有条活路,就像让寡妇来捡拾禾穗一样,做了官有俸禄,就不应该再从事稼穑这等与平民百姓争利之事。

根据陈焕章的研究,鲁穆公的宰相公仪休(公元前407—前376年)是"第一位将食禄者不言利的孔教理论作为法定准则颁布的人"①。当时有人给他送鱼:"闻君嗜鱼,遗君鱼,何故不受也?"公仪休回答说:"以嗜鱼,故不受也。今为相,能自给鱼;今受鱼而免,谁复给我鱼者?"这说明当时应有禁止官员收受礼物的规定。

从《史记·萧相国世家》中,我们可以看到,身为丞相的萧何也严格地遵守了"食禄者不得争利"这一信条。《史记·萧相国世家》中记载他"何置田宅必居穷处,为家不治垣屋。曰:'后世贤,师吾俭;不贤,毋为势家所夺'"②。中国的历朝贤相都是兴举国之利而不谋一人私利,治民生之产而不治一家私产,严格地遵循了"食禄者不得争利"这一信条。

将这一信条作为国家制度的始于董仲舒给汉武帝的策论。公元前140年,董仲舒给汉武帝著名的策论中,系统地论述了这一政策提议——

> 夫天亦有所分予,予之齿者去其角,傅其翼者两其足,是所受大者不得取小也。古之所予禄者,不食于力,不动于末,是亦受大者不得取小,与天同意者也。夫已受大,又取小,天不能足,而况人乎!此民之所以嚣嚣苦不足也。身宠而载高位,家温而食厚禄,因乘富贵之资力,以与民争利于天下,民安能如之哉!是故众其奴婢,多其牛羊,广其田宅,博其产业,畜其积委,务此而亡已,以迫蹴民,民日削月浸,浸以大穷。富者奢侈羡溢,贫者穷急愁苦;穷急愁苦而上不救,则民不乐生;民不乐生,尚不避死,安能避罪!此刑法之所以蕃而奸邪不可胜者也。故受禄之家,食禄而已,不与民争业,然后利可均布,而民可家足。此上天之理,而亦太古之道,天子之所宜法以为制,大夫之所当循以为行也。③

董仲舒的提议中有两条无可辩驳的理由:

一是"所受大者不得取小":"予之齿者去其角,傅其翼者两其足",上天不会把所有的谋生利器都交给一种动物,"夫已受大,又取小,天不能足,而况人乎"!众生是平等的,又是平衡的,上天若是把谋生的利器全部交给一种动物,那必然是这种动物消灭其他所有动物,并最终导致自身的灭亡。所以,董仲舒在这里提出一种朦胧的生态平衡观与生态和谐观。

二是身居高位、权高位重的统治阶级,如果"因乘富贵之资力,以与民争利于天下",必然导致"富者奢侈羡溢,贫者穷急愁苦"的极端贫富分化,最终将导致"民不乐生""尚不避死,安能避罪"的官逼民反的社会崩溃局面。所以,"受禄之家"既然享受了国家俸禄,"食禄而已""不与民

---

① 陈焕章:《孔门理财学》,商务印书馆2015年版,第427页。
② 杨钟贤校订:《史记·萧相国世家》,引自《四库全书荟要第二卷·史记》,天津古籍出版社1998年版,第227页。
③ 杨钟贤校订:《汉书·卷五十六·董仲舒传》,引自《四库全书荟要第二卷·汉书》,天津古籍出版社1998年版,第344页。

争业",这样才能"利可均布,而民可家足"。

董仲舒在这里提出的不仅是不能与民争利,更重要的是"不与民争业",也就是任何与民生相关的事业,"受禄之家"都不得参与。"食禄者不得争利"的创业领导思想,实际上是由自然的生态和谐观延伸到了商业、创业的生态和谐观,它对于抵制豪强兼并、与民争利起到了非常重要的作用。

二、制度规定

据陈焕章的研究,"禄食之家不与百姓争利"作为一项基本原则被纳入中国封建社会的管理制度中。公元280年,晋武帝统一全国后,颁布了如下法令——

> 王公以国为家,京城不宜复有田宅。今未暇作诸国邸,当使城中有往来之处,近郊有刍藁之田。①

> 今可限之,国公王侯,京城得有宅一处。近郊田,大国十五顷,次国十顷,小国七顷。城内无宅城外有者,皆听留之。②

晋武帝对官员拥有的田产数量也做了严格的规定——

> 品第一者占五十顷,第二品四十五顷,第三品四十顷,第四品三十五顷,第五品三十顷,第六品二十五顷,第七品二十顷,第八品十五顷,第九品十顷。而又各以品之高卑荫其亲属,多者其九族,少者三世。③

唐太宗在《贞观政要》中反复告诫官员,贪图财货,与民争利,给自己带来祸患。他在论《贪鄙》一文中告诫臣下——

> 贞观二年,太宗谓侍臣曰:"朕尝谓贪人不解爱财也。至如内外官五品以上,禄秩优厚,一年所得,其数自多。若受人财贿,不过数万。一朝彰露,禄秩削夺,此岂是解爱财物?视小得而大失者也。昔公仪休性嗜鱼,而不受人鱼,其鱼长存。且为主贪,必丧其国;为臣贪,必亡其身。《诗》云:'大风有隧,贪人败类。'固非谬言也。昔秦惠王欲伐蜀,不知其径,乃刻五石牛,置金其后,蜀人见之,以为牛能便金。蜀王使五丁力士拖牛入蜀,道成。秦师随而伐之,蜀国遂亡。汉大司农田延年赃贿三千万,事觉自死。如此之流,何可胜记!朕今以蜀王为元龟,卿等亦须以延年为覆辙也。"

> 贞观四年,太宗谓公卿曰:"朕终日孜孜,非但忧怜百姓,亦欲使卿等长守富贵。天非不高,地非不厚,朕常兢兢业业,以畏天地。卿等若能小心奉法,常如朕畏天地,非但百姓安宁,自身常得欢乐。古人云:'贤者多财损其志,愚者多财生其过。'此言可为深诫。若徇私贪浊,非止坏公法、损百姓,纵事未发闻中心岂不常惧?恐惧既多,亦有因而致死。大丈夫岂得苟贪财物,以害及身命,使子孙每怀愧耻耶?卿等宜深思此言。"④

---

① 转引自陈焕章:《孔门理财学》,商务印书馆2015年版,第429页。
② 转引自陈焕章:《孔门理财学》,商务印书馆2015年版,第429页。
③ 转引自陈焕章:《孔门理财学》,商务印书馆2015年版,第429页。
④ 吴兢:《贞观政要·贪鄙第二十六》,中华书局2009年版,第222页。

在这里,唐太宗以公休仪的正面例子和蜀王、延年的反面例子告诫臣子,"贤者多财损其志,愚者多财生其过",强调国家所给的俸禄"禄秩优厚,一年所得,其数自多",不应贪财而"坏公法、损百姓"。这说明唐朝建立了"禄食之家不与百姓争利"的严格规定。

按《大清律例》,清朝在这方面也有明确规定——

"凡有官吏,不得于见任处置买田宅。违者,笞五十,解任,田宅入官。"①

三、历史意义与执行困境

"禄食之家不与百姓争利"这一制度设计实际为中国古代封建社会官员从事牟利活动设置了很高的门槛与障碍,它确保了国家的经济不会受到官员的操纵和官僚资本的垄断,客观上为中国古代的创业领导成长设置了有利的制度环境。

但在实际执行过程中,从中国封建社会的贪腐实例中可以清楚地看出,在封建皇权本身存在腐败、对官员控制弱化的情况下,"禄食之家不与百姓争利"很难在社会实践中彻底贯彻执行。南宋学者胡寅就对此提出了严厉的批评——

> 食禄之家毋得与民争利,此以廉耻待士大夫之美政也。古之时,用人称其官,则久而不徙,或终其身及其子孙,禄有常赐……当是时而与民争利,斯可责也。后世用人不慎,升黜无常,朝飨大仓,暮而家食。苟非固穷之君子甘于菽水,彼仰有事,俯有育,若不经营生理,又何以能存?卢怀慎为丞相,其死也,惟有一奴,自鬻以办丧事,况其余哉!

> 以理论之,凡士而既仕者,即当视其品而给之田;进而任使,则以禄而酬其品;置而不用,则有田以资其生。惟大谴大呵,不在原宥之例,然后收其田里。如此,则不得与民争利之法可行,而廉耻之风益劝矣。②

这里,胡寅提出了极其深刻的见解,即"禄食之家不与百姓争利"这一严格的规定之实施是有两个基本条件的:

一是要满足官员的基本生活条件,包括基本工资——国家赐给的田产,外加职务工资——"以禄而酬其品";有些官员如果是"置而不用"的虚职,连基本生活都难以保障,何以做到"不与百姓争利"?其中提及的卢怀慎是唐朝著名贤相,他因"贞良敦朴,孝悌仁厚。度量深于江海,坚清迈于冰雪",被唐玄宗任命为宰相。他将皇帝给的俸禄和赏赐全部分赠故人亲戚,"服器无金玉文绮之饰,虽贵而妻子犹寒饥",以致死时身无一物,靠老奴卖身下葬。据史书记载,卢怀慎死后家人无钱给他立碑,唐玄宗打猎经过他的墓地,见其坟头"碑表未立,停跸临视,泫然流涕,诏官为立碑"。

二是基本的时代差异。中国历史上有相当长的一段时间实行贵族终身制。贵族仰赖国家,世世恩宠,得以终生为官,荫及子孙,要求他们不得与民争利实属当然;到了后世的科举考试时代,官员的数量迅速膨胀,"升黜无常,朝飨大仓,暮而家食",官员的职业生涯无法得到正常保障,"彼仰有事,俯有育,若不经营生理,又何以能存"?这帮人也是上有老、下有小,如果不

---

① 《大清律例》卷九。
② 引自陈焕章:《孔门理财学》,商务印书馆2015年版,第430页。

经营生计，活下来都难，如何让他们严守"君子固穷"的大道呢？

胡寅的批判触及了中国官场的严峻现实：由于科举考试导致求官人数过多、候补官员过多，出现了中国历史学家钱穆先生所说的"士十于官，求官者十于士，士无官，官乏禄，而吏扰人"的现象。① 这说明，"禄食之家不与百姓争利"是中国社会约束官员的一条基本原则，它维持了中国古代社会士、农、工、商的基本职业划分和社会格局的基本稳定，避免了官僚资本与工商资本的勾结，杜绝了官僚资本垄断国家经济，使民间创业窒息的社会崩溃局面的出现。但这一原则的实施在现实中是有条件的，其效果也是大打折扣的。

第三节 常平仓制度

对中国的创业领导具有重大影响的另一制度设计是"常平仓制度"，它是为造福民生、稳定粮价而建立的国家粮食收储制度与粮价平衡措施，是人类历史上一项了不起的制度发明。它经历了李悝的平籴政策、耿寿昌的常平仓制度和常平盐制度三个阶段。本节只介绍前两者。

一、李悝的平籴政策

李悝担任过战国时期魏文侯的相，被认为是儒家、法家思想兼而有之的人物。他曾经受业于子夏的弟子曾申的门下，其"重农"思想深受儒家思想的影响，被称为中国"重农主义"的开山祖。但其主张废除贵族特权，实行"食有劳而禄有功，使有能而赏必行，罚必当"的论功行赏的政策；他著有《法经》一书，主张"不别亲疏，不殊贵贱，一断于法"的法制原则，直接启发了后来被称为法家代表人物的商鞅与韩非子。魏文侯启用李悝进行变革立新，西击强秦，北御戎狄，开疆拓土，使魏国走上了富国强兵的道路。《史记》评价他说："魏用李悝尽地力，为强君"。

这里所谓的"尽地力"，即李悝提出的"尽地力之教"，实际上就是将古代农业经济的效率最大化的一种改革措施。《汉书·食货志》记载：

> 是时，李悝为魏文侯作尽地力之教，以为地方百里，提封九百顷，除山泽、邑居参分去一，为田六百万亩，治田勤谨则亩益三升，不勤则损亦如之。地方百里之增减，辄为粟百八十万石矣。又曰：籴甚贵伤民，甚贱伤农。民伤则离散，农伤则国贫，故甚贵与甚贱，其伤一也。善为国者，使民毋伤而农益劝。今一夫挟五口，治田百亩，岁收亩一石半，为粟百五十石，除十一之税十五石，余百三十五石。食，人月一石半，五人终岁为粟九十石，余有四十五石。石三十，为钱千三百五十，除社闾尝新、春秋之祠，用钱三百，余千五十。衣，人率用钱三百，五人终岁用千五百，不足四百五十。不幸疾病死丧之费，及上赋敛，又未与此。此农夫所以常困，有不劝耕之心，而令籴至于甚贵者也。是故善平籴者，必谨观岁有上、中、下孰。上孰其收自四，余四百石；中孰自三，余三百石；下孰自倍，余百石。小饥则收百石，中饥七十石，大饥三十石，故大孰则上籴三而舍一，中孰则籴二，下孰则籴一，使民适足，贾平

---

① 钱穆：《中国历代政治得失》，九州出版社 2015 年版，第 65 页。

则止。小饥则发小孰之所敛,中饥则发中孰之所敛,大饥则发大孰之所敛,而粜之。故虽遇饥馑、水旱,籴不贵而民不散,取有余以补不足也。行之魏国,国以富强。①

从这段记述中,我们可以窥见平籴(音"迪")政策是李悝的"尽地力之教"的核心组成部分。

一是平籴政策是为了保护农民的利益:"籴甚贵伤民,甚贱伤农";在此基础上进一步保护国家利益:"民伤则离散,农伤则国贫。故甚贵与甚贱,其伤一也。善为国者使民毋伤而农益劝。"

二是按收成进行国家收储——丰收年份,粮食产量分为三等:上熟、中熟、下熟;百亩田常年粮食150石。

(1)上熟:常量的4倍,600石;五口之家口粮200石;余粮400石;官府收购300石,余粮100石。

(2)中熟:常量的3倍,450石;五口之家口粮200石;余粮300石(粗略);官府收购200石,余粮100石。

(3)下熟:常量的2倍,300石;五口之家口粮200石;余粮100石(粗略);官府收购50石,余粮50石。②

这说明国家收储制度是根据农民的实际收成进行合理调配的。陈焕章评价说:"李悝是真正地站在民众一边的孔教徒,并在实际方案中完全体现其理财原则。当李悝的平籴政策在魏国实施后,不仅民众富裕了,也使国家强大起来。"③

二、耿寿昌的常平仓制度

汉宣帝时期,由于粮食连年丰收,粮价低至一石五钱,农民损失巨大。为了保护农民利益,公元前54年大司农中丞耿寿昌提出了"常平仓"的建议。

为了满足京城的需要,汉朝政府每年从东部各省调运400万石的粮食进京,仅押运的漕卒投入就达到六万人。再加上船工投入和码头损耗,运到京城的粮食遭受了巨大损耗,实际粮价远高于产地的价格。耿寿昌建议在京城附近就近购买粮食,以代替从东部各省运粮进京,结果带动了周边粮价,农民因此获利,同时政府减少了一半的运输开支。后来,耿寿昌进一步提议政府在边境设立谷仓,"以谷贱时增其贾而籴(音'迪'),以利农,谷贵时减贵而粜(音'跳'),名曰常平仓"。这就是"常平仓"的由来。后来在政府的鼓励下,出现了民间乡里自愿贮粮,必要时免费发放的制度,被称为"义仓"。它实际上是国家储备制度向民间储备制度的一种演化。

从人口经济的角度看,"常平仓"显然有利于中国人口的稳定增长。从经济的发展周期看,"常平仓"成了国家对抗经济周期、稳定民生的有力武器。因为在封建农耕经济条件下,单个农户远不具备对抗丰年和荒年周期变动的经济能力。他们在荒年不得不花高价从市场购买紧缺的粮食,在丰年又不得不以低价抛售手中的粮食。"常平仓"制度的设立利国利民,在丰年抑制了过低的粮价,在荒年又打击了过高的粮价。据研究,早在春秋时代,管子就采用了类似的做法,使齐国成为富足之国。在唐朝,这一方案的实施充实了国家财富,满足了政府的开支需要。

---

① 杨钟贤校订:《汉书·卷二十四·食货志》,引自《四库全书荟要第二卷·汉书》,天津古籍出版社1998年版,第95页。

② 引自陈焕章:《孔门理财学》,商务印书馆2015年版,第445页。

③ 引自陈焕章:《孔门理财学》,商务印书馆2015年版,第446页。

在宋朝,这一制度成为满足边境常备军粮食需要的根本保障。这一制度从根本上打击了那些囤积居奇的不法奸商,使中国不可能出现那种控制国家经济命脉、垄断粮食交易的超级富豪,客观上也有利于依靠国家粮食收储制度从事粮食买卖的中小粮商。

"常平仓"制度使中国的粮食收储进入了战略层次,是当时世界上最先进的国家战略制度,并且影响了后来美国在第二次世界大战前后的收储制度。在罗斯福政府担任农业部长的华莱士说:"我接任农业部长后,在最短的时间内敦促国会通过立法,把中国古代农业政治家的实践——'常平仓'引入美国农业立法中。'常平仓'的名称,我是从陈焕章的《孔子及其学派的经济原理》一书中得来的。"他还说:"由于实施了这项'常平仓'计划,在1939年欧战大爆发时,美国已存储了4亿蒲式耳的玉米和大约2亿蒲式耳小麦的额外储备。以上存放在美国'常平仓'中的巨额额外储备为美国人民提供了食物准备,其重要性不但对美国人民,而且对交战中的盟国都是决定性的。"[①]从创业聚焦"全球抢粮 中国不慌"中我们可以看到,这一粮食战略储备制度至今仍是我们对抗全球经济周期和世界粮价波动,确保"中国人民的饭碗端在中国人自己手里"的战略武器与民生法宝。

创业聚焦

全球抢粮,中国不慌

你知道吗,全球粮价暴涨了。在2021年国际粮价普遍上涨了28%,达到了近十年来的最高水平。像小麦这一类的主要粮食,今年涨价超过66%。涨了这么多,可是你发现没有,我们的超市里面,大米差不多还是4块钱一斤,所以我们感觉不是很深。我们要先知道,在过去的五千年里,我们的民族文化形成的过程当中,我们经历过太多的动乱和饥荒了。所以我们太了解韬光养晦和未雨绸缪,我们不想再饿肚子,所以我们会囤积粮食,也因此我们囤了全球51%的小麦、69%的玉米,还有大量的谷物储备。

我们的储备够了,我们的粮食供给弹性变大了,我们的粮价自然就能稳定了。这个数据不是我国官方公布的,是隔壁小日子过得还不错的国家——日本的媒体爆出的。当然它们动机一定非常不单纯。先是彭博社说,这一轮粮价暴涨要怪中国的囤粮,因为我们囤了太多的粮,导致全球的粮价就飙高了。然后日媒就更直接了,它们说你们中国要对粮价负责,你们要对贫困国家的饥荒负责,搞笑吧!

我们先来分析这一次粮价上涨背后的原因是什么。首先,美国因为疫情的关系无节制地、无限制地印钞票,要刺激它们的经济,带来了全球范围内的通货膨胀,这导致了第一波粮价的上涨。后来因为俄乌冲突事件,这两个国家都是全球粮食的出口大国,它们的冲突导致了粮食的供给短缺,这是第二波粮食上涨的关键。这两个因素的背后,都隐藏着一个粮价上涨的元凶——不用我多说大家也知道是谁。现在整个西方开始用舆论攻击我们囤粮,因为对它们来说,泼脏水的成本是最低的,而且骗底层的选票也非常容易。所以不管发生什么,摔锅给中国就是它们现在的"政治正确"。

---

① 唯明:《华莱士在华言论集》,世界出版社1944年版。

不管它们了，我们来盘一盘我们自己囤粮的根本逻辑是什么。第一，我们确实囤了很多的粮食，但大部分是我们自给自足的。我们中国有18亿亩的耕地，是世界上最大的粮食生产国。我们中国以全球7％的耕地养活了全球20％的人口，粮食的总产量遥遥领先其他的国家。怎么了我？我自己种庄稼，我囤了我自己的粮，我在吃饭你在喊烫，你闪一边去吧！第二，在我们文化传承当中我们就有未雨绸缪的基因，所以我们本来就有适度囤粮的习惯，况且在近代历史当中，我们曾经在西方对我们发动的粮食战争当中吃过大亏。代价是什么，就是我们90％的压榨油企业破产了。我们从原来的大豆出口国，变成了大豆进口国，我们每年光是从美国进口的大豆就接近3 000万吨。从那一次之后，我们就知道粮食的重要性，我们不做好囤粮的准备，就一定会成为别人的盘中餐。我们囤粮是为了我们自身的粮食安全，是为了避免天灾人祸来临时粮食短缺的风险。美国的基辛格就说过，"谁控制了粮食，谁就控制了全人类"，当然我们不是这样想的。我们的袁爷爷也说过，我们的饭碗要牢牢掌握在我们中国人自己的手上。

（资料来源：黄士铨，《全球抢粮 中国不慌》，今日头条·黄士铨看世界，2022年4月5日。）

第四节　均输、平准与盐铁专卖

均输、平准与盐铁专卖被看作影响中国古代创业领导发展的最关键的制度环境，同时也是中国古代"社会主义市场经济"的系列制度设计，为中国封建王朝在影响国计民生的关键领域实行国家专营制度开启了系统的理论探讨、制度设计与社会实践。

一、社会环境：从重农抑商到农商并重

在中国的经济制度设计中，"重农抑商"是中国传统的经济思想与制度设计。这一思想又被称为"轻重"之辨或"本末"之辨。其主要观点是农业为"重"，工、商为"轻"；或农业为"本"，工、商为"末"。

强烈秉持这一观点的代表人物是汉初的贾谊与晁错。贾谊在《论积贮疏》中说："夫积贮者，天下之大命也。苟粟多而财有余，何为而不成？以攻则取，以守则固，以战则胜。怀敌附远，何招而不至？今殴民而归之农，皆著于本，使天下各食其力，末技游食之民转而缘南亩，则畜积足而人乐其所矣。"[1]这足以说明，在农业经济占主导地位的封建社会中，积贮与重农是必然的政策选择。

在此基础上，晁错进行了更深入的探讨，对农民的辛苦操劳与商人的投机取巧进行了生动描述，直接导致了中国长期以来重农抑商政策的推行——

---

[1]　班固：《汉书·卷二十四·食货志上》，天津古籍出版社1998年版，第95～96页。

今农夫五口之家,其服役者不下二人,其能耕者不过百亩,百亩之收不过百石。春耕,夏耘,秋获,冬藏,伐薪樵,治官府,给徭役;春不得避风尘,夏不得避暑热,秋不得避阴雨,冬不得避寒冻,四时之间,亡日休息;又私自送往迎来,吊死问疾,养孤长幼在其中。勤苦如此,尚复被水旱之灾,急政暴虐,赋敛不时,朝令而暮改。当具有者半贾而卖,亡者取倍称之息;于是有卖田宅、鬻子孙以偿债者矣。而商贾大者积贮倍息,小者坐列贩卖,操其奇赢,日游都市,乘上之急,所卖必倍。故其男不耕耘,女不蚕织,衣必文采,食必粱肉;亡农夫之苦,有仟佰之得。因其富厚,交通王侯,力过吏势,以利相倾;千里游遨,冠盖相望,乘坚策肥,履丝曳缟。此商人所以兼并农人,农人所以流亡者也。①

这里呈现的是中国古代农业社会的典型画面:农民四季辛劳,"春不得避风尘,夏不得避暑热,秋不得避阴雨,冬不得避寒冻,四时之间亡日休息";而商人却巧取豪夺,"商贾大者积贮倍息,小者坐列贩卖,操其奇赢,日游都市,乘上之急,所卖必倍。故其男不耕耘,女不蚕织,衣必文采,食必粱肉"。它成了重农抑商政策的最直观的依据。但这种重农抑商政策的过度施行大有弊端:一是不利于粮食的流通,导致粮价丰年奇低、灾年腾贵,无法培育一个畅通发达的全国粮食大市场;二是无法形成百业兴旺的繁荣经济。

中国长期实行的是"十税其一"的政策,汉初甚至施行"十二年租税之半"乃至彻底免税的政策,这与汉初实行的休养生息政策密切相关。但到了汉武帝时代,情势发生了根本性转变。汉武帝对南瓯、西夷、匈奴、东面的秽貊与朝鲜频繁用兵,导致国库空虚,急需开辟新的财源。从《汉书·食货志》的记载中,我们了解到汉武帝时代是一个开疆拓土、连年征伐、兴办浩大工程的时代。国家的财政支出不仅用完了"文景之治"所有的积蓄,而且出现大量的亏空:一是庞大的军事支出——大将军卫青对匈奴用兵一次的有功之士黄金赏赐"二十余万斤",而"汉军士马死者十余万"则需要支付大量的抚恤金。二是边疆开发支出——卫青发动数万骑开展对匈奴的战争,建立朔方军事控制区域,一下子将汉朝的疆域扩大几百万平方公里。同时为了打通西南夷通道,"作者数万人,千里负担馈饷,率十余钟至一石"②,可见耗费之巨。三是惊人的匈奴安置费用——匈奴的浑邪王率领数万众投降汉朝,为显示大国威势,光迎接的兵车就达到三万辆。匈奴的投降将士每人都得到朝廷的厚赏,花费达百万之巨。后来这些人由地方政府负责安置。当地政府无力支付时,最后由皇帝降低饮食标准、变卖乘舆、拿出皇室禁藏来弥补亏空。四是漕运工程的费用——开通自长安至华阴的漕直渠,在边疆朔方兴修灌溉渠,各自动用数十万民工,耗时三年以上,花费几十万。五是移民费用——从关内移出七十多万移民填充朔方以南的河套地区(新秦中),耗费以亿计。因此,在那个非凡时代需要非凡的勇气与魅力,在不增加农民税赋的前提下,创造性地解决这一巨大难题。而以桑弘羊为代表的"大夫派"提出的盐铁、均输等举措,正是解决这一难题的完美方案,所以班固强调"兴利之臣自此而始"。

桑弘羊(公元前131年—前80年)是我国历史上功勋卓著的理财专家。据《汉·食货志》记载,仅对匈奴用兵一项,"赏赐五十万金,军马死者十余万匹,转漕、车甲之费不与焉"。巨大

---

① 杨钟贤校订:《汉书·卷二十四·食货志》,引自《四库全书荟要第二卷·汉书》,天津古籍出版社1998年版,第96页。

② 据推算,汉时1钟约6.4石,10钟即64石。

的军费支出使国库日益空虚,"是时财匮,战士颇不得禄矣"。战士常常拿不到军饷,可见财力之屈。而创造性解决这一问题的正是以桑弘羊为代表的理财专家。桑弘羊出生于洛阳商人巨富之家,从小耳濡目染,具有经商的天赋,同时天资聪颖,具备超强的心算能力,年十三就成为汉武帝的贴身秘书——侍中,"弘羊贵幸",颇得汉武帝宠幸,其超前的谋划能力和干练的办事能力应是其获得皇帝宠幸的关键。

桑弘羊担任过治粟都尉、大司农中丞(相当于现在的财政部副部长)、御史大夫(相当于副丞相),实施了一系列包括均输、平准、盐铁专卖等财政法改革。在出任大农令之后,他增设大农部丞数十人,对郡国盐铁官分别予以整顿,增加了设置盐铁官营的地区,使得帝国之内的盐业管理机构多达 35 处,铁业管理机构多达 48 处。[①]

二、均输、平准与算缗、告缗

(一)均输、平准

据《汉书·食货志》记载,桑弘羊为治粟都尉,领大农时,"以诸官各自市相争,物以故腾跃,而天下赋输或不偿其僦费,乃请置大农部丞数十人,分部主郡国,各往往置均输盐铁官,令远方各以其物如异时商贾所转贩者为赋,而相灌输。置平准于京师,都受天下委输。召工官治车诸器,皆仰给大农。大农诸官尽笼天下之货物,贵则卖之,贱则买之。如此,富商大贾亡所牟大利,则反本,而万物不得腾跃。故抑天下之物,名曰'平准'"[②]

所谓"均输",实际上是中央建立的,对地方贡物的一种国家专营制度。按惯例,各郡国每年要投入大量的人力、物力收集贡奉给皇帝的贡物,这些贡品在征集过程中往往出现强买强卖的腐败现象,在囤积、转运过程中往往出现大量的腐烂、破损等运输过程中的损耗。其最终结果是到达京城的贡物的运输成本远远超过其实际价值。于是桑弘羊向各郡国派出专理向朝廷纳贡的货物的收购、贮藏、运输、销售的专职官员——均输官。后人解释说:"均输者,谓诸当有输入官者,皆令输其土地所饶,平其所在时价,官更于他处卖之。输者既便,而官有利。"(《史记·平准书》集解)[③]均输官有权根据市场行情,在市场行情好的情况下,将各地交纳的贡物以市场行情就地销售,或者将地方贡物运往其他价高的地方销售以获益。地方直接将贡赋收入而不是贡物本身上缴中央,这样大幅度增加了国家的财政收入,同时极大地节约了边远地区向京师运输货物的高昂成本。

而所谓"平准",就是在京城实施的、与"均输"相联系的平抑物价的连带功能,即各地输送给中央、到达京城的贡物,由大农部派出的平准官根据市场行情就地销售。当这种专用品的市场价格高时,平准官以市场价售出;当这种专用品的市场价格低时,平准官以市场价买进。这种国家的专用物资处于国家的价格管制之中,富商大贾投机取巧、囤积居奇的机会就消失了。"通过平准官,全国所有的商品处于控制之中。"[④]而平准官所获利润直接转拨国家财政,从而

[①] 马涛、韦伟:《汉初"盐铁会议"与留给后人的启示》,《福建论坛 人文社会科学版》2013年第4期,第14页。
[②] 杨钟贤校订:《汉书·卷二十四·食货志》,引自《四库全书荟要第二卷·汉书》,天津古籍出版社1998年版,第102页。
[③] 马涛、韦伟:《汉初"盐铁会议"与留给后人的启示》,《福建论坛 人文社会科学版》2013年第4期,第14页。
[④] 陈焕章:《孔门理财学》,商务印书馆2015年版,第434页。

直接充实了国库。

(二)盐铁专卖

而真正对汉武帝的战争财政起到巨大支撑作用的,则是以桑弘羊以及同为大农丞官员的东郭咸阳、孔仅为代表的务实派推动的盐铁专卖。东郭咸阳是齐地大盐商,孔仅是南阳的大铁商,都是"家累千金"的一方富豪。在公元81年(昭帝六年)举行的全国年盐铁会议上,以御史大夫桑弘羊为代表的儒家改革务实派——"大夫派",就盐铁专卖给国家在政治、经济、军事、财政上带来的好处进行了充分论证;而以谷唐生、鲁万生、朱子柏、刘子雍等为代表的守旧派——"贤良、文学之士",则提出了极为尖锐的反对意见。双方的争论围绕以下几个方面展开:

1. 军事上的需要

"大夫派"提出,"边用度不足,故兴盐、铁,设酒榷,置均输,蓄货长财,以佐助边费",这是最现实、最紧迫的需要,"今议者欲罢之,内空府库之藏,外乏执备之用,使备塞乘城之士,饥寒于边,将何以赡之?"而持反对意见的"贤良、文学之士"提出的批驳却有些苍白:"故天子不言多少,诸侯不言利害,大夫不言得丧。畜仁义以风之,广德行以怀之。是以近者亲附而远者悦服。故善克者不战,善战者不师,善师者不阵。修之于庙堂,而折冲还师。王者行仁政,无敌于天下,恶用费哉?"(《盐铁论·本议第一》)其意思是说,"仁者无敌",通过德行就可以征服敌人,根本就用不着战争,哪里还需要战争花费呢?将"仁者无敌"的迂腐之论用于野蛮的、处于游牧状态的匈奴族,可见这些饱读诗书的贤良之士的确是食古不化。大夫的反驳也非常犀利:"匈奴桀黠,擅恣入塞,犯厉中国,杀伐郡县朔方都尉,甚悖逆不轨,宜诛讨之日久矣。陛下垂大惠,哀元元之未赡,不忍暴士大夫于原野;纵难被坚执锐,有北面复匈奴之志,又欲罢盐、铁、均输,扰边用,损武略,无忧边之心,于其义未便也。"(《盐铁论·本议第一》)事实上,汉武帝之前的汉朝皇帝对匈奴一直采取送钱、送帛、和亲政策,但匈奴欲壑难填,"擅恣入塞,犯厉中国",从国计民生考虑,对匈奴用兵既是迫不得已,又是势在必行。

2. 财政需要

"大夫派"认为,盐铁、均输为国家的工商业发展确立了基本的准则,客观上有利于市场规范的确立和工商业规则的实施,促进了市场流通,起到了"通委财而调缓急"的作用:"古之立国家者,开本末之途,通有无之用,市朝以一其求,致士民,聚万货,农商工师各得所欲,交易而退。易曰:'通其变,使民不倦。'故工不出,则农用乏;商不出,则宝货绝。农用乏,则谷不殖;宝货绝,则财用匮。故盐、铁、均输,所以通委财而调缓急。罢之,不便也。"

而"贤良、文学之士"则认为,盐铁专营是一种"张利官以给之"的重利轻义行为:"古者,贵以德而贱用兵。孔子曰:'远人不服,则修文德以来之。既来之,则安之。'今废道德而任兵革,兴师而伐之,屯戍而备之,暴兵露师,以支久长,转输粮食无已,使边境之士饥寒于外,百姓劳苦于内。立盐、铁,始张利官以给之,非长策也。故以罢之为便也。"(《盐铁论·本议第一》)。"贤良派"的核心观点是道德治国,反对"废道德而任兵革",这显然迂阔而不切实际,对现实的财政问题避而不谈。

3. 富民的需要

"大夫派"认为,盐铁、均输有利于"赡农用""足民财",是"万民所戴仰"的利国利民之策:"管子云:'国有沃野之饶而民不足于食者,器械不备也。有山海之货而民不足于财者,商工不备也。'陇、蜀之丹漆旄羽,荆、扬之皮革骨象,江南之楠梓竹箭,燕、齐之鱼盐旃裘,兖、豫之漆丝絺纻,养生送终之具也,待商而通,待工而成……是以先帝建铁官以赡农用,开均输以足民财;盐、铁、均输,万民所戴仰而取给者,罢之,不便也。"(《盐铁论·本议第一》)在《盐铁论·力耕第二》中,"大夫派"还列举了盐铁、均输的三大益处:一是丰凶调节,"丰年岁登,则储积以备乏绝;凶年岁恶,则行币物;流有余而调不足也";二是"战士以奉","往者财用不足,战士或不得禄";三是"饥民以赈","山东被灾,齐、赵大饥,赖均输之畜,仓廪之积"。可见,盐铁、均输是对国计民生具有综合效益的政策变革。而"贤良、文学之士"提出的反对意见是,它破坏了"崇本退末"、重农抑商的基本国策:"夫导民以德,则民归厚;示民以利,则民俗薄。俗薄而背义而趋利,趋利则百姓交于道而接于市。是以王者崇本退末,以礼义防民欲,实菽粟货财。市,商不通无用之物,工不作无用之器。故商所以通郁滞,工所以备器械,非治国之本务也。"(《盐铁论·本议第一》)在贤良文学之士看来,盐铁、均输"背义而趋利,趋利则百姓交于道而接于市",全国老百姓都为了利益相交于道、相接于市,绝非好事。"兴利"与"趋利"之辨,正是道德守旧派(贤良文学之士)与兴利除弊派(大夫)的本质区别。

4. 农商互济的需要

"大夫派"根据时代的变迁,提出必须顺应时变,搞活经济,利用市场的力量,通过农、工、商的协调发展来增强国力,即所谓"故工不出则农乖,商不出则宝货绝"(《盐铁论·本议》),明确地反对重农抑商——

> 大夫曰:"贤圣治家非一宝,富国非一道。昔管仲以权谲霸,而纪氏以强本亡。使治家养生必于农,则舜不甄陶而伊尹不为庖。故善为国者,天下之下我高,天下之轻我重。以末易其本,以虚荡其实。今山泽之财,均输之藏,所以御轻重而役诸侯也。汝、汉之金,纤微之贡,所以诱外国而钓胡、羌之宝也。夫中国一端之缦,得匈奴累金之物,而损敌国之用。是以骡驴馲驼,衔尾入塞,驒騱騵马,尽为我畜,鼲貂狐貉,采旄文罽,充于内府,而璧玉珊瑚琉璃,咸为国之宝。是则外国之物内流,而利不外泄也。异物内流则国用饶,利不外泄则民用给矣。《诗》曰:'百室盈止,妇子宁止。'"[①]

在这里,大夫派提出了一个非常重要的观点:"管仲以权谲霸,而纪氏以强本亡。"重本抑末并不必然导致国家的强盛。在国际贸易环境下,外国货物的输入实际有利于本国,所谓"外国之物内流,而利不外泄也"。其关键在于"以末易其本,以虚荡其实""异物内流则国用饶,利不外泄则民用给矣"——用我方充裕的货物从国外换取我方所稀缺的货物,这可以看作我国最早的、其价值不亚于亚当·斯密的自由贸易理论的理论。

更重要的是,他们还提出了极其重要的大都市理论——

> 大夫曰:"自京师东西南北,历山川,经郡国,诸般富大都,无非街衢五通,商贾之所凑,万物之所殖者。故圣人因天时,智者因地财,上士取诸人,中士劳其形。长沮、桀溺,无百金之积,跖蹻之徒,无猗顿之富,宛、周、齐、鲁,商遍天下。故乃商贾

[①] 桓宽:《盐铁论·力耕》,引自王贞民注释,王利器审订,《盐铁论译注》,吉林文史出版社1995年版,第19页。

之富,或累万金,追利乘美之所致也。富国何必用本农,足民何必井田也?"①

历史上的"诸殷富大都,无非街衢五通,商贾之所凑,万物之所殖者",也就是说,因交通而兴起的城市经济,本身就是财富的生产中心,可以带来巨大的财富效应。因此,"富国何必用本农,足民何必井田也",通过工商业的繁荣形成城市经济,同样可以带来富国强民的效果。这在长期倡导重本抑末的中国经济思想发展史上,具有惊世骇俗的反潮流效果,是中国经济思想史上了不起的创新之举。

在《盐铁论·通有》中,"大夫派"列举了当时中国的十大名都——

> 大夫曰:"燕之涿、蓟,赵之邯郸,魏之温轵,韩之荥阳,齐之临淄,楚之宛、陈,郑之阳翟,三川之二周,富冠海内,皆为天下名都,非有助之耕其野而田其地者也,居五诸之冲,跨街衢之路也。故物丰者民衍,宅近市者家富。富在术数,不在劳身;利在势居,不在力耕也。"②

"富在术数,不在劳身;利在势居,不在力耕也",说明财富的创造有其内在的、本质的规律,有其特有的经商之道——"术数",与力耕没有必然的关系,用我们现在的话来说,就是勤劳未必致富。同时,"农商交易,以利本末",农业与商业的相互交易对于两者的协调发展都是有好处的。这是中国商业理论的又一创举。

5. 政治需要

盐铁专营,实际上是中国古代的国有专营制度,通过国家的垄断经营,在增加税收的同时,抑制豪强的兼并和诸侯国的独擅其利,消除地方势力对统一的中央集权的一大隐患。

汉初的休养生息政策为诸侯国和地方豪强的崛起提供了充分有利的条件,如吴王、邓通等直接掌控铸币权,"令民纵得自铸币。故吴,诸侯也,以即山铸钱,富埒天子,其后卒以叛逆。邓通,大夫也,以铸钱财过王者。故吴、邓氏钱布天下"(《史记·平准书》)。事实上,汉初的吴王刘濞造反,敢于对抗中央,就是因为"吴有豫章郡铜山,濞则招致天下亡命者铸钱,煮海水为盐,以故无赋,国用富饶"(《史记·吴王刘》)。吴王刘濞为了对抗中央,进行了长达40年的准备,通过"即山铸钱,煮海水为盐"积聚了大量的财富。为了收买人心,他一方面免除吴国所有老百姓的赋税,另一方面收罗天下的流民、逃犯,当中央政府的执法部门追索这些流民、逃犯时,他拒绝执行。而他在反叛中央时,公开诏告世人,"寡人金钱在天下者往往而有,非必取于吴",实在是狂傲之极。

这种财富积聚于诸侯国而不积聚于国家,掌握于少数富豪而非掌握于天下百姓,实际上对天下的安宁是一大祸患。大夫派在《盐铁论·禁耕》中提出——

> 家人有宝器,尚函匣而藏之,况人主之山海乎?夫权利之处,必在深山穷泽之中,非豪民不能通其利。异时,盐铁未笼,布衣有胸邺,人君有吴王,皆盐铁初议也。吴王专山泽之饶,薄赋其民,赈赡穷乏,以成私威。私威积而逆节之心作。夫不蚤绝其源而忧其末,若决吕梁,沛然,其所伤必多矣。太公曰:'一家害百家,百家害诸侯,诸侯害天下,王法禁之。'今放民于权利,罢盐铁以资暴强,遂其贪心,众邪群聚,

---

① 桓宽:《盐铁论·力耕》,引自王贞民注释,王利器审订,《盐铁论译注》,吉林文史出版社1995年版,第23页。
② 桓宽:《盐铁论·力耕》,引自王贞民注释,王利器审订,《盐铁论译注》,吉林文史出版社1995年版,第26页。

私门成党,则强御日以不制,而并兼之徒奸形成也。①

这里,"大夫派"提出两个明确的例证:一是吴王刘濞"专山泽之饶,薄赋其民,赈赡穷乏,以成私威。私威积而逆节之心作";二是春秋时代的曹国富商朐邴氏,据山东菏泽之交通要冲,经营盐铁而富埒王侯。这些事例足以说明盐铁专营不是掌握在国家手里而是掌控在私人手中,足以形成"众邪群聚,私门成党,则强御日以不制",最终因垄断经营而导致"一家害百家,百家害诸侯,诸侯害天下"的危险局面。而"贤良、文学之士"提出的反对意见是"是以王者不畜聚,下藏于民,远浮利,务民之义;义礼立,则民化上。若是,虽汤、武生存于世,无所容其虑。工商之事,欧冶之任,何奸之能成?三桓专鲁,六卿分晋,不以盐铁。故权利深者,不在山海,在朝廷;一家害百家,在萧墙,而不在朐邴也。"强调王者藏富于民,"工商之事,欧冶之任,何奸之能成?"——工商业的发展构不成垄断,其思想显得食古不化,过于幼稚。

事实上,以桑弘羊为代表的理财专家与改革务实派,从根本上支撑了汉武帝的对外用兵、边疆移民、兴修水利、开疆拓土等开天辟地的大事业,对于中华民族的大一统厥功至伟。"大夫派"在与"贤良、文学之士"的争论中占据了完全的上风,所以《盐铁论》的作者桓宽说:"桑大夫据当世,合时变,推道求,尚权利,辟略小辩,虽非正法,然巨儒宿学,恧然不能自解,可谓博物通士矣。"(《盐铁论·杂论》)

盐铁专卖是对中国创业领导影响深远的一项制度设计,它一方面确保了中央政府的财政收入,另一方面在中央的统一管辖下提高了全国的制盐、制铁质量,并且造就了一大批中国特有的依赖官府的富商巨贾——盐商与铁商。

(三)算缗与告缗

"算缗"与"告缗"实际上是汉武帝为增加财政收入而实施的财产征税法案与举报奖励法案。其本意是通过向富人征税来弥补财政的巨大亏空,但其实际效果则是对民生经济造成了巨大伤害。

公元前119年桑弘羊向汉武帝提议向全国有产者征收资产税,也就是"算缗"。根据"算缗令",所有工商业主、高利贷者等不论有无"市籍",均须向政府如实申报自己的财产数额。凡二缗(二缗为二千钱)抽去一算(二百文),即一次性征收百分之十的财产税。一般小工商业主,每四缗抽取一算,即百分之五的财产税。结果"算缗令"公布后并未出现富豪如实向国家有关部门如实申报的情况,"富豪皆争匿财"这种大范围偷税漏税现象惹得汉武帝龙颜大怒。为惩治那些不向国家如实申报的富豪大户,汉武帝继而向全国颁布了"告缗令"。

"告缗令"实际上是中国大范围实施的惩罚隐匿财产行为、举报奖励的双重制度,可以看作中国的"吹哨子法案"。公元前117年汉朝颁布"告缗令",鼓励举报:按规定,未如实向政府申报财产而遭人举报者,其所有财产包括奴婢,都将被官府没收充公,并守边一年;而主动告发他人者将得到政府重奖,获得被举报者财产的半数。桑弘羊是执行"告缗令"的设计者与总负责人。

当时带头执行"算缗令"的是一位名为卜式的模范公民,他主动将财产捐献出来以弥补县

---

① 桓宽:《盐铁论·通有》,引自王贞民注释,王利器审订,《盐铁论译注》,吉林文史出版社1995年版,第47页。

官的财政亏空。汉武帝闻之大喜,赐给他左庶长的爵位、中郎的官职,田地十顷,希望天下富人都向他学习。结果此人高风亮节,不愿做官,让汉武帝更加敬重,进一步将其官职提升为齐国丞相。但在真金白银面前,榜样的力量是有限的,几乎没有一个富豪主动申报自己的财产。汉武帝震怒,鼓励民间相互告发。有一个叫杨可的刁民,把天下的殷实之家告了个遍,国家没收的民间财富、奴婢难以数计,却导致中产阶层集体破产,"商贾中家以上大率破",引发了民意的严重反弹。公元前98年前后,桑弘羊为了增加国库的收入,又奏请汉武帝颁布"酒榷"的法令,对酒类实行国家专卖。盐、铁、酒榷并列为国家专营的"三业",在整个汉朝乃至后来的封建历朝历代,成为国家常规的垄断经营制度。

三、桑弘羊及其制度变革的历史评价

总体而言,桑弘羊的盐铁、均输、平准、酒榷等制度是没有急剧增加民间负担却大幅度提高财政收入的一系列制度设计,"平准则民不失职,均输则民齐劳逸",故"平准、均输所以平万物而便百姓,非开利孔为民罪梯者也"。(《盐铁论·本议》)在政治上,它们起到了巩固中央集权、抑制地方豪强的作用,"大夫各运筹策,建国用,笼天下盐铁诸利,以排富商大贾……损有余,补不足,以齐黎民,是以兵革东西征伐,赋敛不增而用足"(《盐铁论·轻重》)。司马迁对桑弘羊的做法颇有微词,但仍客观地评价其"民不益赋而天下用饶"的历史功绩。

桑弘羊的这一系列改革措施受到中国历代改革思想家或有为帝王的高度评价。如三国时期的曹操称他为"先贤",主政时将多项高盈利的产业归于国营。后魏的贾思勰称赞"桑弘羊之均输法,益国利民,不朽之术也"(《齐民要术·序言》)。中唐以后的理财名臣如杜佑、刘晏、刘彤等人都给予桑弘羊极高的评价。宋代改革家王安石称赞桑弘羊的改革措施是"安人之仁政,为国之善经"。明代思想家李贽则认为,"均输之法,所以为国家大业,制四海安边足用之本,不可废也。……桑弘羊者,不可少也"(《藏书》卷十七《富国名臣总论》)。孙中山对桑弘羊的理财功绩也给予了高度肯定:"若弘羊者,可谓知金钱之为用也。惜弘羊而后,其法不行,遂至中国今日受金钱之困较昔尤甚也。"

总之,桑弘羊是一位光耀史册的理财专家,同时也是一位对后世造成深远影响的制度变革者,对中国的创业领导者和创业者的制度环境带来了深远的影响。自此之后,盐铁专卖、均输、平准作为影响国家控制经济运行的一整套制度设计在中国长期保留下来,成为影响中国创业领导的基本制度框架。同时,他的农工商协调发展理论、自由贸易理论、大都市财富理论,已经远远超越他所属的那个时代,至今仍然闪烁着智慧的光芒。

思考题

1. 为何"仁政"是儒家创业领导理论的最高理想与基本准则?它对创业领导者的意义何在?
2. 儒家思想从哪些方面塑造了中国创业领导者的人格?
3. "食禄者不得争利"这一制度设计有何积极意义与消极意义?它对中国当今的政治制度改革有何借鉴意义?

4. 常平仓制度的主要内容是什么？它如何影响当今中国的粮食收储制度？它在当今的全球竞争中有何战略价值？

5. 什么是中国历史上的盐铁专卖制度？如何评价它在历史中的作用？

6. 你认为桑弘羊是一位非凡的理财专家与制度变革者吗？如何评价其农工商协调发展理论、自由贸易理论、大都市财富理论？

讨论题

参阅案例八"红顶商人胡雪岩与他的创业人生"。

1. 运用中国创业领导制度理论，分析胡雪岩的创业思想中有哪些符合儒家的创业领导思想，这些创业思想对胡雪岩的创业成功起了什么作用。

2. 运用创业领导制度理论，分析胡雪岩的创业为何最终失败。它带给我们的启示有哪些？

3. 胡雪岩的临终嘱托——"勿近白虎"是什么意思？说说你的看法。

4. 请参阅本书第十二章第二节中对涩泽荣一的分析，试比较近代中国与近代日本的制度环境，分析说明胡雪岩与涩泽荣一为何有如此迥然不同的创业结局。它带给我们的启示有哪些？

第十一章

西方创业领导制度理论

与传统经济学家的观点不同,约翰·R.康芒斯(John Rogers Commons,1862—1945年)认为推动经济发展与社会进步的不是个人行为,而是集体行为。集体行为受交易和法律这两种基本力量的约束。因此,康芒斯的制度经济学为创业领导者的创业行为设定了基本框架,他认为创业领导有两种基本的活动:一是交易活动——遵循公共、自由、平等的市场原则;二是法律活动——运行规则是冲突、依存与秩序。前者受习惯法的影响,后者受现代资本主义法律的影响。

本章第一节分析了康芒斯对资本主义经济学的"解构",其中重点分析了他对四位重要经济学家的与创业领导制度理论有关的理论脉络的梳理,它们是约翰·洛克(John Locke)的价值论、魁奈(Francois Quesnay)的自然秩序、亚当·斯密的价值论、托马斯R.马尔萨斯(Thomas R. Malthus)的人口论。在此基础上,本节分析了这些理论对企业领导的意义及其时代局限性。康芒斯的系统观点在"箩筐图:康芒斯对制度经济学的解构"中得到了具体展示。

康芒斯的制度经济学在对历代经济学家的制度理论进行解构之后,对西方资本主义的制度经济学进行了"重构"。他化身为资本主义制度的机构设计师,试图对资本主义制度这部精密、复杂的机器进行系统设计。本章第二节用"结构图:康芒斯对制度经济学的重构"具体展示了康芒斯对西方制度经济学的系统构思,它包括运行中的机构、法律的确立、意识形态的确立、集体行动四个主要部分。在此基础上,本节分析了康芒斯创业领导制度理论中的"共同财富"和"白手起家论"。

第一节 康芒斯对历代创业领导制度理论的归纳

康芒斯是传统制度经济学的卓越代表,其主要著作是《制度经济学》和《资本主义的法律基础》。康芒斯曾经在奥柏林学院和约翰·霍普金斯大学学习,后来在韦斯利、奥柏林、印第安纳、锡拉丘兹和威斯康星等院校任教。除了经济学方面的研究,他还积极参加州和联邦政府的法律顾问工作,对美国的立法改革和司法进程产生过重大影响。

1904年康芒斯在威斯康星大学任教后,主持完成了11卷本的《美国产业社会史纪实》和4

卷本的《劳工运动史》——成为后来研究美国劳工运动史的经典资料。1905年康芒斯与他的学生一起起草了《威斯康星公共事务法》,1907年又起草了《威斯康星公共事业法》,1911年完成了《工人赔偿法案》。1911年他担任了"威斯康星产业委员会"的专家委员,负责对该州的劳动争议进行调查并提出合理的解决方案。康芒斯和他的学生起草的诸多法案,成为"罗斯福新政"的施政依据与改革样本。因此,我们可以说康芒斯的制度经济学及其法律实践对美国的法律、制度变革产生过重大影响。

在其名著《制度经济学》(上、下册)中,康芒斯将洛克、魁奈、亚当·斯密、边沁(Jeremy Bentham)、马尔萨斯、李嘉图(D. Ricardo)、马克思等历史上著名的经济学家的制度理论的相关概念与理论进行了细密的梳理与烦琐的论证,实际上他把自己变成了资本主义的制度经济学的设计师,对这些历史上的经济学家的制度经济学思想进行了彻底的"解构",然后把这些概念与思想重新"编织"进他构想中的"制度经济学箩筐"中。直到《制度经济学》的后半部分,我们才会明白,他这个"箩筐"是由经线和纬线构成的基本理论体系。

坦率地讲,他更像是制度经济学的一位不辞辛劳的"篾匠",前面所有的经济学家的思想对他来说仅仅是可供选择的"篾片",他将它们进行了彻底的"解构",然后进行了烦琐的"编织",统统织进他自己构想中的"制度经济学箩筐"中。他在《制度经济学》"第十章 合理的价值"中说:

"科学头脑用来在一切研究中进行工作的这种学术研究的方法,我们称为分析、究源和洞察的方法。

分析的方法在于把那复杂性拆散,成为一切假定的行为的相似点,然后给每种相似点一个名称,作为提出的一种科学的原则,以备在研究中加以考查。究源的方法在于找出过去发生的变化,作为现在情况所以如此的说明。洞察的方法在于了解怎样领导和服从领导的情况。"①

这里的"分析、究源和洞察的方法"正是康芒斯研究制度经济学所用的方法,而其对分析方法所作的"把那复杂性拆散,成为一切假定的行为的相似点,然后给每种相似点一个名称,作为提出的一种科学的原则,以备在研究中加以考查"也正是他在研究历史上那些著名经济学家的概念、思想、理论时所用的方法。我们将这种方法用图11-1来加以展示。

我们不妨从康芒斯繁复的语言和烦琐的分析中理出这样一个清晰的框架,从其理论框架中整理出有关创业领导制度理论的大致脉络。他在对历代制度经济学家的分析、究源和洞察中,总结出以下五个重要的创业领导制度概念、思想与理论。

一、洛克的价值论

康芒斯在《制度经济学》的第二章,对洛克的价值论进行了大量的、详细的分析。他认为,洛克的价值论的实质是"以劳动作为价值唯一来源的理论",有时洛克又将这种"劳动"表述为"自由劳动":"洛克所说的'劳动'不是奴隶劳动,而是'自由劳动',这种自由劳动是在'自由地'工作,那劳动者因此就把这种土地变成他自己的私产②。"他引述了《洛克全集》的原文——

---

① [美]康芒斯著,于树生译:《制度经济学》(下册),商务印书馆1962年版,第421~422页。
② [美]康芒斯著,于树生译:《制度经济学》(上册),商务印书馆1962年版,第41页。

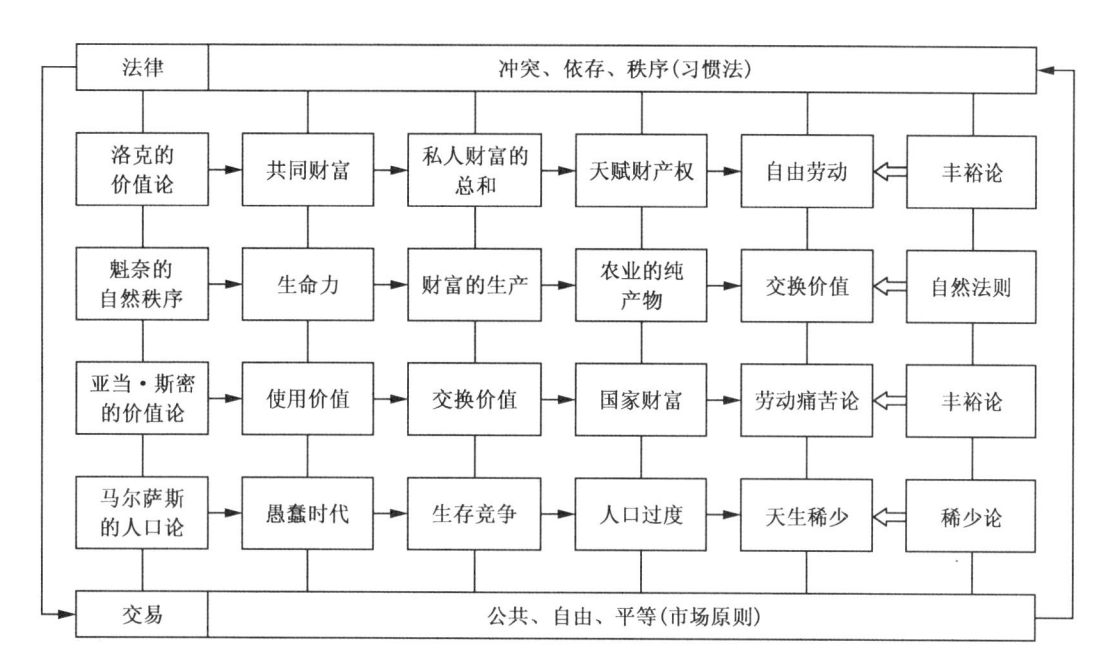

法律	冲突、依存、秩序（习惯法）					
洛克的价值论	共同财富	私人财富的总和	天赋财产权	自由劳动	⇐	丰裕论
魁奈的自然秩序	生命力	财富的生产	农业的纯产物	交换价值	⇐	自然法则
亚当·斯密的价值论	使用价值	交换价值	国家财富	劳动痛苦论	⇐	丰裕论
马尔萨斯的人口论	愚蠢时代	生存竞争	人口过度	天生稀少	⇐	稀少论
交易	公共、自由、平等（市场原则）					

图 11—1　箩筐图：康芒斯对制度经济学的解构

虽然大地和一切低级生物是全体人类所共有，可是每个人本身自己有一种财产：这种财产除了他自己以外，没有人对他有任何权利。他的身体的劳动，以及他的手的工作，我们可以说，当然是他的。那么，无论什么，凡是他改变了它们自然状态的东西，他就已经把他的劳动和它混合起来，加入了他自己的东西，从而使它成为他的财产。它被他改变了它的自然状态。它因这种劳动而获得一种新的性质，剥夺了别人的共有权利。因为这种劳动是劳动者的无可疑问的财产，没有别人，只有他能对加入了这种劳动的东西有一种权利，至少在那些还剩下充分的同样好的东西归别人共有的地方是这样。[①]

这种"劳动是劳动者的无可疑问的财产"的观点，构成了洛克的"天赐自由和财产权"的"天赋财产权"的思想，从而形成了他的"生命、自由和财产的自然权利"价值论的理论体系。在这种价值论的理论体系中，劳动所得构成了私人财富，而私人财富的总和进一步汇聚成"共同财富"："凡是增加私人财富的东西（这只能在生产力的意义上实现），就是共同财富的增加，共同财富是一切私人财富的总和。"

洛克价值论的前提假设起源于"丰裕论"，即"上帝的本意是丰裕，可是人的罪孽使得他必须用工作去争取"，"洛克说上帝的礼物是赐给人类共有，当然他的意思不是历史上原始部族共产制度的那种共同所有制，也不是现代马克思主义的共产制度，也不是一种有组织的团体对每个人配给他一份……洛克的所谓'共有'，不是因为稀少而实行的共同所有制，而是因为丰裕而

[①] 《政府论》，《洛克全集》第5卷，第2编，第27节。本文引自[美]康芒斯著，于树生译：《制度经济学》(上)，商务印书馆1962年版，第41页。

实行的机会均等"①。

对创业领导的制度理论而言,洛克的价值论肯定了创业领导的基于"自由劳动"而形成的"天赋财产权",同时阐明了创业领导所产生的"私有财产的总和"本身是"共有财富"的一部分。它对创业领导的财产权和获得权以后的社会责任承担,具有现实的指导意义。

二、魁奈的自然秩序

魁奈是重农学派的创始人,被法国人和亚当·斯密称为"唯一的经济学家"。魁奈认为存在一种由上帝安排的、符合"人类理性"的自然秩序,他并不反对君主专制,但是"专制的君主必须服从一种自然、理性和上帝慷慨宽厚的机械作用"②。魁奈反对洛克所代表的重商主义,认为农业才是真正产生财富的部门,不应该为了商人和厂主的利益而损害农业部门,反对给予商人、工厂主在税则、奖励、公司组织等方面的特权。

魁奈的著作《经济表》发表于1758年,《农业国政府经济之一般原则》发表于1763年。他是法国国王路易十五的宫廷御医,因此他拥护君主专制一点也不令人奇怪,他的经济学理论是对一个不遵守"自然法则"的无能的君主专制政权讲的。魁奈的重农经济学吸收了1628年威廉·哈维(William Harvey)在生理科学中提出的血液循环理论。他试图运用血液循环理论来解释财富的生产和流通,并使它遵守某种物理学的机械原理。魁奈认为,财富对于社会有机体,恰如血液对于动物有机体一样。一个农业王国,就像动物有机体一样,从土壤、空气、阳光和雨水中吸取食物、织物原料、木材和矿物;处理它们,消化它们,然后把它们输送到社会躯体的各个部分。躯体的各个部分吸收各自所需,全部的生存养料不断从大地得到补充。在这种理论中,"流通"是不生产的,因为它们只是将能量传送到系统所需的各个部分,且在传输的过程中本身会消耗一定的能量。与此类似,商人和制造家也不是生产的,因为他们要么是促进了商品的流通,要么在生产过程中改变了物品原有的形式。

魁奈认为,只有生命力才是生产的,由于它的能力,一样东西再生产出来时不仅和原来不是同量,而且会有量的增加。这种量的增加是一种剩余,一种"纯产物",就像一粒小麦撒在地上会长出几百粒小麦一样。因此,魁奈这里所说的"生命力"实际就是自然状态下,受自然法则驱动的自然生长与自然增殖过程。

魁奈认为,只有耕种土地的人才是生产的,他们生产的东西叫农业的"纯产物";所有商人、工匠、制造业工人和知识分子都是不生产的;不是只有耕种者才生产使用价值,其他人也生产使用价值;所有的使用价值只是某种东西形式的改变,而不是量的扩大;量的扩大才是交换价值的扩大。

魁奈在此基础上形成了他完全不同于前人的以"交换价值"为核心的财富理论:交换价值的实质不是"支配货币的能力",而是"支配商品和服务的能力";一个国家的财富,会因为增加这种具有"交换能力"的物质东西的数量而增加,并不会仅仅因为货币的增加而增加。这种"交

---

① 《政府论》,《洛克全集》第5卷,第2编,第27节。本文引自[美]康芒斯著,于树生译:《制度经济学》(上),商务印书馆1962年版,第39~40页。
② 《政府论》,《洛克全集》第5卷,第2编,第27节。本文引自[美]康芒斯著,于树生译:《制度经济学》(上),商务印书馆1962年版,第149页。

换能力"的来源是农业而不是制造业或商业。

魁奈强调,货币只是名义价值——它只是交换和计量的工具,利用这种工具,人们知道自己的商品是否具有很高的交换价值。财富不是货物的丰裕,而是好价格货物的丰裕;不是使用价值的丰裕,而是交换价值的丰裕。他反对重商主义对货币的重视,以及压低农业原料的价格从而扩大制成品输出、扩大外贸盈余、获得更多货币的做法。他认为这种重商主义的政策极大地侵害了农民的利益:"丰裕而没有交换价值,不是财富。稀少而价格高是贫乏。丰裕而价格高是富裕。"[1]

康芒斯分析,魁奈的使用价值与财富理论的前提假设,源自"自然秩序"推导出的"自然权利"与"自然法则":自然是聪明的、仁爱的和慷慨的。"自然秩序"是一种仁爱的、丰裕的秩序,它包含每个人自己的利益,由指导农业的同一仁爱的秩序所指导,这意味着每个人自会选择自然预先准备的行动路线,获得高的交换价值和丰裕的物产。[2] "自然权利"是"一个人享受适合他的幸福的权利","是他凭自己的力量和智慧所取得的不管什么东西"。而"自然法则"包括公道——"一种自然的和最高的标准,为理性所承认,这个标准明显地决定什么属于自己,什么属于别人"[3]。这种法则是"一位聪明的上帝为了人类的幸福而制定的",它们是"改不了、打不破、最最好的法则",还"具有创造丰裕所需要的智慧和仁爱两种特性"[4]。

魁奈的使用价值与财富理论对于今天的世界来说显然已经过时,但他对真正增加国家财富的产业部门的重视——在他那个时代是农业,对当今来说是制造业,显然具有重要的指导意义。对于当今的中国来说,从根本上增加中国国民财富的是制造业的创业领导者,如福耀玻璃的曹德旺、华为的任正非、三一重工的梁稳根等优秀企业家,而对商业部门和互联网金融的垄断部门的垄断财富而并不创造财富的行为,我们应该保持必要的警惕。

三、亚当·斯密的价值论

根据康芒斯的分析,亚当·斯密显然继承了洛克、魁奈的理论观点,并发展出他自成一体的劳动价值论。

亚当·斯密提出了"劳动是第一价格"、一切财富源自劳动这一基本结论——

> 一切物的真实价格,即欲得此物的人真实负担的费用,亦即获得此物的辛苦勤劳。一切物,对于已得此物但愿以之出售或交换他物者,真正值得多少呢,那等于因占有其物而能自己省免、转嫁在别人身上的辛苦勤劳。自身做成的货物,固由我们自身的辛苦而得;以货币或货物购得的物品,亦由劳动购买。此等货币或货物,使我们能够免除这种辛苦。它们含有一定量劳动的价值,依此价值,我们可与其他

---

[1] 《政府论》,《洛克全集》第 5 卷,第 2 编,第 27 节。本文引自[美]康芒斯著,于树生译:《制度经济学》(上),商务印书馆 1962 年版,第 156 页。

[2] 《政府论》,《洛克全集》第 5 卷,第 2 编,第 27 节。本文引自[美]康芒斯著,于树生译:《制度经济学》(上),商务印书馆 1962 年版,第 156 页。

[3] 《政府论》,《洛克全集》第 5 卷,第 2 编,第 27 节。本文引自[美]康芒斯著,于树生译:《制度经济学》(上),商务印书馆 1962 年版,第 162 页。

[4] 《政府论》,《洛克全集》第 5 卷,第 2 编,第 27 节。本文引自[美]康芒斯著,于树生译:《制度经济学》(上),商务印书馆 1962 年版,第 163 页。

在想象上含有同量价值的物品交换。劳动是第一价格,是原始的购买货币。世间一切财富,原来都由劳动购买,非由金银。所以,一物,对于已有此物但愿以之交换新物者,所值恰等于这物所能购得的劳动量。①

亚当·斯密在洛克、魁奈的研究基础上,第一次对"国民财富"进行了清晰、缜密的分析:一切财富源自人类的劳动,"劳动是第一价格";劳动创造了所有物品的价值;其价值的多少(价格)取决于其生产过程中消耗的劳动和劳动量。亚当·斯密把这种消耗的劳动和劳动量分别表述为"劳动的痛苦"(辛勤劳动)、"劳动力"和"省免的劳动"。康芒斯评价说,亚当·斯密的理论前提是"丰裕论":"经济的自由是丰裕,伦理的自由是没有集体的行动""没有集体的行动就一定会有自然的丰裕,以及集体行动实际上硬造成人为的稀少。"②

在对价值分析的基础上,亚当·斯密进一步将价值区分为"使用价值"和"交换价值"——

"价值"一词,有两种不同的意义,它有时表示特定物品的效用,有时又表示因占有其物而取得的对于他种货物的购买力。前者叫作使用价值,后者叫作交换价值。使用价值很大的东西,其交换价值往往极小甚或绝无;反之,交换价值很大的东西,其使用价值往往极小甚或绝无。例如,物类中,水的用途最大,但我们不能以水购买任何物品,也不会拿任何物品与水交换。反之,金刚钻虽无多大使用价值可言,但须有多量其他货物,才能与之交换。③

在此基础上,亚当·斯密由个人的"劳动"推导出全社会的"总劳动",从而产生了他所说的"国民财富":"这种劳动还包括可以叫作国家的'总'劳动的教师、牧师、政治家、政客、警察等,他们总的工作扩大整个国家增加使用价值的产量的能力。"④在这里,亚当·斯密不仅注意到了体力劳动者所产生的劳动价值,而且注意到了非体力劳动者,包括"教师、牧师、政治家、政客、警察"等创造的劳动价值,并把他们列入创造国民财富的共同行列。在此基础上,后来的马克思把亚当·斯密所指的"那种劳动力更精细地分为体力的、脑力的和管理的能力"。"脑力是间接推动事物的能力,在空间上隔着一段距离或者在时间上是将来;它的方法是直接推动其他物体,使其他物体发动他们自己的物质力量。工具、机器、发动机、飞机都是起源于脑力。"而"管理的能力,同样用运动的说法来说明,就是推动别人用他们的体力、脑力和价格的力量去推动物和人的能力"⑤。也就是说,受时代局限,亚当·斯密无法认识创业领导所付出的劳动是一种稀少的、珍贵的"脑力劳动"和"管理能力",这一点似乎由后来的马克思和康芒斯加以了揭示。但不可否认的是,亚当·斯密把劳动看作财富的唯一来源,并且将脑力劳动、管理的能力看作劳动的重要体现,是社会总劳动的重要组成部分;而国民财富则是社会总劳动的整体创造,这本身就是对创业领导者的创业活动的一种积极肯定。

---

① [英]亚当·斯密:《国民财富的性质和原因的研究》,第1篇,第32~33页。此处引自[美]康芒斯著,于树生译:《制度经济学》(上册),商务印书馆1962年版,第201页。
② [美]康芒斯著,于树生译:《制度经济学》(上册),商务印书馆1962年版,第234页。
③ [英]亚当·斯密:《国民财富的性质和原因的研究》,第1篇,第30页。此处引自[美]康芒斯著,于树生译:《制度经济学》(上册),商务印书馆1962年版,第205页。
④ [美]康芒斯著,于树生译:《制度经济学》(上册),商务印书馆1962年版,第214页。
⑤ [美]康芒斯著,于树生译:《制度经济学》(上册),商务印书馆1962年版,第215页。

四、马尔萨斯的人口论

马尔萨斯是英国著名的神学家和经济学家,他在 1798 年出版的《人口原理》使他成为人口控制论的鼻祖。

康芒斯评价说:"理性的时代终于产生法国革命。愚蠢的时代从马尔萨斯开始。无政府主义者威廉·葛德文(William Godwin)在 1793 年倡议法国革命的一些原则应该输入英国。"康芒斯这里所说的"愚蠢的时代"应该是指"法国人已经从逻辑上把亚当·斯密的同情心、利己心、是非的意识和联合行动的否定,结合起来,并且在自由、平等、博爱的名义下,废除了地主、教会以及行会、公司和其他任何组合的一切集体行动。无政府主义者之父葛德文,把斯密的否定集体行动变成了否定国家组织本身"①。与亚当·斯密的观点相反,马尔萨斯认为,人并非理性的,而是感性的;并非克制的,而是冲动的;并非聪明的,而是愚蠢的。简言之,马尔萨斯的"愚蠢的时代"是当时英国出现的、以无政府主义者之父葛德文为代表的对集体行动乃至国家政府的完全否定。

马尔萨斯"人口论"的基本观点是:"天意注定了人口增加的速度比食粮快得多""人口因此就会按几何级数增加,而生活资料只按算术级数增加"②,其带来的生存竞争的结果必然是贫穷、罪恶或战争。马尔萨斯理论的基本前提是"稀少性":"稀少性原则就是他的人口原则。"根据康芒斯的分析,马尔萨斯的"人口论"直接启发了达尔文的"物种起源"。

马尔萨斯的"人口论"有一个隐含的推论:在资源有限和"稀少性"原则的前提下,人口越多,消耗的资源和财富就越多;人口的增加不但不会增加财富,相反会消耗财富。这是一个极其危险的结论,但康芒斯并未对此予以足够的重视。

根据马尔萨斯的资源稀少观点,我们可以顺理成章地推论创业领导者(企业家)作为一种"异质性人力资本"也是一种稀少、应该倍加珍惜的人力资源;有了这种资源,它甚至可以在某种程度上抵消其他资源的稀少性。同时,从创业领导者的视角来看,马尔萨斯的资源稀少性的观点是有局限的,甚至是荒谬的,因为,通过创业领导者的创业、创新活动,资源稀少性的状况是可以改变的。

创业传奇

比亚迪:中国最大汽车集团

中国最大的汽车集团"诞生",进入全球前三,汽车行业大变革要来了吗?

比亚迪根据市值排名,如今已经超过 6 800 亿元,稳居中国第一,全球前三,连传统燃油车行业的霸主——大众和宝马集团也纷纷败下阵来。

比亚迪可谓是近年来最能给人惊喜的国产厂商,生产的车辆口碑在不断提升,质量也得到了大家的认可。随着新能源技术的不断发展,各家车企可以说是几家欢喜几家忧。尽管新能源汽车从一开始就不被大家看好,但是近几年它凭借出众的优势和不断完善的

---

① [美]康芒斯著,于树生译:《制度经济学》(上册),商务印书馆 1962 年版,第 285~286 页。
② [美]康芒斯著,于树生译:《制度经济学》(上册),商务印书馆 1962 年版,第 289~290 页。

用户体验,慢慢地被越来越多的消费者接受。在新能源汽车欣欣向荣的时候,传统燃油车厂商的日子可没那么好过了。新能源汽车在不断地拓展市场份额,宝马、大众以及保时捷等一系列传统厂商也都加入了新能源赛道。

那么,比亚迪又是如何从一众对手中杀出重围的呢?比亚迪于2022年4月3日发布公告,停止传统燃油汽车整车的生产,这对于汽车行业来说是一则震撼的消息。对于比亚迪来说,这不仅仅是破釜沉舟、"百二秦关终属楚"的决心,更是比亚迪对于汽车行业未来走向的预见。而我们也不得不承认,比亚迪对于市场变化有着清晰的认知。

一开始比亚迪就专注于电动车方面的技术研究,对于电动车的痛点——电池的续航与充电速度更是下了很大的功夫去研究,生产出的刀片电池饱受使用者的好评,最终在电动车普及的时代击败了一众对手。所以无论哪一个行业,核心技术才是第一竞争力。而在已经过去的2022年3月份,比亚迪单月销量就突破了10万辆,同比增长了160%,而且全部是新能源汽车,在国内的销量也是稳居第一。

但是从全球视野来看,新能源汽车赛道又有一个无法忽略的对手,它就是特斯拉。特斯拉和比亚迪一样,是2022年话题度最高的两家车企,2022年的胡润富豪榜,马斯克摘得全球首富的头衔后,更是将特斯拉连带推向了舆论的风口浪尖。每一个世界首富都有着给自己带来巨额财富的行业,正如互联网造就了比尔·盖茨,新能源汽车行业造就了马斯克,这代表了资本市场对这个行业的看好,而特斯拉则代表了在汽车行业中掀起了变革新势力。如今,在汽车行业的座次中,前三名就有两名是新能源车企,新能源汽车的崛起已经势不可挡。而比亚迪在今年已如同新王登基的势头成为国内销量第一的车企,在3月份的销量成功超越了特斯拉的5万辆,这更坚定了比亚迪对新能源汽车的选择。

那么在新能源汽车的赛道上,比亚迪势必是要与"旧王"特斯拉产生碰撞的。在这场擂台上,究竟是新王登基,还是旧王卫冕,让我们拭目以待吧!

(资料来源:今日头条,2022年4月14日,作者不详。)

五、交易与法律

康芒斯在对以上这些经济学家进行分析的过程中,对其概念、思想、理论进行了重新"解构",然后把它们统统编织进他自己设计的制度经济学的"箩筐"中。在康芒斯的"箩筐"中,有两个重要的结构性支柱:交易与法律。

(一)交易

康芒斯认为资本主义社会的最本质的关系是交易:财产的交易、利益的交易和所有权的交易。它体现的是市场的力量。在现代法律体系建立之前,交易主要遵循公平、自由、平等的市场原则,受到习俗和习惯法的制约。

(二)法律

所有的交易不可能是一种无拘无束的无政府行为,恰恰相反,它是受到某种法律制约的集体行为。集体行动的运行规则是冲突、依存与秩序。

1. 冲突

康芒斯认为冲突是交易的实质,而冲突的前提是"稀少性"——

> 我把利益的冲突说成交易关系中主要的一面。可是我最后要说不能让这一点作为唯一的原则,因为还有相互依存以及集体行动来维持秩序。我像经济学家们那样,从稀少性出发,(把它)作为一切经济理论的基础。然后我像休谟与马尔萨斯那样,进一步说明从稀少中不仅产生冲突,而且产生因为相互依存而建立秩序的集体行动。①

这种冲突,在康芒斯的分析过程中,在洛克那里表现为天赋财产权与帝王的神权的冲突;在魁奈那里,则表现为农民的利益与商人、制造业主利益的冲突;在亚当·斯密那里,则表现为利己与互利的冲突;在马尔萨斯那里,更体现为人口的几何级增长与生活资料的算术级数增长的冲突。所以,在康芒斯看来,在一个以"稀少性"为前提的世界里,冲突是交易过程中本质的、必然的属性。

2. 依存

仅有冲突是不够的,将冲突约束、维持在一定的制度范围、市场秩序与社会环境中,就必然形成交易过程中的相互依存关系。康芒斯提出——

> 在每一件交易里,总有一种交易的冲突,因为每个参加者总想尽可能地取多予少,然而每个人只有依赖别人在管理的、买卖的、限额的交易中的行为,才能生存或成功。由于这种协议不是可以自愿地做到,就总得有某种形式的集体强制来判断纠纷。②

也就是说,交易的达成和纠纷的裁决,决定了人们在市场交易过程中的相互依存关系。

3. 秩序

秩序是一切组织和社会有机体维持正常运转的运行规则与运行规律,它是对所有参与者和各方利益的协调。康芒斯相信一切经济学都是利益的协调,"我们可以把所有经济学说看作未来协调的理想化"③。而康芒斯所倡导的制度经济学正是企图通过法律的完善与变革而不是社会制度的变革来建立资本主义的完美秩序。康芒斯提出——

> 如果人们接受这种判决作为前例,在以后的交易中当然地遵守,那么有权判决的当局就不需要干涉,通常也不加干涉,除非冲突又达到顶点,成为原告和被告的一件纠纷。这种方法,我们称为以判决纠纷来制造法律的习惯方法。对这整个的作用,我们称为运行机构中的运行法则,它的目的是从冲突中造成秩序。④

康芒斯相信,资本主义制度通过这种判例法和法律的完善,就可以解决所有的社会矛盾,获得他所期望的完美的秩序,这显然是一种过分的"未来协调的理想化"。

---

① [美]康芒斯著,于树生译:《制度经济学》(上册),商务印书馆1962年版,第214页。
② [美]康芒斯著,于树生译:《制度经济学》(上册),商务印书馆1962年版,第140页。
③ [美]康芒斯著,于树生译:《制度经济学》(上册),商务印书馆1962年版,第129页。
④ [美]康芒斯著,于树生译:《制度经济学》(上册),商务印书馆1962年版,第140页。

第二节　重构：康芒斯对资本主义制度的再设计

康芒斯的制度经济学在对历代经济学家的制度理论进行解构之后，对西方资本主义的制度经济学进行了"重构"。此时，他化身为资本主义制度的设计师，试图对资本主义制度这部精密、复杂的机器进行系统设计。在前人理论的基础上，他进行了前所未有的系统化和理论化。其系统设计我们用"结构图：康芒斯对制度经济学的重构"来表示。其结构设计与基本思路如图 11-2 所示。

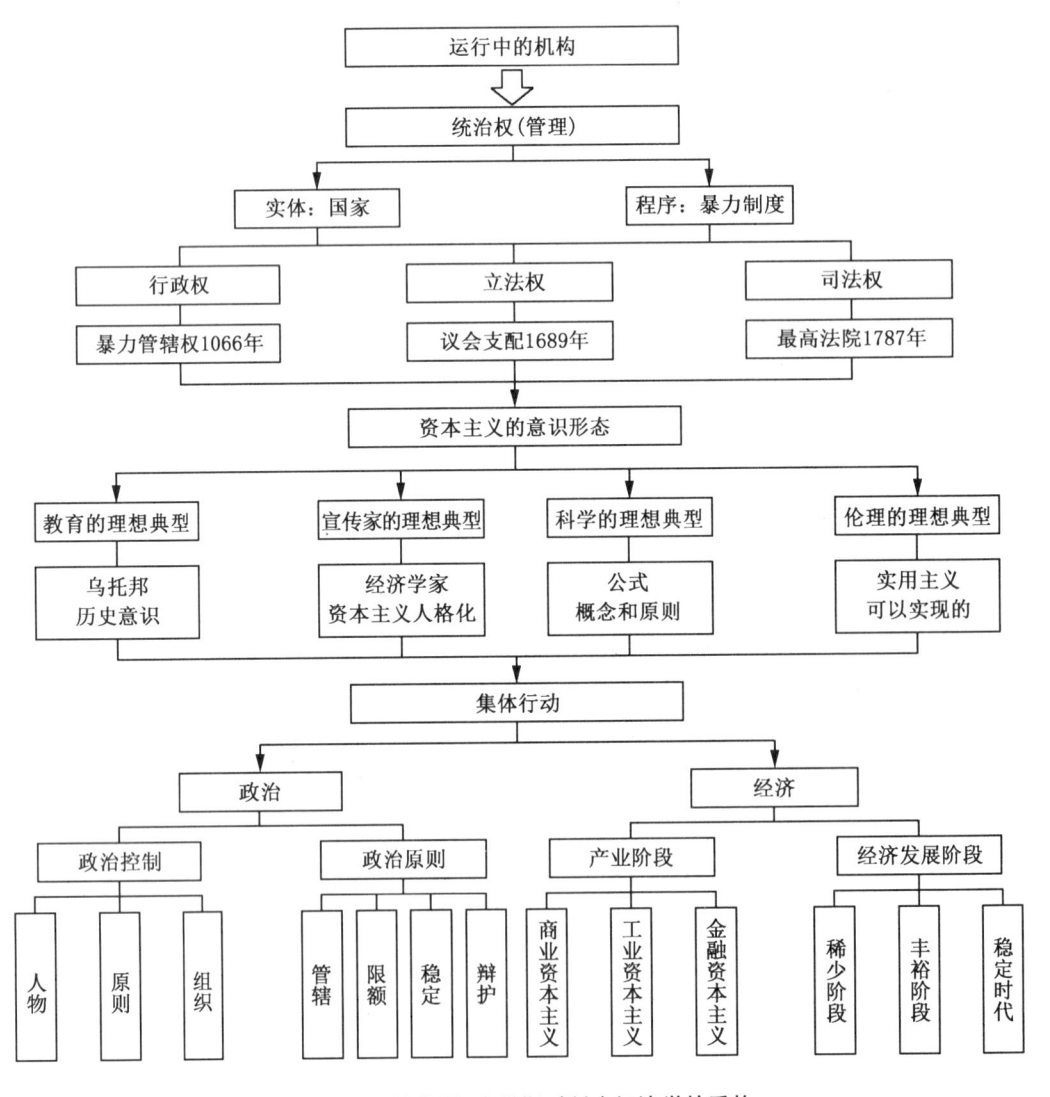

图 11-2　结构图：康芒斯对制度经济学的重构

一、运行中的机构

康芒斯用"运行中的机构"来指代在管理实践中不断修正、不断完善的西方资本主义的政治体制与管理制度。"没有一个人是不可少的,可是个别的领袖可以在集团内部升起来,或者可以被排除了由别人替代,按照人们认为可以运行的选择、升调、提升和政治关系安排的方法来处理。按照组织达到的这种顺利运行的完善程度,我们给它的名称,不是物理学的名称'机器',也不是生物学的名称'有机体',甚至也不是那不明确的名称'集团',而是社会活动的名称'运行中的机构'。"[①]而集体的控制依赖的不是个人的独裁,而是集体的"暴力制裁",康芒斯有时称其为"统治",有时又称其为"管理"。它在实体上表现为国家,在程序上表现为一项法律最终确立的过程。"'国家'在于使用暴力的独裁,执行否则私人方面也许用私人暴力来执行的事。"[②]

二、法律的确立

在康芒斯看来,资本主义法律的确立表现为行政权、立法权、司法权相互依存与相互制约的过程。它在资本主义的法律演化过程中经历了复杂的、动态的演化过程。康芒斯认为行政权就是一种"暴力的管辖权","从 1066 年诺曼底公爵征服英国开始",以国王为最高权力;立法权属于议会,从 1689 年英国革命开始,"革命现在把一个由财产所有人组成的议会的地位提高了,高于国王和他的司法和行政官员"[③];司法权从 1787 年美国宪法开始,"使美国最高法院成为最高权力,在联邦和州官员之上"。

三、意识形态的确立

同法律的确立一样,西方资本主义的意识形态神圣化、合法化、人格化直到成为驱动人类社会发展的"神话",经历了一个漫长的演化过程。康芒斯将其概括为四个方面的"理想典型":

(1)教育的理想典型,是指资本主义的经济制度是长期教育的结果,已经成为资本主义社会中文化的一部分,"它是一种专门为了说明人类行为的某一方面的典型"。为了强化这种典型塑造,"经济学理论不叫经济学,而叫作教育学"[④]。其结果是以法律、制度为基础的西方经济学最终被"乌托邦化"。

(2)宣传家的理想典型,是指资本主义制度经济学家"是以宣传为基础,尽管他们自己不承认"[⑤],他们把自己的理论人格化,把自己的理论"基督化""资本家化""资本主义精神化",而往往忽略了"宣传家的偏见"。

(3)科学的理想典型,是指制度经济学家往往"把概念和原则陈述为一种公式",使其理论不是主观的推断而是客观的科学。

[①] [美]康芒斯著,于树生译:《制度经济学》(下册),商务印书馆1962年版,第335页。
[②] [美]康芒斯著,于树生译:《制度经济学》(下册),商务印书馆1962年版,第420页。
[③] [美]康芒斯著,于树生译:《制度经济学》(下册),商务印书馆1962年版,第343~344页。
[④] [美]康芒斯著,于树生译:《制度经济学》(下册),商务印书馆1962年版,第388页。
[⑤] [美]康芒斯著,于树生译:《制度经济学》(下册),商务印书馆1962年版,第393页。

(4)伦理的理想典型,是指制度经济学倡导了一种合理的、可以实现的、"合理主义的理想主义"①。

创业聚焦

埃隆·马斯克:如何打败中国

2020年的2月28日,美军上将约翰·汤普森向马斯克发出提问:美国是否可以打败中国?汤普森的这个问题是具有"美国特色"的问题,毕竟,美国是一个"居安思危"的国家。要知道,美国高层有事没事就会聚在一起开会,列出一些所谓的对美国发展有威胁的国家。但凡是这种话题,想都不用想,中国绝对是"首当其冲"地被讨论……

熟悉历史的朋友都知道,自第二次世界大战结束之后,美国就一心想限制中国的发展。不管是在战争、外交、经济,甚至是奥运会的层面上,只要深究,都能挖出美国对中国的"不怀好意"。可即便是在这种情况下,中国还是排除万难地发展起来了。截止到21世纪初,中国不管是经济能力、军事实力、科技发展还有国际地位,都已经不可同日而语。尤其是到了2020年前后,中国在新能源领域、高科技领域的发展是举世瞩目的,美国人不由自主地就产生了"忧患意识",一直将中国作为假想敌。而马斯克作为美国顶级的工程师、企业家,刚好就在这两个领域内有所建树,再加上他曾在中国参与过很多项目的投资,亲眼见证了中国发展壮大的部分缩影。所以这个问题给到马斯克,一点也不奇怪。

当天马斯克是以"Space X"CEO(太空探索技术公司首席执行官)的身份,出席一个名为"民间技术融入军事太空前景"的专题研讨会。对于这个问题他并没有提前准备,更不知道汤普森作为美国的军方代表,想要得到什么样的答案。

不过即便如此,马斯克依然从容淡定,他稍作沉默,仔细斟酌一下后,给出了自己的答案:如果美国想打败中国,除了"激进创新"之外没别的路可以走。

这一回答让汤普森陷入了沉思,整个会场也变得鸦雀无声。

(资料来源:影中纪实编辑,今日头条,2022年4月13日。)

四、集体行动

资本主义的法律确立和意识形态确立,最终达成了全社会的集体行动。康芒斯认为"制度经济学建立在集体控制的基础上",资本主义的历史,从本质上讲,是"集体控制个人的历史"②。

(一)作为政治的集体行动

康芒斯认为资本主义的法律演进和制度运行,其实质是政治活动、政治运行的结果,可以坦率地说,"资本主义就是一种政治"。"所谓政治,我们的意思是一个机构范围以内协力一致

---

① [美]康芒斯著,于树生译:《制度经济学》(下册),商务印书馆1962年版,第408页。
② [美]康芒斯著,于树生译:《制度经济学》(下册),商务印书馆1962年版,第335页。

的行动,目的在于取得和保持对机构及其参加者的控制。"①

1. 政治的控制机制

政治的控制机制包括人物、原则和组织。这里的人物,坦率地说,实际上就是政治领袖。康芒斯称其为"领袖、首领或首长"。"领袖是一个完全靠说服和宣传来吸引和领导他的拥护者的人。""成功的首长通常也运用压迫和说服。首领也善于运用压迫和说服。领袖由于成功地运用说服这项武器,可以成为首领或首长。群众行动,没有领袖、首领或首长,是一群暴徒。有领袖、首领或首长,它是运行中的机构。"②政治原则有别于科学原则,"政治原则以意志为对象,是有目的的行动方针,例如自由贸易、保护贸易、商业伦理、工会原则、宗教的或道德的原则、爱国主义、忠诚甚至经济和效率——根据这些原则,可以激发协力一致的行动,趋向一定的目标"③。组织是指在资本主义法律与制度体系运行的、具有政治决定权的组织实体,康芒斯称其为"集团""机构"或"机器","组织有别于人物和原则,因为,当它接近完善的时候,它是一种运行顺利的、有效力的包括一切较小的或最高的领袖、首领或首长的统治集团——这一种集团,有时候用比喻来说,被称为'机器'。"④

2. 政治的运行原则

政治的运行原则包括管辖、限额、稳定、辩护。这里的管辖是指"控制个人行动的集体行动的范围","管辖的权力可以细分为地区的、对人的和对交易的管辖"。限额的程序"可以细分为'互助'、独裁、合作、集体谈判和司法判决"。稳定是指资本主义制度体系中保证社会平衡运行的办法,"是办法、就业和价格的标准化"。辩护实际是在资本主义法律体系内矛盾、冲突解决的依据与正当性的维护,"目的在于控制那机构,因而也控制个人行动"⑤,它包含了"习惯的假设和预期的可靠性"。"所以限额的交易需要辩护,需要证明这样做是对的,以便取得足够的一致行动,强制实行这种交易。这种辩护同时带来了对那些不遵守规定的人的责备。这种辩护和责备就是政治的语言。"⑥

(二)作为经济的集体行动

康芒斯从社会、经济的角度分析资本主义制度体系经历的产业阶段和经济发展阶段。

1. 产业阶段

康芒斯认为,"资本主义不是一种单独或静态的概念,它是一种进化的概念,包括三个历史阶段——商业资本主义、工业资本主义、金融资本主义。最后一种现在支配着一切,因为信用制度盛行;第一种起因于市场的扩充,第二种起因于工艺或技术"⑦。

2. 经济发展阶段

康芒斯认为,"经济阶段是制度的变化,我们概括地称为'稀少''丰裕'和'稳定'的阶

---

① [美]康芒斯著,于树生译:《制度经济学》(下册),商务印书馆1962年版,第417页。
② [美]康芒斯著,于树生译:《制度经济学》(下册),商务印书馆1962年版,第418页。
③ [美]康芒斯著,于树生译:《制度经济学》(下册),商务印书馆1962年版,第418页。
④ [美]康芒斯著,于树生译:《制度经济学》(下册),商务印书馆1962年版,第418页。
⑤ [美]康芒斯著,于树生译:《制度经济学》(下册),商务印书馆1962年版,第422页。
⑥ [美]康芒斯著,于树生译:《制度经济学》(下册),商务印书馆1962年版,第431页。
⑦ [美]康芒斯著,于树生译:《制度经济学》(下册),商务印书馆1962年版,第433页。

段"①。康芒斯对这些阶段划分的依据"是实物控制和法律控制的区别","实物控制是技术。法律控制是社会在当时的效率、稀少性、习俗和统治权暴力等情形下派归个人的权利、义务、自由和暴露"②。康芒斯对经济阶段的划分如下:

(1)"稀少阶段"为18世纪工业革命以前,"社会通常对人的入量和出量采取限额的办法,只有最低限度的个人自由"。

(2)"丰裕阶段"为工业革命之后,"在极端丰裕和承平时代,有最大限度的个人自由,只有最低限度的个人控制,个人买卖代替限额"。

(3)19世纪至20世纪则为"稳定时代",包括"19世纪中资本家和工人的协作运动,以及竞争条件的平等化""20世纪中美国的'自己生活,让人生活'政策",其社会特征表现为全社会达成了"通过制造家、商人、工人、农场主和银行家的协会、公司、工会以及其他集体运动的一致行动"③。

五、康芒斯对创业领导制度理论的研究及其意义

康芒斯的制度经济学将创业领导置于制度经济的演化与法律变迁的大环境中,他强调了创业领导的财产积累与所有权的获得必须得到法律的认可,同时处于政治、社会、经济多重力量博弈的大背景下。他有一个隐含的前提:创业领导者的财产合法性与创业行为的正当性,必须置于法律的框架内和政治、社会、经济多重力量博弈的大背景下,才能得到真实、客观的评价。他对创业领导理论的卓越性贡献表现在以下几个方面:

(一)"共同财富"与"国民财富"背后的"天赋财产权"

他在对洛克、亚当·斯密的价值论进行解构、分析、比较的过程中,对传统经济学家蕴涵在财富论中的价值理论进行了深入的探究,对创业领导者积累、创造财富的合法性、正当性进行了前所未有的深入探究,这对我们了解创业领导的"共同财富"本质具有重要意义。他在分析洛克的价值论时指出——

> 共同财富的这种经济意义被习惯法的法庭扩充到制造和买卖方面。区别的关键在于个人因何致富的手段。如果他由于国王赐予制造上或买卖上的特权而获得财富,那么他的财富是从公共财富中减扣出来的,他这方面没有相应的贡献。可是,如果他获得财富是由于制造、买卖、零售、从国外输入商品,或是在他的土地上生产作物的活动,那么他的私人财富就等于他对公共财富的贡献。共同财富是私人财富的总和。这种私人财富只能由勤劳和节俭中得来。这成为亚当·斯密的国家财富的观念。这种观念成为支配了从洛克到现在的正统派经济学那种财富的双重意义,就是一种被占有的而不是被垄断的物质的东西。④

所以,康芒斯认为"洛克给亚当·斯密开辟了道路",洛克的"共同财富"直接启发了亚当·

---

① [美]康芒斯著,于树生译:《制度经济学》(下册),商务印书馆1962年版,第433页。
② [美]康芒斯著,于树生译:《制度经济学》(下册),商务印书馆1962年版,第433页。
③ [美]康芒斯著,于树生译:《制度经济学》(下册),商务印书馆1962年版,第433页。
④ [美]康芒斯著,于树生译:《制度经济学》(上册),商务印书馆1962年版,第34页。

斯密的"国民财富"。其共同逻辑是"凡是增加私人财富的东西(这只能在生产力的意义上实现),就是共同财富的增加,共同财富是一切私人财富的总和";而私人的财产来源于劳动,"劳动是劳动者的无可疑问的财产","这种财产,除了他自己以外,没有人对他有任何权利"①。

从洛克的"共同财富"到亚当·斯密的"国民财富",从"共同财富"论到劳动价值论,再到天赋财产权,康芒斯对创业领导者私人财富的合法性以及增进"共同财富"与"国民财富"的重要意义进行了系统梳理与精当提炼,对于今天创业领导者"天赋财产权"的保护和增加"共同财富"的创业行为的提倡,仍然具有重要的理论意义与社会价值。同时,康芒斯对"财富的双重意义"的划分,即依靠勤劳致富而产生的合法财富与凭垄断与特权获得的非法财富,仍然是我们区分创业领导财富合法还是非法的最基本的依据。

(二)"白手起家论"

康芒斯多次论述了资本主义法律制度框架下与社会环境下的"白手起家论"。他在对洛克的"价值论"进行分析的时候,最先引述了"巴斯克特的典型例子":

> 巴斯克特的典型例子,强调一个人由于获得物质的财富而对于国家(共同财富)贡献更多,是托马斯·福莱,"此人白手起家,做铁厂生意,弄到每年有五千镑以上的收入,他的行为是那样的公正和无可非议,以致据我知道的所有与他来往过的人,都赞美他那种了不起的正直和诚实,这一点没有人有疑问"。这样由于勤劳、正直、节俭和良好的管理而获得的,同时又服从教会和国家的那种财富,正是代表清教徒的经济理想,以及洛克从而获得他的观念的那种环境。②

康芒斯在对其制度经济学进行总结时,再次提出了他基于资本主义制度环境的"白手起家论":

> 美国资本主义的另一种力量是人们可以白手起家,从最低的地位升到最高的地位。培尔曼教授在谈话中曾把它比作天主教会。最低级的计日的散工,出身于最贫穷的家庭,可以成为工头、厂长、总经理,然后董事长。在我们的大公司里这种事例很多很多。在老的个人主义制度下,个人创立他自己的企业,取得财富,而这种企业在他的儿子和女婿手里垮掉。现在他创立一个公司,这公司在他死后仍然存在,他的继任者不是他的亲属(他们主要是作为债券持有人),而是那些主要由于自己的能力爬到经理位置的穷苦孩子。
>
> 欧洲还没有学会这种升级的诀窍,阶级心理把体力劳动者始终留在他的下等阶级里,高等行政人员出身于特权的和受教育的阶级的家庭。可是,美国的高级行政人员,如果出身于低微的工人,就会感到骄傲。我常常见到一个富有斗争精神的社会主义者或工会主义者,因为美国公司组织的这种可以上进的制度,而变成一个资本主义的热心宣传家。③

康芒斯的这种"白手起家论"的确反映了美国资本主义制度环境哺育了从福特到洛克菲

---

① [美]康芒斯著,于树生译:《制度经济学》(下册),商务印书馆1962年版,第39~41页。
② [美]康芒斯著,于树生译:《制度经济学》(上册),商务印书馆1962年版,第36页。
③ [美]康芒斯著,于树生译:《制度经济学》(下册),商务印书馆1962年版,第567~568页。

勒,从戴尔到比尔·盖茨,从乔布斯到马斯克等一大批企业家的成功。但我们同时注意到,随着市场制度的引入和经济体制改革的成功,这种"白手起家"型的创业领导者在今天的欧洲、亚洲、南美洲甚至非洲,都取得了普遍的成功。与此同时,由于2002年"9·11"事件、2008年美国金融危机以及随后出现的"占领华尔街"运动,美国金融资本主义带来的阶层固化、利益集团化和空心化所引发的社会矛盾日益激烈,康芒斯对于建立在"丰裕和高生活水平"基础上的美国金融资本主义的自信与自我崇拜正变得越来越不切实际。

思考题

1. 按照康芒斯的分析,洛克的价值论、魁奈的自然秩序、亚当·斯密的价值论、马尔萨斯的人口论的核心观点分别是什么?这些核心观点对创业领导制度理论的贡献是什么?
2. 康芒斯创业领导制度理论的基本框架是什么?他的"集体行动"的观点对创业领导者来说,意义何在?
3. 为什么康芒斯将西方经济学看作一种教育学?
4. 如何评价康芒斯的"共同财富"论?它对创业领导制度理论的价值与意义何在?
5. 如何评价康芒斯的"白手起家论"?它对创业领导制度理论的价值与意义何在?

习题及参考答案

模块六

文化理论

第十二章

创业领导文化理论

创业领导文化理论(entrepreneurship theory of culture)讨论创业领导在特定的文化环境下的独特创业行为。从个体来看,创业领导者本人的创业价值观和管理哲学会受其所在的民族文化的深刻影响;从组织的角度看,创业领导者本人创建的企业文化或组织文化又会从根本上塑造整个企业的创业活动。本章我们着重讨论吉特·霍夫斯塔(Geert Hofstede)的文化理论、马克斯·韦伯的清教伦理、霍夫斯塔的儒家文化以及中国传统文化背景下的创业精神。

第一节 人性·文化·个性:精神程序驱动的三个层次

文化是一个极其复杂、庞杂的概念。广义的文化包含了人类迄今为止所创造的一切物质产品和精神产品。从考古的角度看,人类学家从考古发掘中找到的一切遗存都可以看作"文化",从远古的石器、青铜器、陶器到壁画、巫术、宗教信仰等。从历史的视角看,人类历史演进过程中所创造的一切文明形式与形态,我们也都可以称为文化。因此,所有的"文明"实际上都是文化,它是具有历史延续性、系统性和地域特征的文化。但当今对企业文化的研究,将人们的视角聚焦到一个更小、更特定、更精确的领域——组织文化,它是一种狭义的文化,着重关注某家企业的价值观与行为方式。

在此,我们将"文化"界定为在一定时间、空间范围内的人们以群体的方式所共同形成的价值观与行为方式。它有三个要点:

(1)文化是一定时间、空间的产物,意味着每种文化都有它特定的时间跨度与空间区隔,表明文化是历史化的、在地化的,它不是一种时间上的永恒概念,也不是空间上的无限概念。因此,文化的本质是相对性而不是绝对性。我们平常所说的东方文化、西方文化、基督文化、儒家文化都具有这种时间、空间上的相对性。

(2)文化的核心是价值观。世界各个区域、各个国家、各个民族,其文化的外在形式绚烂多彩、异彩纷呈,其差异的核心在价值观。这些价值观包括了对宇宙、自然界、人类、社会不同的认识和看法,其表现的方式为使命感、责任感、思想、观念、意识形态、理论体系,但其最内核就是价值观。

(3)文化的外在表现是行为方式：价值观的差异必须表现为行为方式的差异，因为某种行为方式的背后一定受到价值观的驱动。在文化研究领域，我们着重研究群体的行为方式或共同的行为方式，而不是研究千差万别的个人行为方式。所以，人类学家霍夫斯塔将"文化"比作人类心灵的软件，在软件的驱动下，组织会表现为共同的行为方式。

霍夫斯塔在《文化与组织：心灵的软件》[1]中认为，如同受程序的驱动一样，人类的思考、感觉、行动方式受到精神程序的控制，或者说受到心灵软件的控制。人类的精神程序由三个层次构成：人性、文化与个性。

人性是整个人类共有的特性，它来自人的遗传基因，决定了人的生理与基本的心理功能模式，就像是电脑的"操作系统"一样。文化是后天学习的结果，而不是先天遗传的结果，它取决于人的社会环境，而不是人的基因。在过去相当长的一段时间内，一些哲学家及其他学者无法解释在一定的人群内部文化模式的稳定性，他们低估了向前辈学习、向下一代传授的影响。基因的作用在伪种族理论中被无限夸大，这种伪种族理论对第二次世界大战时纳粹所采取的种族灭绝政策负有不可推卸的责任。个性是指他或她独有的、不与他人共有的、一系列精神程序（mental programs），它部分来自人的独特的基因，部分来自后天的学习。这种学习意味着既受到集体心灵程序的驱动，同时也受到独特的个人经历的陶冶。霍夫斯塔划分的人类精神程序驱动的三个层次如图12-1所示。

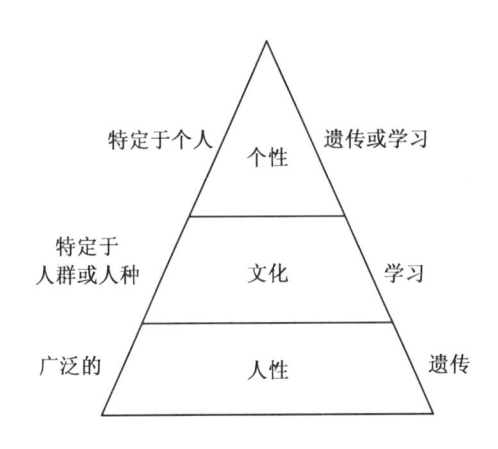

图12-1 人类精神程序的三个层次

按照霍夫斯塔人类精神程序驱动的三个层次，我们可以推定：创业领导者的文化观念与文化信仰以人性为基础，它是后天学习的结果。由此我们不难理解所有的创业领导者都是其所有的文化环境，包括民族文化、宗教文化共同熏陶的产物。由此我们可以看到，中国文化环境下的创业领导者往往具备勤劳、坚韧、讲孝道、温文有礼、发奋图强等共性；而西方文化环境下的创业领导者往往具备独立、勤奋、刻苦、追求自由、敢于挑战等共性。属于儒家文化圈而接受了西方文化影响的日本、韩国的创业领导者则往往兼具东方文化的内敛和西方文化的进取两种不同的特质。

---

[1] Geert Hofstede, *Cultures and Organizations: Software of The Mind*, University of Limburg at Meastricht, 1991.

如果比较王永庆与乔布斯这两个东西方文化环境下的创业领导者,你就会发现在他们身上有完全不同的"文化烙印":王永庆生活于典型的东方文化环境中,靠当学徒、卖米起家,从小养成了勤劳、吃苦、孝敬父母、爱护弟妹等中华民族的传统美德;乔布斯生活在美国旧金山硅谷附近,其邻居就是惠普公司的职员,从小受到硅谷创业氛围的影响,对于科技、时尚、创新有着孜孜不倦的追求。王永庆生活在一个贫寒的家庭里,家人靠种田、采茶为生。早年父亲王长庚因重病无法医治,为不连累家人,上吊自杀,此事给王永庆巨大刺激。他事业发达后建立了以他父亲命名的王长庚基金会和长庚医院,希望救治千千万万像他父亲一样无力医治的穷苦病人。乔布斯生活在一个破碎家庭里,从小父母离异,童年生活的不幸使他养成了孤傲、多疑、偏执而刻薄的性格。他成为亿万富翁后拒绝承认他与女儿之间的父女关系,并用"你闻起来像马桶""你不会从我这里得到一个子儿"这样的恶毒语言来挖苦他的亲生女儿。

而创业领导者的个性则是先天遗传和后天学习的共同结果。(1)先天遗传:我们从创业领导者的性格养成中,往往可以找到其父母遗传的基因甚至祖先的基因。"近朱者赤,近墨者黑""蓬生麻中,不扶而直;白沙在涅,与之俱黑",父母的基因遗传或言传身教往往构成了创业领导者的性格的起点与基本氛围,它对创业领导者的性格养成提供了最基本的构件或"原生家庭"环境。例如,慈爱的父母往往造就孝顺的儿女,著名创业领导王永庆、郭鹤年、曹德旺的成长经历就是如此,他们都有一个共同点:慈爱的母亲养育了有责任性、公德心的孝顺儿女。(2)后天学习:这是创业领导者的性格养成中另一重要因素,它包括学校学习与社会学习。学校学习为创业领导者的成长奠定了最基本的知识结构、思维模式。比如创业领导者郭鹤年在糖业期货市场上叱咤风云,如鱼得水,就与他早年在英国商学院的学习经历有密切关系。比起学校的学习,社会实践或社会学习似乎显得更为重要,乔布斯的性格成长与他在硅谷与投资人、企业家、跨国公司的共事经历密不可分。

第二节 文化层次与创业领导者的文化构建

在对人类的精神层次分析的基础上,霍夫斯塔提出了文化层次理论。这一理论将文化分为象征符号、英雄人物、仪式和价值观四个层次。其中,"象征符号"是文化的最表层,"价值观"是文化的核心,其层次关系就像是洋葱一样,霍夫斯塔将其称为"洋葱图",如图12-2所示。

一、象征符号

象征符号是仅为共享这种文化的人所认知的、具有特定含义的文字、手势、图画等符号系统。在创业领导的文化构建中,象征符号是企业文化的最表层,它既具有高度的抽象特征,又具有丰富的象征意义与联想特征——因为具有丰富内涵的企业文化一旦上升为符号,它就具有了更强大的传播功能。构成企业文化的象征符号的构成要素可能是企业的司标,如IBM的司标是"蓝色巨人",可口可乐公司的司标是"Coca-Cola",但同时也可以是创业领导者本人,比如著名创业领导者任正非、曹德旺、董明珠分别成为华为、福耀玻璃、格力电器的象征符号,成为其企业文化中所蕴涵的企业精神的代表。

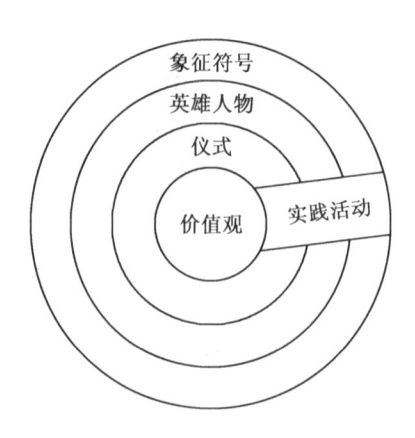

图 12-2 洋葱图:文化的四个层次

创业领导者成为企业文化的象征符号可以细分为以下几种情况:

(1)创业领导者本身就是企业的开创者,创业领导者本身的形象与企业的形象具有高度的重合性,比如松下公司的创始人松下幸之助;

(2)创业领导者是企业的改革者和转型者,在关键时刻拯救了企业。比如格力空调的董明珠,她在关键时刻力劝珠海市领导不要将格力空调低价卖给外商,改由市政府与格力员工共同持股,并领导格力走上了一条发奋图强之路,使格力成为世界空调领域的著名品牌;

(3)创业领导者本身拥有其所创立的企业的专利、品牌、商标,并且以其本人的肖像注册为公司的商标,比如"老干妈"的创业领导者陶华碧。但是创业领导者本人成为企业文化的象征符号也意味着巨大风险:一旦创业领导者违法、犯罪、爆丑闻、道德败坏或突然病故,就会对企业的形象、品牌的传播和产品的营销带来巨大冲击。

二、英雄人物

"英雄人物"是在一种文化中具有被高度珍视的性格特征或作为行为楷模的人物,这种人物可能是活着的,也可能是已故的;可能是真实的,也可能是虚构的。许多创业领导者本身就是企业文化中的英雄人物,他们的创业品格、创业行为、创业愿景和创业经历已经深深地融入了企业文化,他们成为倡导企业文化的领军人物、领袖人物和灵魂人物。但是,企业文化的构建,不能变成创业领导者的"独脚戏",更不能把其塑造成唯我独尊的"帝王"。健康的、富有生气的、蓬勃向上的企业文化,应该形成一种企业文化的角色配置——推动企业文化健康成长的、功能齐全的、相互协调的角色搭配。一般来讲,健康的企业文化需要四种角色:创业领导者、创业团队、员工和讲故事的人(如图12-3所示)。

(一)创业领导者

创业领导者即得道者。所谓"得道者",是指创业领导者成为企业管理哲学的创立者和启蒙者。如同孔子成为儒家哲学的开创者,耶稣是基督教的开创者,一个成功的创业领导者必须成为他所信奉的管理哲学的创立者和他所倡导的企业文化的开创者。"日本企业之父"涩泽荣一就是这样一位得道者,他还拥有"日本金融之王""日本近代经济的领路人""日本资本主义之

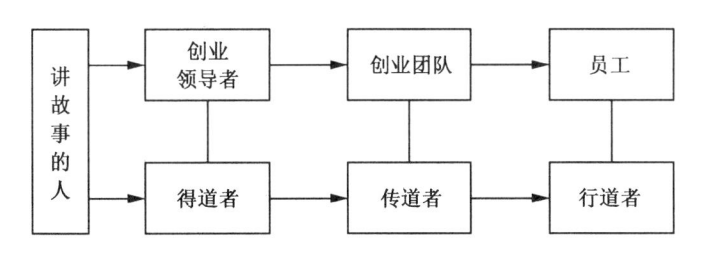

图 12—3　企业文化的角色配置

父"等项桂冠。他早年曾参加尊王攘夷运动,是德川幕府重用的重臣,本可以在行政事业上干出一番事业,但他深感日本官尊民卑观念的落后,在 1867—1868 年近两年的时间内游历了法国、瑞士、荷兰、比利时、意大利、英国等欧洲强国,欧洲先进的工业文明和经济制度给他带来了巨大冲击,他毅然决定抛弃从政做官的大好前途,辞官经商,将西方先进的工业文明引入日本。1873 年(明治六年),涩泽荣一辞去了主管国家预算的大藏少辅的高职,先后成立了日本第一家股份制银行、日本第一家保险公司(东京海上火灾保险)、日本第一家造纸公司(王子制纸)、日本第一证券交易所(东京证券交易所)、日本第一家啤酒厂(札幌啤酒)等 500 家以上的企业。他在《论语与算盘》中提出了"士魂商才"的管理哲学——

　　从前,日本平安前期有个文人兼政治家——菅原道真,他非常提倡把日本固有的民族精神和中国学问相结合的"和魂汉才",我觉得很有意思,也非常赞同。为此,还提出了自己的"士魂商才"。

　　所谓和魂汉才,就是要以日本所特有的日本魂作为根基,认真学习在政治和文化上都领先自己的中国,以培养自己的人才。

　　中国是一个历史悠久的国家,文化发展比较早,又有像孔子、孟子这样的伟大圣人作为先驱,因而中国的文化、学术和书籍浩瀚无边。其中又以记载孔子及其弟子的言行的《论语》为中心。另外据说记述禹、汤、文、武、周公事迹的《尚书》《诗经》《周礼》《仪礼》等都是由孔子编撰而成的,所以一提到汉学,首先就想到了孔子。据说记载孔子及其弟子言行的《论语》,是菅原道真最喜欢读的书。相传在应仁天皇时代,菅原道真还把百济学者王仁进献给朝廷的《论语》和《千字文》亲自抄录了一遍,献给了伊势神庙,这就是现在菅原版的《论语》。

　　"士魂商才"也是这个意思,如果想在这个社会找到自己的一席之地,受世人敬仰和爱戴,那在为人处世上就一定要有士魂,但如果仅有士魂而无商才的话,也不能在经济上立于不败之地,所以士魂与商才在人之修为上缺一不可。那又该如何培养士魂呢? 书籍当然是可以汲取这门知识的好地方。不过我认为,所有书籍中,只有《论语》才是能培养士魂底蕴的根本。①

由此可见,涩泽荣一的事业成功,离不开他所倡导的"士魂商才"的管理哲学。创业领导的管理实践表明,只有深刻的管理哲学作为支撑的企业文化才会推动企业行稳致远,而没有管理

---

① [日]涩泽荣一著,余贝译:《论语与算盘》,九州出版社 2012 年版,第 3~4 页。

哲学支撑的企业文化，或者不健康的企业文化，最终将会导致企业的败亡。创业传奇"恒大的'马屁文化'与高管的特殊癖好"就是这方面的典型例证。

> **创业传奇**
>
> **恒大的"马屁文化"与高管的特殊癖好**
>
> 　　从去年恒大爆雷开始，除了2万亿元的债务，许家印和许多恒大的高管就一直是网友谈论的中心。这些年来，许家印和一些高管从恒大累计分红了数千亿元的现金。但是最后那些高管在恒大爆雷的时候，不但没有出手拯救恒大，而且大量套现，然后消失。而许家印作为恒大的掌门人，最后只拿出70亿元的资金来救恒大。那么，这些数千亿元的分红究竟去了哪里？
>
> 　　恒大集团高管的问题一直存在，从恒大爆雷前的一场篮球赛就能看出。当时的这场篮球赛许家印亲自上场，比赛中有啦啦队，有记者，有观众。一场公司内部举行的篮球赛，已经达到了数百人的规模。整场比赛中，许家印几乎不怎么跑动，但是篮球好像装上了自动导航系统，一直莫名其妙地往许家印的手上跑。篮球场上的队友，甚至是对手都一路帮助许家印得分，最后让其拿下了MVP。而恒大集团的副总裁刘永灼，因为在比赛中频频传球给许家印而成为本场篮球赛的助攻王。当时手捧鲜花的许家印格外地开心，这整场比赛，完全就是几百人像哄小孩子一样哄着许家印。这只是恒大内部一场简单的篮球赛，但是背后则隐藏着恒大最大的弊端，那就是极致的官僚主义和不健康的"马屁文化"。
>
> 　　"上有所好，下必甚焉"，这样之后，恒大的高管也就跟着学了起来。在恒大爆雷不久之后，网上开始流传一份资料——恒大集团各领导"客室记录总表"，这份材料详细地描述了恒大高管们的奢华生活。
>
> 　　这些高管在享受如此待遇的情况下，每年还拿着不菲的分红，但是看到恒大马上爆雷之后，他们就开始提前跑路了。在2021年5月，恒大财富总经理杜亮亲手签批了一笔990万元理财资金提前兑换，这个兑换者是杜亮和他的父亲。到了7月份，许家印的夫人在恒大套现了2300万元，而这笔资金除了许家印和他的夫人之外，没有人知道去了哪里。同样是在7月，许家印将自己在中国香港的两套价值10亿元的豪宅转到了他的私人管家谭海军的名下。到了8月份，恒大的总裁夏海均套现了过亿港元，这位年薪高达2.7亿元的恒大总裁，在恒大出事之后第一时间选择了套现跑路。到了8月16日，恒大的执行董事副总裁史俊平同样选择抛弃恒大，套现了2252.56万港币。之后，恒大的"雷"就爆了。
>
> 　　恒大高管的面目在"爆雷"的时候才被揭开，恒大"爆雷"，他们这些高管面对这种生死危机，却选择了跑路，没有一个想着要与公司共存亡，这就是恒大那一群高管的真面目。面临2万亿元的债务，其在全国的各个项目都有可能成为烂尾楼，几百万业主可能无家可归，在无数供应商和农民工的工钱还没有结清的情况下，这些高管却只想着自己盖的是不是蚕丝被，自己吃的水果是不是进口的，他们的心中根本就没有业主、没有员工、没有客户、没有产品、没有供应商，更没有恒大！

我们最后看到的就是扬言绝对不会卖掉股票的总裁夏海均早早就清仓了自己的股票,扬言自己可以一无所有而恒大的投资者不能一无所有的许家印也开始"躺平",想把烂摊子扔下不管。他们这些高管将从恒大得来的分红,一部分用在了自己奢侈的生活上——游艇豪车、私人飞机、豪宅数不胜数,还有一部分估计早就被转移到了只有他们自己知道的地方。想让他们将这些钱拿出来救恒大基本不可能。恒大能走到今天,与自甘堕落和骄奢淫逸的管理层脱不了关系,企业高管一个个铺张浪费,下面的风气能好到哪里去呢?把精力全部放在拍上层"马屁"的一家公司,你能指望它集中多少精力在客户和债主身上?只能说恒大出现的官僚主义和各种不健康的企业文化才是恒大堕落的根本原因,负债2万亿元只是加速了恒大的落败。

（资料来源：晓梦闲聊，今日头条，原题"恒大的马屁文化,许家印父子日常生活奢靡,高管千亿分红去了哪里？",2022年2月7日。）

（二）创业团队

创业团队是创业过程中的中坚力量,其团队成员由于与创业领导者共同创业,秉承了创业领导者的管理哲学、价值观、企业精神和行为方式,因此创业团队往往成为创业领导的"追随者"和"忠实弟子"。创业活动既不是创业领导者悲壮的个人英雄主义,也不是以一当十、以一当百的"独角戏",而是由无数追随者组成的创业团队实践,并使创业团队也成为企业文化中的文化英雄,成为创业领导管理哲学的信奉者、探索者和实践者。所谓"传道者",是指创业团队成为信奉创业领导管理哲学、追随创业领导者创业行为的拥护者和执行者。创业行为本质上是改变世界、创造未来的变革行为和冒险行为,是改变世界、创造世界的社会实践活动,它不可能由创业领导者单打独斗来完成。孔子的儒家思想在中国获得"独尊"地位,离不开他的"三千弟子"与"七十二贤人",以及后来的董仲舒、程颢与程颐、朱熹等人的大力提倡。耶稣创立的基督教也离不开其十四门徒的四方传播。同样,创业领导者的企业精神与管理哲学必须由创业团队在管理实践中加以尝试、探索与执行。

著名创业领导者稻盛和夫就是深谙此道的人,他是我们这个时代最卓越的企业家之一,被称为"经营之圣"。他的事迹前文已详细介绍,这里要强调的是,他依靠原日航的工作团队,在2010年2月1日到2011年3月底共424天的时间里,将濒临破产的日航从破产的绝境中挽救回来,在一年的时间里创造了1 884亿日元的利润,做到了航空业的三个"第一"：利润世界第一、准点率世界第一、服务水平世界第一。他创造了一个新的名词——"地头力",实际上就是指在团队的领导下,最大限度地调动每一个员工的创造性和积极性。他曾经在京瓷组建1 000个以上的"变形虫"组织,最大限度地取消官僚层级,最大限度地让每个人贴近工作现场,释放他们的"地头力"。这些"变形虫"组织实际上就是秉承创业领导的文化理念与企业精神的创业团队。

同样,被称为"经营之神"的台塑总裁王永庆,在20世纪70年代石油危机期间大举进入美国市场,进行逆周期投资,并购了美国两家大型的石化企业,短时间内扭亏为盈,依靠的也是"台塑牛"精神和强大的创业团队。事实表明,成功的创业领导者,在其创业实践中,往往需要研发团队、生产团队、服务团队、营销团队、成本管理团队的支持。他们在推动企业蓬勃发展的过程中,也在传播由创业领导所倡导的管理哲学、经营理论、企业精神乃至于一整套的企业文化。创业领导者本人在成为文化英雄的同时,还要打造由创业团队构成的一系列团队英雄。

(三)员工

员工即行道者。除了创业领导者、创业团队以外,企业文化的竞争力主要来自每一个员工,他们必须成为企业理念、企业精神的"行道者"。所谓"行道者",是指每一位员工都成为企业文化的接受者、拥护者和执行者,他们能够将企业领导者所倡导的、创业团队所传播的企业理念与企业精神付诸实践并转化为企业的实际绩效。一种健康的企业文化,不仅仅是将创业领导者塑造成"孤胆英雄",也不仅仅是将创业团队打造成"明星式英雄",还要将普通员工培育成众多的"群众英雄"或"无名英雄"。将普通员工培育成企业文化中的英雄的方法有多种多样,常用的方法包括:

(1)员工持股。让员工持股是使员工获得企业认同并从企业的成长中获得收益的最常用的方法。当今国内外许多优秀的企业,如美国的西南航空公司、中国的华为,都实行了"全员持股计划",这极大地提高了员工的士气、归属感和对企业文化的认同。

(2)建立工作自豪感,即让每一个员工从自己平凡的岗位上获得工作自豪感、成就感和获得感,包括对微小进步的认可、培养一种畅所欲言的氛围、给予优秀员工内部表彰等。

(3)别出心裁的奖励。有许多优秀的企业,为了提高员工对企业文化的认同感,经常采用一些具有创意的奖励员工的方法,如由总裁亲自签发感谢信,奖励女性员工印有公司徽章的发卡,奖励男性员工印有公司司标的领带,与总裁共进晚餐,甚至还有国外的豪华旅游等。

(4)奖励积分。在华为,部门经理具有给优秀员工奖励积分的权力,拿到积分的员工可以在月底凭奖励积分到公司的小卖部兑换香皂、牙膏、洗衣粉、饮料、啤酒……让其全家人感受到实实在在的快乐!

总之,健康的企业文化一定是"英雄辈出"的文化,在这种文化里,创业领导者不仅让自己成为"得道式"英雄,创业团队成为"传道式"英雄,而且让普通员工成为"行道式"英雄。

(四)讲故事的人

在创业领导的企业文化构建中,还有一个很重要的角色——"讲故事的人"。他们是企业文化传播过程中的讲解者、传播者和宣传者。他们可能是创业领导者本人,也可能是创业团队的某一位团队领导,甚至可能就是一位普通的员工。

(1)亲历者:他们是企业的一位资深员工,与创业领导和创业团队一同创业。亲身经历创业过程的酸甜苦辣和艰难曲折。他们本身是有"故事"的人,或者是这些"故事"的经历者、体验者和切身感受者。因此,他们在传播企业文化时具有无可匹敌的巨大优势。

(2)讲解者:比起亲历者,在企业文化的培育和建设过程中,他们只是后来者,但他们处于人事部经理、工会负责人、培训部经理或部门经理这些重要的位置上,他们承担了让后来者、新进员工了解本企业的企业文化的重要责任。"讲解者"必须对本企业的创业过程和企业文化非常熟悉,通常会有现成的企业文化的"剧本""脚本"。如果没有现成的"剧本""脚本",那他们本身就要充当起"编剧"或编辑的角色。

(3)传播者:它是企业文化对内传递过程中的"播种者"的角色。企业文化由一个人传达到十个人,由十个人传达到一百人,由一百人传达到一万人……企业文化的内部传播需要这种"播种者"的角色。任何一个认同企业文化的员工,都可以成为这种企业文化的传播者。

(4)宣传者:它是将企业文化向外界宣传的人。记者、编辑、专家、咨询顾问和企业内部的专职宣传员,都可以不同程度地承担起向社会公众、利益相关者传播某公司、某企业的企业文化的角色。以华为为例,当代中国有大批的记者、编辑、专家、咨询顾问都在充当华为企业文化的"宣传者"的角色,其中有一批离开华为的高管,干起了管理咨询的营生,他们在社会上宣传"华为管理法""华为管理秘诀""华为企业文化""华为用人之道"——有意、无意充当了华为企业文化"宣传者"的角色。他们在宣传过程中,一方面扩大了华为企业文化的社会影响力,对华为企业文化的传播是有好处的;但另一方面,难免借题发挥,夸大宣传,捕风捉影,主观想象……甚至专门"碰瓷"华为。对此,企业内部应建立专门的企业文化宣传部门,指定专职的宣传员,发布权威的"企业文化大纲""管理宪法""员工手册",使企业文化的对外宣传走上规范化、持续化的道路。

在企业文化的培育过程中,组织的每一位成员都可能以亲历者或旁观者的角度,成为企业文化传播者的角色——"讲故事的人"。而随着企业寿命的延长和企业规模的扩大,"讲故事的人"可能越来越趋向于专职化,他们可能是德高望重的老员工,可能是经历重要创业阶段的工会主席,可能是承担员工培训重任的人事经理,还可能是企业文化培训过程中的培训师。但有一点是共同的:企业文化一定要有故事,故事的演义离不开英雄人物,英雄事迹的流传一定要有"讲故事的人"。

三、仪式

仪式有时又被称为"典礼仪式",是一种具有象征意义的集体性行动,是为达到某种目的、表面上看起来是多余的而在这种文化中却被看作具有重要意义的活动。像打招呼的方式、对他人表示尊敬的方式、各种宗教典礼、具有重要象征意义的活动,都是典型的仪式。

仪式在企业文化的培育与传播中具有不可替代的作用,它具有庄严性、象征性、礼节性、社交性和共同见证性等多种重要意义,是强化文化认同的重要途径。在创业领导所倡导的企业文化中,往往伴随着以下几种重要的仪式:

(一)成立仪式

成立仪式代表企业成立的起点,往往伴随一些相应的庆祝活动、重要领导的讲话、当地头面人物的出席、媒体的到场与宣传。创业领导者往往借此机会宣讲成立企业的愿景与目标,向社会公众和企业职工传达企业的愿景、使命并倡导自己的企业价值观、企业精神等。

(二)奠基仪式

奠基仪式意味着企业重大项目的开工建设,标志着企业新的成长起点和发展历程,它往往会成为传达企业经营理论、管理哲学的重要契机。重大奠基仪式往往成为企业扩大市场规模、进入新的市场、完成战略转型、提升战略层次的重大展示机会,也是企业承担社会重要节点。

(三)年度表彰大会

创业领导者往往会通过年度召开的表彰大会,弘扬英雄人物,表彰先进事迹,树立正面典型,从而借英雄人物传达企业的价值观与企业使命。

(四)周年庆典

企业往往在成立十周年、二十周年或为庆祝达到某个重要历史节点,如成为当地"优秀企业"、国家百强企业、中国五百强、世界五百强等,定期举办周期性的庆典活动。这类庆典活动往往伴随重要领导的讲话、先进代表的发言或内部的战略性研讨,以及未来的战略布局。这类庆典活动可以展示企业的发展历程,突出企业在本行业、本地区、本领域取得的成就与贡献,从而进一步加深员工对企业文化的认同感。

(五)员工集体婚礼

有些企业会在重要的节假日或公司成立周年庆典上,为新进员工或年轻员工举办集体婚礼,增加公司的喜庆气氛,以获得年轻员工对公司的认同感和归属感。

(六)岁末联欢晚会

许多业绩良好的企业会在年终岁末或重要节日如元旦、圣诞、春节、国庆,举办联欢晚会,通过歌舞表演、领导讲话、表彰劳模、发放奖金等多种多样的形式,烘托节日气氛,表彰先进典型,起到增强企业凝聚力的作用。

(七)职工文体比赛

定期举办文化活动与体育比赛,如舞蹈、歌咏、才艺、篮球、乒乓球、足球、游泳等比赛,可以树立企业蓬勃向上、敢于竞争同时又相互协作的团队精神,在展示员工才艺与拼搏精神的同时,将非正式组织纳入正式组织的管理过程中,有利于培养积极、健康、协作的团队文化和企业文化。

文化仪式是员工获得认同感、自豪感、社会化的最重要的途径之一。在日本的企业文化建设中,员工下午五点下班以后往往继续加班,晚上十点以后再去KTV房间举行部门娱乐活动;西方的一些企业也经常举办部门的聚会;一些工作紧凑、压力极大、经常加班至深夜的科研团队,甚至会有深夜酒会。在这些深夜酒会中,科研团队汇报工作进度、研究项目难点、协调工作节奏,甚至通过头脑风暴迸发出创新的火花……

由此可见,文化仪式并不是可有可无的形式主义或官样文章,而是员工获得社会性、认同感、凝聚力的重要载体或途径。但总的来说,文化仪式宜简不宜奢,宜实不宜浮,宜激励不宜玩乐。在一些失败的企业文化建设中,某些创业领导者华而不实、好大喜功,往往通过奢华的场面、大笔的金钱、浮夸的宣传来掩饰内部管理的低效与混乱,这种脱离实际的宣传往往将企业文化引入歧途,最终导致企业的败亡。

四、价值观

价值观是某一群体或组织中的成员在长期社会活动中形成的、共同的、稳定的系统观念与价值体系,它涉及某一群体或组织中的成员对自然界、社会、宗教、哲学等一系列问题的看法。价值观直接影响人们看待周遭世界的态度、观念和方式,在某种程度上决定了人们的行为方式。

价值观可以简单地分为群体价值观和个人价值观。群体价值观可以从一个群体或组织的地理、历史、文化、宗教信仰和意识形态共性中加以区分。我们区分一个群体与另一个群体的民族价值观、国家价值观、宗教价值观、儒家文化价值观、社会主义价值观、企业价值观,就是从一个群体或组织的视角来鉴别其群体价值观。但当我们试图了解一个人的内心世界时,我们则需要了解其个人价值观。个人价值观除了受个人所属的群体价值观的影响外,还受其个人的遗传、个性、成长经历、家庭环境的影响。

在"洋葱图"中,象征符号、英雄人物、仪式都被"实践活动"(practices)切开了一个口子,都被归于"实践活动"中。因为,作为实践活动,它对于外部的观察者来说是可见的;但它所隐含的内在意义则是不可见的,并以这种文化内部的人的诠释的方式体现出来。价值观是文化的最核心部分,它是和一些状态相比,人们对另外一些状态所表现出的偏好趋势。由于价值观的形成时期很早,因此,很多价值观对于其持有者来说,往往是无意识的,很难加以讨论的,也是外人难以观察到的,我们只有通过人们在各种情景下的行为方式来加以推测和判定。在"洋葱图"中,"实践活动"像一把剪刀剪开了文化的象征符号、英雄人物、仪式这三个层次,但它很难剪开文化的内核——价值观,因为,对于一种文化系统的旁观者来说,价值观深藏于文化的最深处,它往往表现为习以为常的观念、传统信仰、处事方式,甚至是某些从未受到置疑的隐含假设……它们很难被外部观察者彻底了解,只有长期接触、深度介入,只有在切身体验到的冲突中,才能对一种文化的价值观达到深入了解的程度。

如何探讨创业领导者的价值观,这是一个比较复杂的问题,我们将在下节中详细讨论。

第三节 创业领导与文化信仰

学术界有一个"儒家文化圈"的概念,它包括历史上受到儒家文化影响的东亚与东南亚等广大的地理、文化范围,如中国、日本、韩国等东亚国家,以及受儒家文化波及的泰国、印度尼西亚、马来西亚、新加坡、菲律宾等东南亚国家。

一、清教伦理与儒教伦理

对儒家文化中的创业精神的系统研究,最早始于近代德国著名社会学家、经济学家马克斯·韦伯,他在《新教伦理与资本主义精神》和《儒教与道教》两本书中,对源自基督教的清教伦理与中国的儒教伦理进行了系统的比较研究。

韦伯认为,资本主义率先在北美取得成功,这在根本上源自北美殖民地的开拓者的创业精神与资本主义精神,他称之为"清教伦理"。其核心价值观在于:(1)对尘世生活的积极肯定;(2)对理性主义(又译作"合理主义")的执着追求;(3)获得财富不仅在道德上是允许的,而且在实际上是必行的;(4)珍惜时间与勤劳;(5)反专制的禁欲主义倾向。

在此基础上,韦伯对清教伦理与儒教伦理进行了对比研究,详见表12—1。

表 12—1　　　　　　　　　　　清教伦理与儒教伦理

清教伦理	儒教伦理
彼岸世界：清教强调的是彼岸世界，对于清教徒来说，一切都是为了得到神的恩宠，为了彼岸的命运，而此岸的生活不是苦海，仅仅是一个过渡	此岸世界：儒教重视的是此岸世界，它强调现实的世俗世界的道德、规范与秩序
改变传统：清教强调严格的自我控制，但它这样做是为了遵从上帝的意旨，对现实世界及其传统它始终抱持怀疑的态度，认为必须对其加以改造	遵守传统：儒教强调严格的自我控制，以遵从礼仪与传统
独立的团体：清教以理性的法律和契约结成独立的团体，并在组织上表现为理性的企业性组织	家族联合：儒教以血缘关系为纽带、以家族利益为目标，形成的是一种复杂的人际联合
世俗生活的否定：清教从"原罪"推导出"人本身都是邪恶的，在道德上绝对有缺陷"，"世界就是盛罪恶的容器"	世俗生活的肯定：儒教对世俗生活抱着积极肯定的态度，人性本善，"人皆可以为尧舜"，即在现实生活中通过持续的学习与道德修炼，每个人都可以达到"君子""圣人"的境界
积极的自制：清教徒讲究清醒的自我控制，系统地抑制自己那种邪恶、堕落的天性。清教徒对教友的信任，特别是从经济上信任教友的无条件的、不可动摇的正当性，促进了西方资本主义的信用关系、契约关系的建立	消极的自制：儒家慎独的出发点是保持外表仪态举止的尊严，是顾"面子"，其实质是美学的，基本上是消极的，"举止"本身并无特定内容，却被推崇、被追求。儒家君子只顾虑表面的"自制"，对别人普遍不信任，这种不信任阻碍了一切信贷和商业活动的发展

其结论是，"文化是一种经济资产"，它决定了一种文化能否取得经济上的成功：基督教中的新教文化（"清教伦理"）有利于北美殖民地的创业活动和资本主义的成功；儒教伦理缺乏理性主义精神和对彼岸世界的追求，不利于创业活动和资本主义的成功。

韦伯对包括儒教伦理在内的儒家文化的这种看法是极其肤浅的，事实上，韦伯从未到过中国，也根本不懂汉语，但他写出了大量有关中国文化并且在西方广泛流传、影响深远的研究论文与专业书籍。有趣的是，西方的学术界至今仍然有相当一批人像韦伯一样从未到过中国，也根本不懂汉语，却写出了大量研究中国问题的专业文章，并且大言不惭地自诩为中国问题的研究"专家"。他们是"西方文化中心论"典型的制造者和拥护者，并且孜孜不倦地继续着他们的"培养"工作。

二、霍夫斯塔的文化维度理论与"新儒家假设"

韦伯的研究的意义不仅仅在于揭示了新教伦理与资本主义精神之间的生成关系，更重要的是，他敏锐地感觉到了一种经济制度、一种社会组织与隐藏在它们背后的宗教、文化之间的深厚的渊源关系。但应该指出的是，处在当时社会条件下的韦伯不可能完全摆脱以西方文明为中心点的观察方法和思考方法，因此，在他的研究中不可避免地表现出一定程度的西方文化优越感和对东方文化的某种程度的贬低与误解。这种西方文化优越感，在后来的塞缪尔·亨廷顿（Samuel Huntington）的"文明冲突论"中有了集中体现。同时，韦伯的"儒教伦理阻碍了资本主义的发展"这一结论性意见遭到了很多西方学者的反对，与其结论相反，以霍夫斯塔为代表的学者提出并验证了"新儒家假设"，即儒家文化恰恰更有利于经济的发展和创业的成功。

霍夫斯塔、迈克尔·哈里斯·邦德（Michael Harris Bond）等人在 20 世纪 80—90 年代，发表了一系列以儒家文化为核心的研究中国文化的文章，他们先后在《儒家的联系：从文化根源到经济增长》[1]《研究记录:经济绩效的文化根源》[2]等一系列文章中揭示了儒家文化推动经济增长、有利于企业家创业的文化根源。

霍夫斯塔和邦德将文化的价值观差异和行为差异区分为五个维度:权力距离(从小到大)(power distance)、集体主义与个人主义(collectivism versus individualism)、女性与男性(femininity versus masculinity)、不确定性避免(从弱到强)(uncertainty avoidance)、长期导向与短期导向(long-term orientation versus short-term orientation)。

(一)权力距离

权力距离是指组织成员中一个普通成员与权力最大者之间的亲近程度,它代表一个组织或体系中缺乏权力的成员能够接受的权力被不平等分配的程度。高权力距离的组织意味着成员愿意接受组织成员的领导者(如CEO或家长)对组织成员具有较高的权威和指挥、命令权;低权力距离的组织意味着成员不愿意接受组织成员的领导者具有至高无上的权威,更愿意把领导者看成亲密、平等的伙伴。权力距离可以用1～100加以衡量:1表示两者之间的距离最小,100则表示两者之间的距离最大。霍夫斯塔等人的研究表明,权力距离代表了一种通过下属界定的不平等性和社会普遍认可的不平等水平,它除了由领导者自身决定以外,还必须得到下属的接受和支持。权力与不平等性在当今社会是一种普遍现象,但是,在一种等级森严的社会、组织环境下,权力的不平等程度显然更加严重;在一种强调开放包容、自由平等的社会、组织环境下,权力显然受到更多监督和制约,权力的不平等程度显然更加轻微。霍夫斯塔与邦德的研究表明,在一种权力距离小的文化中,创业领导者会倾向于让自己成为足智多谋的民主领导者,愿意分权和授权;而在一种权力距离大的文化中,理想创业领导者是那种仁慈的独裁者("好父亲"),喜欢大权独揽,更倾向于选择集权化的组织模式和决策模式。

(二)集体主义与个人主义

它描述了个人归属于某一群体、集体的程度。从个人主义的观点看,将个人维系在一起的社会是松散的,每个人都被期望对其自己及其家庭负责。从集体主义的观点看,自出生之日起人们就从属于不同的既强大又有凝聚力的群体,他们不仅受到核心家庭成员(爸爸、妈妈、爷爷、奶奶)的保护,还会受到外围家庭成员(叔叔、伯伯、阿姨、姑姑)的保护,以换取其对家庭成员的忠诚。"集体主义"是一种普遍的组织现象,在世界各地普遍存在,霍夫斯塔强调,这里的"集体主义"指的是群体(group)层面而不是国家(state)层面。霍夫斯塔等人的研究表明,在集体主义文化中,创业领导者会尊重并鼓励员工对群体或集体的忠诚,并倾向于采用集体激励的方式,员工薪酬与奖励也更偏向以集体的名义加以发放。而在个人主义文化中,创业领导者更倾向于采用个人激励的方式,薪酬与奖励会直接发放给个人。

(三)女性与男性

它衡量的是一个群体或组织更倾向于男性价值观或女性价值观的程度。如果严格遵循男

---

[1] Hofstede, G. and Bond, M. H. (1988). "The Confucian Connection: from Cultural Roots to Economic Growth", *Organizational Dynamics*, Vol. 16, No. 4, pp. 5–21.

[2] Frank, R., Hofstede, G. and Bond, M. H. (1991). "Cultural Roots of Economic Performance: A Research Note", *Strategic Management Journal* (1986–1998), Vol. 12, Special Issue, pp. 165–173.

性价值观(men's value),那么其可能倾向于明显的性别差异,具有强烈的进取心和竞争性;如果倾向于女性价值观(women's value),那么其可能对于性别差异采取更加温和、模糊的态度,关心照顾他人的感受,或具有其他与女性相近的特征。根据霍夫斯塔的研究,"男性化"(masculine)与"女性化"(feminine)会在国家特征中有所体现:在"女性化"的国家中,女性与男性一样关心照顾他人;在"男性化"的国家中,社会的价值取向更倾向于进取心和竞争性,但女性不如男性那么强烈。霍夫斯塔的研究表明,男性化文化中的创业领导者往往鼓励进取,强化竞争,对竞争对手采取压迫、进攻姿态;而女性化文化中的创业领导者则更注重公司内部的和谐。

(四)不确定性避免

不确定性避免代表人们对真理的追求,表明了一种文化系统下的成员在非结构化情形(unstructured situations)下感到舒适或不舒适的程序化感知程度。这里的非结构化情形是指一种新奇的、未知的、令人吃惊的或与平常情况完全不同的情形。不确定性避免的文化会坚守严格的法律和规则,采取稳定与安全措施,从而将非结构化情形的可能性最小化。从哲学与宗教层面,它怀有这样一种近乎绝对真理的信念:"只有一种真理,我们已经拥有了它。"而接受不确定性的文化更能容忍与自己不同的行为和观点,它会设置尽量少的规则,在哲学与宗教层次上它会奉行相对主义的观点,让不同的思想流派百家争鸣。处于强烈的不确定性避免文化中的创业领导者会避免风险,不愿意大胆创新,选择正规化的组织模式;而具有较低的不确定性避免文化中的创业领导者则能容忍不确定性,敢于面对挑战和风险,鼓励创新,更倾向于采取非正规化、团队合作、扁平化的组织模式。

(五)长期导向与短期导向

它代表了对现在与未来的价值取向。具有长期导向的文化着眼于未来,从一个较长远的周期内经营、规划自己的人生与事业;而短期导向的文化则着眼于现在,倾向于从现在或较短的周期内确立自己的目标。这一维度源于霍夫斯塔与邦德对"儒家信条"(Confucian dynamism)的概括。他们与中国的社会科学家合作,开发了符合中国人观念的"中国人价值观调查"(The Chinese Value Survey,CVS)的40个题项,由这40个题项进一步概括为儒家的核心价值观,他们称之为"儒家信条"(如表12—2所示)。

表12—2　　　　　　　　　　　　与"儒家信条"相关的价值观

相对重要性	相对不重要性
坚持性(毅力)	个人的安稳与稳定
由地位决定的尊卑秩序并遵守这种秩序	保全面子
节俭	尊重传统
具有羞耻感	对别人的问候、恩惠、礼物加以回报

霍夫斯塔与邦德的研究表明,通过对被调查者的得分与所在国家进行的统计,这一维度的得分与调查对象国家的经济增长或经济表现有着密切的关系:表12—2左面一栏"相对重要性"价值观(积极的)得分高的国家,具有强烈的着眼于未来的长期导向,有明显较好的经济表

现;而右面一栏"相对不重要性"价值观(消极的)得分高的国家则具有强烈的着眼于过去、现在的短期导向,其经济表现在全球比较中相对落后。

霍夫斯塔通过"长期导向指数"(LTO)的研究分析发现,居于"长期导向指数"(LTO)前五位的分别是中国内地(大陆)、中国香港、中国台湾、日本、韩国,第九位是新加坡,第一位中国内地(大陆)除外(它本身是儒家思想的发源地),其他五位恰好是最近几十年经济迅速发展、被称为"亚洲五龙"的国家和地区;而且,他指出,长期导向指数的前23位与世界银行发布的1965—1987年的年均经济增长率的排名具有极大的相关性。霍夫斯塔认为,"儒家思想的某些价值观与近几十年来的经济增长之间存在着相关性,这是一个惊人的,甚至是轰动性的发现",这进一步印证了美国的未来学家霍曼·凯恩(Herman Kahn)的"新儒家假设"(Nneo-Confucian Hypothesis)理论①,并从根本上修正了马克斯·韦伯的偏见。他在《研究记录:经济绩效的文化根源》一文中进一步指出:"'儒家信仰'与1965—1980年、1980—1987年两个时期的信奉儒家价值观的国家的经济增长高度相关,它表明'儒家信仰'是一种强大且稳定的文化特征。由于二者之间的内在关系是积极的,它似乎表明,当坚韧受到灵活性的调适,且尊重权威等级、勤劳节俭成为一种被接受的价值观时,经济性组织就会从这些价值观中获得好处。"②

霍夫斯塔的研究,至今在文化研究领域仍然是一个石破天惊的发现,具有划时代的意义,它从根本上驳斥了马克斯·韦伯的儒家文化不利于经济成功、不利于创业精神、不利于资本主义发展的谬论,有利于西方人从"西方文化中心论"的傲慢与偏见的迷失中走出来。他认为,将"儒家信条"中的价值观与东亚经济成功联系在一起的正是创业领导:"这两者之间的逻辑联系正是创业领导。我不是说这些价值观只有创业领导才拥有,相反,我们发现它们的方法(通过调查学生样本)表明它们在整个社会中被广泛拥有——在创业领导中,在未来的创业领导中,在他们的雇员和家庭成员中,在整个社会作为一个整体的所有成员中。"③为何"儒家信条"中的价值观孕育出了创业领导的创业精神?霍夫斯塔做了具体分析:

(1)坚持性(毅力):意味着一个人在追求自己选择的无论何种目标的过程中都不屈不挠,它包括经济目标。显然,它有利于创业领导者的个人目标和企业目标的实现。

(2)由地位决定的尊卑秩序并遵守这种秩序:它是儒家思想在行动方面的精髓。层级化的责任与相互关联性隐藏在中国人的内心深处,构成了中国人的人之本性("五伦")的核心概念。这种对等级的感知和关系的互补性,无疑使创业领导者的角色更容易扮演。

(3)节俭:导致储蓄,意味着投资资本的可能性,它对经济的发展是一种显而易见的资产。

(4)具有羞耻感:导致创业领导者对履行社会合同保持敏感性和关联性。

霍夫斯塔的研究表明,"儒家信条"中的这些积极的价值观并非儒家文化圈所独有,那些

---

① 赫尔曼·卡恩(Herman Kahn)于1979年出版的《世界经济发展:1979年及其以后》(*World Economic Development: 1979 and Beyond*)一书中提出这一假设。

② Frank, R., Hofstede, G. and Bond, M. H. (1991). "Cultural Roots of Economic Performance: A Research Note", *Strategic Management Journal* (1986-1998), p. 169, Vol. 12, Special Issue.

③ Hofstede, G. and Bond, M. H. (1988). "The Confucian Connection: from Cultural Roots to Economic Growth", p. 17, *Organizational Dynamics*, Vol. 16, No. 4.

经济增长较快的非儒家文化圈的国家,如印度、巴西同样拥有。同时,"儒家信条"中的某些消极的价值观不利于经济增长。例如,追求个人的安稳与稳定不利于创新;保全面子不利于做生意时与人打交道;尊重传统不利于技术引进与创新;对别人的问候、恩惠、礼物加以回报,导致对态度的关注超过了对绩效的关注。但从总体上,霍夫斯塔认为儒家文化作为东方文化的代表,是一种对"美德"(virtue)的培养;而西方文化关注的则是对"真理"(truth)的追求。具备这种东方文化"美德"的创业领导者能够在有利的政治环境和全球化环境下,对"真理"的追求保持一种开放与探索的态度,因而更容易取得成功。这种"美德"在涩泽荣一那里被称为"士魂商才"。

思考题

1. 根据霍夫斯塔的分析,人类精神程序的三个层次是什么?它对创业领导者的意义有哪些?

2. 霍夫斯塔的文化层次理论的主要内容是什么?根据这一层次理论,创业领导者应该如何培育自己的企业文化?

3. 根据企业文化的角色配置,创业领导者应该如何塑造企业的文化英雄?请以某一位成功的创业领导者为例,说明他是如何进行这种角色配置的。

4. 霍夫斯塔文化维度理论的主要内容是什么?运用这一理论,分析某一创业领导者的企业文化维度。

5. 霍夫斯塔的"新儒家假设"的核心观点是什么?它在文化研究上的意义如何?

第十三章

创业领导与儒家信仰

本章我们将以儒家文化为例,探讨一种文化信仰对创业领导的价值观、管理哲学与行为方式的影响。本章第一节讨论儒家文化与创业领导的创业人格,第二节讨论儒家思想如何影响创业领导的管理哲学与管理行为。

第一节 儒家文化与创业领导的创业人格

霍夫斯塔认为,儒家文化培养了创业领导者的"美德"和有利于创业成功的坚韧、勤劳、节俭的创业特征与创业精神。但我们的研究表明,儒家文化对创业领导的全面塑造和培育远非如此,重要的是,它塑造了创业领导一种健全并臻于完美的创业人格,我们将其归纳为儒家文化下的创业领导的三重社会建构与六条经营原则。

一、创业领导的三重社会建构

与西方文化强调自由、民主的核心价值观不同,东方的儒家文化更注重把一个人放在社会环境、社会关系中加以考察与评判。儒家文化所推崇的"士""君子""圣人"是那种达到"仁""义""礼""智""信"等道德标准与社会要求的人。因此,儒家文化熏陶下的创业领导者,必须完成社会责任建构、社会信用建构和社会关系建构这三重重要的社会建构。

(一)社会责任建构

儒家文化培育下的创业领导者必须具有扶危救困、继绝存亡、兴国家、平天下的崇高社会理想与社会责任,它反对那些不顾礼义廉耻的道德腐败行为和逃避社会责任的自私行为。我们来看看孔子对"士"的要求——

> 士不可以不弘毅,任重而道远。仁以为己任,不亦重乎? 死而后已,不亦远乎?[①]

这就要求成功的企业家与创业领导者必须成为志向远大、品格坚毅的"弘毅之士",能够以

[①] 勾承益、李亚东译注:《论语白话今译·泰伯篇第八》,中国书店1992年版,第80页。

天下为己任,而不是单纯地以谋利为目的。《礼记·大学》为成功人士设计了一条"格物—致知—诚意—正心—修身—齐家—治国—平天下"的道德和事业成功进阶之路——

> 古之欲明明德于天下者,先治其国;欲治其国者,先齐其家;欲齐其家者,先修其身;欲修其身者,先正其心;欲正其心者,先诚其意;欲诚其意者,先致其知,致知在格物。物格而后知至,知至而后意诚,意诚而后心正,心正而后身修,身修而后家齐,家齐而后国治,国治而后天下平。①

尤其是"平治天下"的理想,要求推己及人,以爱己之心爱天下之人,以爱父母之心爱天下的父母,将普天之下的世人看作平等的个体加以"平治"。这种对世界的宽容与博爱,对自己的严格与修炼,无法从西方的宗教文化中找到——西方的基督教强调基督教徒可以升天堂而异教徒只能下地狱,也无法从日本的武士道文化中找到;只能从具有强烈社会责任感的儒家文化中找到。

儒家思想为创业领导者构建了一个社会责任的网络,将这个网络覆盖到整个社会,并由整个社会推广到全人类,乃至整个宇宙。在这个社会责任网络中,儒家思想强调,"人"一旦来到这个世界,他对于他的家人、邻居、朋友乃至整个社区,就都负有不可推卸的责任。他对父母要"孝",对弟兄姊妹要"悌",对朋友要"义",对国君要"忠",对天下之人要"恕",对整个世界要"平治"。在这个复杂的社会责任网络中,对于一个成功的管理者、成功的创业领导者来说,他们被赋予了"仁"的最高境界和系统要求,它是一个"足食""足兵""足信"的属于物质富足、精神丰富的康宁社会:"老者安之""朋友信之""少者怀之""五十者可以衣帛""七十者可以食肉""谨庠序之教,申之以孝悌之义。"关于"仁"的具体内容,在前面的第十章第一节"'仁政':儒家创业领导理论的最高理想与基本原则"已有具体论述。

(二)社会信用建构

儒家思想为创业领导者构建了以道德信用为基础、法律信用为辅助的传统信用社会。孔子认为,信用是一切社会的基础,失去了信用,社会面临的必然结果是彻底崩溃——

> 子贡问政。子曰:"足食,足兵,民信之矣。"子贡曰:"必不得已而去,于斯三者何先?"曰:"去兵。"子贡曰:"必不得已而去,于斯二者何先?"曰:"去食。自古皆有死,民无信不立。"②

子贡是孔子的得意门生,他既是一位成功的管理者又是一位成功的创业领导者。《史记·孔子弟子列传》中记载他"常相鲁卫,家累千金",是一位在政坛、商场都卓有建树的旷世之才。孔子经常夸赞他具有极高的经商天赋,"赐不受命,亿则屡中";司马迁在《史记》中也夸赞他"子贡好废举,与时转货赀",也就是他擅长利用经济周期的兴衰变化进行逆周期投资,大有斩获。在这里,子贡问的是如何成为一个优秀的国家管理者,孔子提出了三个必备要件:一是要搞好经济,让老百姓吃饱(足食);二是搞好军事,建立强大国防(足兵);三是搞好精神文明建设,统治者在老百姓中建立起足够的信用(民信之)。子贡的问题是,这三者无法同时达到,哪一个可以首先去掉?孔子的回答是"去兵";子贡进一步询问,如果连剩下的两者也无法同时满足,哪

---

① 韩路校订:《礼记·大学》,引自《四库全书荟要第一卷·礼记》,天津古籍出版社1998年版,第103页。
② 勾承益、李亚东译注:《论语白话今译·颜渊篇·第十二》,中国书店1992年版,第124页。

一个还可以进一步去掉？孔子的回答是"去食"。也就是说,对于一个国家来说,哪怕没有国防了——失去战斗力,没有粮食了——失去生存能力,但精神文化不能丢,统治者不能丧失信用,老百姓不能丧失信仰,因为只要精神支柱还在,国家就仍然有翻盘的可能。统治者的威信没有了,整个国家的信用体系被破坏了,老百姓就彻底丧失了精神支柱,整个国家也就彻底完蛋了。在孔子看来,信用是立国之本。

同时,儒家思想还强调信用乃立身之本,孔子及其弟子多次强调"言而有信",信用乃做"人"的基本准则——

  曾子曰:"吾日三省吾身:为人谋而不忠乎？与朋友交而不信乎？传不习乎?"①

  子曰:"弟子入则孝,出则弟,谨而信,泛爱众而亲仁。行有余力,则以学文。"②

  子贡问君子。子曰:"先行其言而后从之。"③

  子曰:"人而不信,不知其可也。大车无輗,小车无軏,其何以行之哉？"④

  子曰:"始吾于人也,听其言而信其行;今吾于人也,听其言而观其行。"⑤

由此我们基本可以看出,儒家思想为中国社会建立了一个从"立身"到"立国"、从个人信用到社会信用的完善信用体系。

(三)社会关系建构

儒家思想被马克斯·韦伯贬斥为"俗人的伦理",缺乏基督教对"彼岸世界"的探究和理性的追求。但事实是,儒家思想为管理中国社会的精英人士,包括"士"和"君子"确立了系统的、"亲社会"的健康完整人格。这种"亲社会"人格体现在儒家思想的社会构建中。

1."泛爱众而亲仁"

孔子主张对周边的所有"人",包括父母、兄弟、朋友、邻里、乡党保持一种亲密、亲近的态度,做到"泛爱众而亲仁"。孔子是迄今为止最伟大的人类关系的管理大师,他对外邦人士保持着一种天然的善良、亲近态度,强调"四海之内皆兄弟""有朋自远方来,不亦乐乎",没有基督教文化中的"异教徒"观念,也没有"非我族类,其心必异"的种族主义偏狭;对身边的人,他主张"克己复礼",以礼相待;对他人的长处和可取之处,他强调"三人行,必有我师焉。择其善者而从之,其不善者而改之";他反对人际交往中的以自我为中心的"沙文主义""文化中心主义""马基雅维利主义",强调"勿意,勿必,勿固,勿我"(《论语·子罕》)。孔子还是一位人类史上最为卓越的人类冲突与矛盾的调解大师和充满智慧的哲学家,他主张求同存异,"君子周而不比,小从比而不周"(《论语·为政》),运用"中庸之道"来解决人类复杂的纠纷。

2."鸟兽不可与同群"

孔子反对离群索居,对当时逃避社会、远离社会的隐世高人提出了某种程度的批评。他曾经面对楚国的两位隐士(长沮、桀溺)的嘲弄——

---

① 勾承益、李亚东译注:《论语白话今译·学而篇第一》,中国书店1992年版,第1页。
② 勾承益、李亚东译注:《论语白话今译·学而篇第一》,中国书店1992年版,第1页。
③ 勾承益、李亚东译注:《论语白话今译·学而篇第二》,中国书店1992年版,第13页。
④ 勾承益、李亚东译注:《论语白话今译·学而篇第二》,中国书店1992年版,第14页。
⑤ 勾承益、李亚东译注:《论语白话今译·公冶长篇第五》,中国书店1992年版,第45页。

> 长沮、桀溺耦而耕,孔子过之,使子路问津焉。长沮曰:"夫执舆者为谁?"子路曰:"为孔丘。"曰:"是鲁孔丘与?"曰:"是也。"曰:"是知津矣。"问于桀溺。桀溺曰:"子为谁?"曰:"为仲由。"
>
> 曰:"是鲁孔丘之徒与?"对曰:"然。"曰:"滔滔者天下皆是也,而谁以易之?且而与其从辟人之士也,岂若从辟世之士哉。"耰而不辍。子路行以告。夫子怃然曰:"鸟兽不可与同群,吾非斯人之徒与而谁与?天下有道,丘不与易也。"①

两位隐士明明知道问路的就是孔子的弟子子路,却故意嘲弄了他一番:当世礼崩乐坏,已经是滔滔之势,与其跟着不近人情的孔子,哪比得上跟着避世高人的我们?孔子回答:"鸟兽不可与同群,吾非斯人之徒与而谁与?"做一个与鸟兽同群的隐士并非我的理想,我不与世人打交道而与谁打交道呢?"天下有道,丘不与易也",要是天下有道的话,我就不需要参与这场改变世道的变革了!在世风日下的春秋时代,孔子的主张不为当朝统治者所接纳,他并没有自怨自艾、自暴自弃,而是"知其不可为而为之",为了自己的社会理想而奔走天下。在道不行于世的逆境下,他反对做离群索居的"逃避者",而是勇敢地选择了做逆流而上的"逆行者"。

3."敬鬼神而远之"

孔子的哲学是关于现实社会的哲学,是人间的、世俗的、现实的,在那个巫术盛行的时代,"子不语,怪力乱神"(《论语·为政》),他对"鬼神"采取了"敬鬼神而远之"的怀疑、开放的现实主义态度。因此,有人认为中国没有走向西方的神秘的"一神教"和"上帝信仰",更没有走向西方中世纪教皇统治下的愚昧,这与中国人的儒家信仰有着极大关系,它使中国人对周遭神秘的、未知的世界保持一种开放的、怀疑的探索态度。所以中国人对外来思想、外来文化既不是一概排斥,也不是全盘吸收,而是一种谨慎的、探索式的"拿来主义"。

4."天人合一"

在儒家思想的社会建构中,孔子主张建立一种"修身齐家"的人际和谐,一种"老者安之,朋友信之,少者怀之"的社会和谐,进而达到"天人合一"的宇宙和谐。孔子在为《周易》所作的解说《易传·乾·文言》中说:"夫'大人'者,与天地合其德,与日月合其明,与四时合其序,与鬼神合其吉凶,先天而天弗违,后天而奉天时。天且弗违,而况于人乎?况于鬼神乎?"在这种和谐的"人—社会—宇宙"和谐秩序中,儒家思想把"人和"放在尤其重要的位置——

> 孟子曰:"天时不如地利,地利不如人和。三里之城,七里之郭,环而攻之而不胜。夫环而攻之,必有得天时者矣;然而不胜者,是天时不如地利也。城非不高也,池非不深也,兵革非不坚利也,米粟非不多也;委而去之,是地利不如人和也。故曰:域民不以封疆之界,固国不以山溪之险,威天下不以兵革之利。得道者多助,失道者寡助。寡助之至,亲戚畔之;多助之至,天下顺之。以天下之所顺,攻亲戚之所畔;故君子有不战,战必胜矣。"②

在这里,孟子强调在军事竞争中,"天时不如地利,地利不如人和",而"人和"的关键在于"得道者多助,失道者寡助"。从以上分析中,我们不难看出,儒家思想为创业领导者设计了一

---

① 勾承益、李亚东译注:《论语白话今译·微子篇第十八》,中国书店1992年版,第187~188页。
② 王介宏校订:《孟子·公孙丑下》,引自《四库全书荟要第一卷·孟子》,天津古籍出版社1998年版,第8页。

种亲社会、爱人民、求和谐、得正道的社会人格。

二、创业领导的六条经营原则

在三重社会构建的基础上,儒家思想为中国的创业领导建立了六条重要的经营原则。这六条经营原则分别是:"义"与"利","富"与"仁","德"与"财","利"与"仁","天时""地利""人和","天下国家"。

(一)"义"与"利"

孔子认为,"君子喻于义,小人喻于利"。孔子并不反对"利",但他更注重的是利国、利民,而不是一己之利和一党之利,所以他认为"放于利而行,多怨"(《论语·里仁》)。因此,对"利"的追求应该置于"义"的范畴之内。在此基础上,儒家思想主张国家、民族之"大利"即"以义为利",反对妨民、害民之"小利"即"以利为利"。

> 孟献子曰:"畜马乘不察于鸡豚,伐冰之家不畜牛羊,百乘之家不畜聚敛之臣。与其有聚敛之臣,宁有盗臣。"此谓国不以利为利,以义为利也。长国家而务财用者,必自小人矣。彼为善之,小人之使为国家,灾害并至。虽有善者,亦无如之何矣!此谓国不以利为利,以义为利也。①

孟献子是鲁国的大夫,他告诫人们做生意不要把生意做绝,要给别人,尤其是普通老百姓留下生存空间;走路不要把路走绝,让天下百姓有路可走。他说,出门坐四匹马拉车的士大夫不去关心鸡和猪养了多少;能够夏天享受冰藏的卿大夫之家不养牛羊;拥有百辆战车的诸侯之家不畜养聚敛的家臣。这是要给天下百姓一个生存的合理空间,如果利用肖小之人,打着为国谋利的旗号,干着谋财自利的勾当,就必然导致国家的败亡——"此谓国不以利为利,以义为利也"。在国家层面,应该是"以义为利",追求的是利国、利民之"大利",而不是自私、自利之"小利"。这是把"义""利"之辨提升到国家层面。

到了孟子,更是把"义""利"之辨提升到人生的最高境界,他说——

> 鱼,我所欲也;熊掌,亦我所欲也。二者不可得兼,舍鱼而取熊掌者也。生,亦我所欲也;义,亦我所欲也。二者不可得兼,舍生而取义者也。生亦我所欲,所欲有甚于生者,故不为苟得也;死亦我所恶,所恶有甚于死者,故患有所不辟也。如使人之所欲莫甚于生,则凡可以得生者何不用也?使人之所恶莫甚于死者,则凡可以辟患者何不为也?由是则生而有不用也,由是则可以辟患而有不为也。是故所欲有甚于生者,所恶有甚于死者。非独贤者有是心也,人皆有之,贤者能勿丧耳。②

孟子要求人们能够杀身成仁,舍生取义,这被看作仁人志士的一种最高追求,是对"义""利"之辨的彻底超越。所以儒家思想的"义""利"之辨告诫创业领导者,一个有所作为的人,应该追求利国、利民之"大利",即"以义为利",抛弃妨民、害民之"小利",即"以利为利"。在重要历史关头,甚至能够实现人生的超越,杀身成仁,舍生取义——做一个"富贵不能淫,贫贱不能移,威武不能屈"的"大丈夫"。

---

① 韩路校订:《礼记·大学》,引自《四库全书荟要第一卷·礼记》,天津古籍出版社1998年版,第104页。
② 王介宏校订:《孟子·告子上》,引自《四库全书荟要第一卷·孟子》,天津古籍出版社1998年版,第24页。

(二)"富"与"仁"

孔子在《论语》中,与他的学生多次讨论过"富"与"仁"的话题——

> 子曰:"富而可求,虽执鞭之士吾亦为之。如不可求,从吾所好。"①

> 子贡曰:"贫而无谄,富而无骄,何如?"子曰:"可也。未若贫而乐,富而好礼者也。"子贡曰:"《诗》云,'如切如磋!如琢如磨',其斯之谓与?"子曰:"赐也!始可与言《诗》已矣,告诸往而知来者。"②

> 季氏富于周公,而求也为之聚敛而附益之。子曰:"非吾徒也,小子鸣鼓而攻之可也。"③

从这些话题中,我们不难窥见他对这一问题的看法:(1)孔子主张通过正当途径发家致富,发财致富,所以他说"富而可求,虽执鞭之士吾亦为之"——用现在的话来说,"只要能赚钱,出租司机也愿干"。孔子还说过,"吾少也贱,故多能鄙事",在季氏手下做过小官吏,自然懂得民生疾苦,所以他并不反对通过勤劳致富。(2)孔子主张富而好礼。子贡深得孔子喜爱,他把自己的立身标准拿来问老师:一个人贫穷但不去谄媚别人,富有了但不在他人面前显露骄傲之色,这人怎么样?这个子贡明显是求老师表扬的样子,但没想到孔子的回答却是:"未若贫而乐,富而好礼者也。"意思是,无论贫与富,道德的高尚是最重要的,要做到"贫而乐""富而好礼"。(3)孔子反对不仁道地致富,尤其反对统治者不顾老百姓死活、贪婪敛财的行为。孔子的学生冉求为鲁国的权臣季氏当家臣,季氏因为把持鲁国国政,比周公还富有,但冉求还在为他搜刮民脂民膏,所以孔子号召他的学生们对他大加挞伐,"鸣鼓而攻之"。

后来,孟子引用了阳虎的话:

> "民之为道也,有恒产者有恒心,无恒产者无恒心。苟无恒心,放辟邪侈,无不为己。及陷乎罪,然后从而刑之,是罔民也。焉有仁人在位罔民而可为也?是故贤君必恭俭礼下,取于民有制。阳虎曰:为富不仁矣,为仁不富矣。"④

从此,"为富不仁,为仁不富"成了中国人的一句术语,把"富"与"仁"予以对立。在孔子、孟子的世界里,他们是明确反对"为富不仁"的,但"富"与"仁"并非绝然的对立;相反,"富而好礼""富而行仁",显然相比穷人,富人有更多的资源和能量来造福这个世界。孟子认为"仁者无敌",对于统治者来说,"仁者"是可以改变这个世界的。我们由此可以推断,奉行仁义之道的创业领导者也是可以改变这个世界的。

(三)"德"与"财"

儒家思想强调"生财有大道"——

> 是故君子先慎乎德。有德此有人,有人此有土,有土此有财,有财此有用。德者本也,财者末也,外本内末,争民施夺。是故财聚则民散,财散则民聚。是故言悖而出者,亦悖而入;货悖而入者,亦悖而出。

---

① 勾承益、李亚东译注:《论语白话今译·述而篇第七》,中国书店出版1992年版,第68页。
② 勾承益、李亚东译注:《论语白话今译·学而篇第一》,中国书店出版1992年版,第2~3页。
③ 勾承益、李亚东译注:《论语白话今译·先进篇第十一》,中国书店出版1992年版,第112~113页。
④ 王介宏校订:《孟子·滕文公上》,引自《四库全书荟要第一卷·孟子》,天津古籍出版社1998年版,第10页。

生财有大道，生之者众，食之者寡，为之者疾，用之者舒，则财恒足矣。仁者以财发身，不仁者以身发财。未有上好仁而下不好义者也，未有好义其事不终者也，未有府库财非其财者也。①

这段话代表了儒家思想中典型的财富观，即"德是本""财是末"；"有德斯有财""失德必失财"。"财聚则民散，财散则民聚"是中国历代统治者治乱兴衰的真实写照；"仁者以财发身，不仁者以身发财"则是中国乱世之秋，残暴的统治者为掠夺老百姓财富，最终导致身败名裂的警世名言。

儒家思想倡导的"生财有大道"为创业领导者的长治久安、百年基业敲响了警钟，它应该成为创业领导者始终铭记、严格遵循的管理哲学。对于创业领导者来说，一方面"有德斯有财"，要提升自己的品德修养，不断自我超越；另一方面要为民谋财，为国谋财，而不是不择手段地自我牟利。"不仁者以身发财"——那些为了谋取一己私利，不惜以身试法、冒天下之大不韪的失败创业领导者，给我们留下了深刻教训。

(四)"利"与"仁"

孟子强调对于一国之君来说，应该舍弃直接的、赤裸裸的利益追求，选择更长远、更宏大的"仁"的目标。孟子与梁惠王曾经有过一场精彩的对白——

孟子见梁惠王。王曰："叟不远千里而来，亦将有以利吾国乎。"

孟子对曰："王何必曰利，亦有仁义而已矣。王曰'何以利吾国'，大夫曰'何以利吾家'，士庶人曰'何以利吾身'。上下交征利而国危矣。万乘之国弑其君者，必千乘之家；千乘之国弑其君者，必百乘之家。万取千焉，千取百焉，不为不多矣。苟为后义而先利，不夺不餍。未有仁而遗其亲者也，未有义而后其君者也。王亦曰仁义而已矣，何必曰利。"②

孟子强调，人人"利"字当头，"苟为后义而先利，不夺不餍"，"上下交征利而国危矣"。对于一国之君来说，只有将仁义之道置于个人私利之上，才是真正的富国强兵之道——"王道"。

不违农时，谷不可胜食也；数罟不入洿池，鱼鳖不可胜食也；斧斤以时入山林，材木不可胜用也。谷与鱼鳖不可胜食，材木不可胜用，是使民养生丧死无憾也。养生丧死无憾，王道之始也。五亩之宅，树之以桑，五十者可以衣帛矣；鸡豚狗彘之畜，无失其时，七十者可以食肉矣；百亩之田，勿夺其时，数口之家可以无饥矣；谨庠序之教，申之以孝悌之义，颁白者不负戴于道路矣。七十者衣帛食肉，黎民不饥不寒，然而不王者，未之有也。③

"今王发政施仁，使天下仕者皆欲立于王之朝，耕者皆欲耕于王之野，商贾皆欲藏于王之市，行旅皆欲出于王之涂，天下之欲疾其君者皆欲赴愬于王。其若是，孰能御之？"④

这里的孟子描述了他理想的王道之政的两个阶段：一是"王道之始"，即王道的初级阶段：

---

① 韩路校订：《礼记·大学》，引自《四库全书荟要第一卷·礼记》，天津古籍出版社1998年版，第104页。
② 王介宏校订：《孟子·梁惠王上》，引自《四库全书荟要第一卷·孟子》，天津古籍出版社1998年版，第1页。
③ 王介宏校订：《孟子·梁惠王上》，引自《四库全书荟要第一卷·孟子》，天津古籍出版社1998年版，第1页。
④ 王介宏校订：《孟子·梁惠王上》，引自《四库全书荟要第一卷·孟子》，天津古籍出版社1998年版，第2页。

"谷不可胜食""鱼鳖不可胜食""材木不可胜用",是一种温饱阶段,其效果是让老百姓"养生丧死无憾"。二是王道的高级阶段:"五十者可以衣帛矣""七十者可以食肉矣""数口之家可以无饥""颁白者不负戴于道路",是物质丰富、精神上富足的小康阶段。实现了这一目标,就可以建立一个"使天下仕者皆欲立于王之朝,耕者皆欲耕于王之野,商贾皆欲藏于王之市,行旅皆欲出于王之涂,天下之欲疾其君者皆欲赴愬于王"的"理想国",因此孟子强调"仁者无敌"。

孟子的"利"与"仁"的原则告诫我们:创业领导者要建立自己的商业"理想国",就必须给员工、股东、社区等广大的利益相关者创造实实在在的幸福感和获得感,必须具备高度的社会责任感,必须使自己处于道德的高地而不是图利的洼地,从而获得"仁者无敌"的社会竞争优势。

(五)"天时""地利""人和"

孟子强调遵天时、循地利、求人和,即主动寻求并创造一种有利于事业成长的时代环境、地理环境和人文环境,谓之"天时""地利""人和"。

> 孟子曰:天时不如地利,地利不如人和。三里之城,七里之郭,环而攻之而不胜;夫环而攻之,必有得天时者矣;然而不胜者,是天时不如地利也。城非不高也,池非不深也,兵革非不坚利也,米粟非不多也;委而去之,是地利不如人和也。
>
> 故曰:域民不以封疆之界。固国不以山溪之险,威天下不以兵革之利;得道者多助,失道者寡助;寡助之至,亲戚畔之;多助之至,天下顺之。以天下之所顺,攻亲戚之所畔。故君子有不战,战必胜矣。[①]

我们可以将其理解为创业领导者在创业过程中的三个环境要素——"天时""地利""人和"。其中,"天时"是有利于创业的时代环境,善于抓住"天时"意味着创业领导者具有辨识机遇的构想技能和抓住机遇的行动能力。例如,深圳改革开放(1978年)、浦东开发(1990年)、邓小平南方谈话(1992年)就为许多人下海经商、创新创业提供了历史上从未有过的机遇。

"地利"则是有利于创业的地理、区域环境。十一届三中全会以后,由于具备土地、劳动力、资源优势,以及相比国有企业来说较少的制度约束,一大批优秀乡镇企业如雨后春笋般地从中国大地冒了出来,出现了如天津大邱庄、江苏华西村等乡镇企业典型。关于地利优势,如前所述,中国的重商学派在《盐铁论》中就提出了著名的"大都市理论":"诸殷富大都,无非街衢五通,商贾之所凑,万物之所殖者";"燕之涿、蓟,赵之邯郸,魏之温轵,韩之荥阳,齐之临淄,楚之宛、陈,郑之阳翟,三川之二周,富冠海内,皆为天下名都,非有助之耕其野而田其地者也,居五诸之冲,跨街衢之路也。故物丰者民衍,宅近市者家富。富在术数,不在劳身;利在势居,不在力耕也。"

"人和"就是创造有利于事业发展的和谐的人文环境。但孟子所强调的这种人文环境并非求之于"外",而是发之于"内",即创业领导者内在的人文素质与人文修养。按照孟子的说法,创业领导者必须具备"四端":

> 孟子曰:人皆有不忍人之心。先王有不忍人之心,斯有不忍人之政矣。以不忍人之心,行不忍人之政,治天下可运之掌上。所以谓人皆有不忍人之心者:今人乍见孺子将入于井,皆有怵惕恻隐之心;非所以内交于孺子之父母也,非所以要誉于乡党朋友也,非恶其声而然也。由是观之,无恻隐之心,非人也;无羞恶之心,非人也;无辞让

[①] 王介宏校订:《孟子·公孙丑下》,引自《四库全书荟要第一卷·孟子》,天津古籍出版社1998年版,第8页。

之心,非人也;无是非之心,非人也。恻隐之心,仁之端也;羞恶之心,义之端也;辞让之心,礼之端也;是非之心,智之端也。人之有是四端也,犹其有四体也。[①]

这里的"四端"就是"恻隐之心,仁之端也;羞恶之心,义之端也;辞让之心,礼之端也;是非之心,智之端也"。孟子将其统称为"不忍人之心",也就是每一个人,包括创业领导者,作为一个"社会人"必须具备的健全人格。有了这种健全人格,"以不忍人之心,行不忍人之政,天下可运于掌",创业领导者的事业自然可兴旺发达。

在"天时""地利""人和"三要素中,孟子强调"天时不如地利,地利不如人和"。把"人和"放在最重要的位置,是因为"人和"在这三种要素中是唯一发之于"内"的,而不是求之于"外"的,是每一个创业领导者可以通过自身修养不断提升的。

创业聚焦

"家国同构"与"家国异构"

中国人常常有这样的认识:家国同构。在中国传统文化的大背景下,"家"和"国"大致是按照同样的组织原则加以构建的。中国人称"我们"为"大家"、"他人"为"人家"、"祖国"为"国家",折射出中国文化本质上是一种"家"的文化。它是家国情怀的起点和终点。

家庭是中国古代农业社会的基本组织单元,家庭关系是中国文化系统中最基本却最精致的社会关系,中国人围绕家庭关系建立了世界上最复杂的人际识别系统。家庭承担着中国社会长治久安的基本治理功能,包括经济、财政、教育、医疗、养老等本应由政府部分或全部承担的社会保障功能。在历史上的社会动乱中,家庭保障还是抵御"政府失灵"和"无政府状态"的"避难所"。从孟子的"王道之政"到陶渊明的"桃花源",再到新时代的"家国梦",家庭为中华民族的发展与复兴提供了强大支撑。

一、家国同构与家国异构带来的不同的治理模式

在中国传统文化系统中,家国同构表现为家国同"伦"、家国同"道"、家国同"德"、家国同"治"、家国同"存"。先来看家国同"伦",它要求治家与治国同样遵循"子率以正,孰敢不正"的伦理原则。再来看家国同"道",无论是道家的"无为而治"还是儒家的"诚意、正心、修身、齐家、治国、平天下",都要遵循同样的管理原则:"一屋不扫何以扫天下?"在中国人的意境中,"斗室"与"天下"无异,"陋室"与"朝堂"同工。就家国同"德"来说,孟子强调"四端",即"无恻隐之心非人也""无羞恶之心非人也""无辞让之心非人也""无是非之心非人也"。中国文化强调"以德服人",为政以德,治家以德,无德者将丧失立足的基础,也就失去了治家、治国的人格底线。接下来看家国同"治",在中国人的心理结构中,从一家之长,到一地之长,再到一国之长,其治理模式并无本质区别。因此,中国文化顺理成章地认可并选择了家庭管理中的"家长制"和国家治理中的"精英政府"模式。最后来看家国同"存",在面对国家灾难、社会危机以及"忠""孝"难以两全时,中国人具有与生俱来的大局观和舍生忘死、舍生取义的自我牺牲精神。正所谓"覆巢之下安有完卵""国之不存,何以家为"。

---

① 王介宏校订:《孟子·公孙丑上》,引自《四库全书荟要第一卷·孟子》,天津古籍出版社1998年版,第7页。

而在西方文化中，从洛克的《政府论》到卢梭的《契约论》，"家"和"国"被看作两个不同的领域，遵循着不同的组织原则和治理原则。在洛克和卢梭看来，为了维护人的天生自由权，人们订立契约、成立政府；统治者的权力来源于被统治者的同意，"人们联合成为国家和置身于政府之下的重大的和主要的目的，是保护他们的财产"。在这种关系中，家庭只是人的自由权和财产权的结合体，政府是国家的临时代理机构，家国之间往往处于个人自由权、财产权的对立关系中，需要不同政治团体之间的权力斗争和选举政治来加以平衡。有西方学者就曾感慨："我们西方人将国家看作一个侵入者、一个陌生人，自然地其权力应该是有限的、明确界定的和加以限制的机构。中国人对国家完全不这样看，中国人将国家看作亲密的——并不是和家庭成员一样亲密，事实上也不被看作家庭的一个成员，却是所有家庭的首脑、所有家庭的家长。这就是中国人对国家的看法——与我们的非常不同。它以一种完全不同于西方的方式深植于社会之中。"

家国同构与家国异构，带来了不同的治理模式：在东方文化背景尤其是在中国传统文化情境下，衡量善政还是暴政、善治还是恶治的依据就在于它是否有利于民生，是否有利于百姓的生存与发展。由此，民生是中国历代王朝关注的政治主题之一。围绕这一关键问题与核心价值观，中国文化孕育出统一、和谐、责任、奉献、个人利益服从集体利益等为导向的价值观体系。而在西方文化背景下，"民主"是现代西方政府永恒的政治，即便它是通过权力斗争和民意操纵而呈现的金钱民主与选票民主。围绕这一关键问题与核心价值，西方文化发展出属于他们的自由、人权、公正透明、政治参与等为导向的价值观体系。

二、独特的文化结构制度设计把辽阔疆域组成一个家庭

家国同构提供了中国特有的文化竞争力。根据世界史学者许明龙的研究，早在18世纪，法国的一批启蒙思想家就隐约感受到中国人的这种独特文化结构，并把它看作超越西方的制度设计。例如，赫尔巴赫在《社会体系》一书中指出，"人们感到，在（中国）这个幅员辽阔的国家中，伦理道德是一切具有理性的人的唯一宗教"，"把政治和伦理道德紧紧相连的国家只有中国"。这几乎是对家国同"伦"的一种精确的暗示。还有启蒙思想家对家国同"道"表达得更为直白："中国人对伦理和政治不加区分，修身与治国之道德实为一体。"而伏尔泰最接近于揭示"家国同构"这一文化结构的内在实质。他指出，"根本的法律是：帝国是一个家庭，因此，公共事业被视为首要义务"，"这种深入人心的思想把幅员辽阔的国家组成为一个家庭"。

三、家国同构为中国带来强大的文化软实力

一是它造就了历史上著名的"文景之治""贞观之治""康乾盛世"。南怀瑾认为，在政治安宁的情况下，中国人只需要30年，就可以造就一个开明盛世。二是它推动了改革开放的成功和"一带一路"的全新格局。从开放之初的"万元户"，到全球消费投资的"中国大妈"，再到世界各地的华人企业，无不展示了中国家庭财富增长后带来的巨大推力。三是它为中国的"举国体制"提供了强大的社会支撑。家国同构为古代的万里长城、大运河等超级工程提供了政治、经济和社会基础，同样也为三峡大坝、青藏铁路、南水北调等当代超

级工程提供了社会文化基础。四是它为中国梦的实现与世界和平的发展提供了强大的社会基础和组织动力。中国历史上的伟大社会变革——从井田制、商鞅变法到现代的农村联产承包责任制,都有一个共同的特点:改革的关注点起始于家庭,改革的成果回归于家庭。

总之,西方社会传统上主要关注企业和政府这两大组织,通过企业的效率和政府的公平构建社会协调发展的制衡机制。在中国的社会结构中,存在着强大的第三方组织——家庭,而家国同构使家庭、企业、政府间更容易形成缜密的协作型、一体化社会,从而更有利于国家的安宁、社会的进步与全社会总体效率的提高。这是隐含在中国社会结构中的文化秘密。

(资料来源:万君宝,《中国人的家国情怀怎样异于西方》,《解放日报》,2017年8月22日。)

(六)天下国家

孟子强调"天下国家"是一个紧密相连的整体——

> 孟子曰:人有恒言,皆曰:"天下国家"。天下之本在国,国之本在家,家之本在身。[1]

他强调"天下之本在国,国之本在家,家之本在身",天下的根本在国,国的根本在家,家的根本在个人本身,整个宇宙是一个相互联系的整体。它体现了中国人一个重要的思维方式和特定的文化结构:"家国同构"。

这种重要的思维方式和特定的文化结构,决定了创业领导者在看待这个世界时,必须从"天下"—"国"—"家"—个人,由大到小,把自己看作宇宙世界的一个组成部分;同时在改造这个世界时,又必须由小到大、由内而外的"格物—致知—意诚—心正—身修—家齐—国治—天下平"的由内而外、知行合一的修炼升华过程。所以,当一个创业领导者初创事业时,他必须经历由"格物"而"致知",由"意诚"而"心正"的艰苦磨炼过程;当他事业成功、兴旺发达时,他必须有"达者兼济天下""先天下之忧而忧,后天下之乐而乐"的格局,承担起"平治天下"的责任。

英国历史学家A.J.汤因比在20世纪70年代提出了建立"世界政府"、实现"世界统一"的设想。他说,"我所预见的和平统一,一定是以地理和文化主轴为中心,不断结晶扩大起来的。我预感到这个主轴不在美国、欧洲和苏联,而是在东亚",更准确地说,在于具有"世界主义思想"的中国文化——

> 就中国人来说,几千年来,比世界上任何民族都成功地把几亿民众,从政治文化上团结起来。他们显示出这种在政治、文化上统一的本领,具有无与伦比的成功经验。这样的统一正是今日世界的绝对要求。中国人和东亚各民族合作,在被人们认为是不可缺少和不可避免的人类统一过程中,可能要发挥主导作用,其理由就在这里。[2]

---

[1] 王介宏校订:《孟子·离娄上》,引自《四库全书荟要第一卷·孟子》,天津古籍出版社1998年版,第15页。
[2] [英]A.J.汤因比、[日]池田大作著,荀春生、朱继征、陈国梁译:《展望二十一世纪——汤因比与池田大作对话录》,国际文化出版公司1985年版,第294页。

汤因比将这种具有"世界主义思想"的中国文化归纳为两千多年来迈向世界帝国的"中华民族的经验"、在漫长的历史长河中"中华民族逐步培育起来的世界精神"、"儒教世界观中存在的人道主义"、"儒教和佛教具有的合理主义"，以及不是狂妄地支配自然而是"必须和自然保持协调的信念"[①]——这些历史与文化遗产，"使其可以成为全世界统一的地理和文化上的主轴"。对于今天成功的企业家来说，就要切实承担起建立"世界政府"和人类命运共同体的责任。

第二节　创业领导的管理哲学与管理行为

儒家文化深刻地影响了东亚文化圈，形成了特有的以中国内地（大陆）为核心，包括"亚洲五虎"（日本、韩国、中国香港、中国台湾、新加坡）和其他东南亚国家在内的儒家文化圈。本节重点讨论儒家文化对日本创业领导者的思想观念与行为模式的影响。

有考据认为，早在日本应神天皇（南北朝前期）十六年，"中国有一博士王仁来到日本，献上《论语》十卷，《论语》因此传入日本。此事的真实性姑且不论，但《论语》在日本流传了数百年，这是事实。到了德川时代，儒教日渐活跃，《论语》也成了学校教育的基础，所以，称《论语》为日本的圣经，一点也不为过"[②]。儒家思想对日本文化的塑造及其影响可能长达十多个世纪，可以追溯到一千七百多年前。[③] 推古皇朝时代（公元604年），圣德太子制定了著名的"十七条宪法"，其核心思想来源于"四书""五经"，其根本目的是把日本改造成一个以儒家思想为指导的理想国家。[④] 1192年，德川幕府时期，幕府宣扬武士道精神，要求武士"为主尽忠，死而后已，尚武勇敢，寡人欲，重廉耻，严守纪律"，继承了儒家的"忠""勇""廉耻"的精神。[⑤] 明治维新是日本由近代化向现代化转变的关键思想革新与政治变革运动，在这一关键历史转折时期，日本政府一方面引入了西方的工业化和科学化，另一方面极力推崇国民的"忠"和"孝"，以维护天皇的神圣权威。为此，日本政府颁布了推广儒家思想教育的三条国策：一是在国民中恢复儒家教育，二是继续举办孔子祭祀典礼，三是大力开展儒家思想的研究活动。[⑥]

一、"宗笠遗训"与三井的家族文化

"三井帝国"是一个令人恐惧的商业巨人，中国人耳熟能详的世界著名跨国公司与顶尖品牌，如丰田、东芝、索尼、松下、三洋、NEC都是三井财团的下属成员。此外，三井住友银行、商船三井、三井造船、石川岛播磨、新日铁等一批世界500强企业也都归于三井财团这个大家族。三井财团是日本著名的四大财阀之一，其核心企业有樱花银行、三井物产、新王子制纸、东芝、

[①] [英]A. J.汤因比、[日]池田大作著，荀春生、朱继征、陈国梁译：《展望二十一世纪——汤因比与池田大作对话录》，国际文化出版公司1985年版，第287页。
[②] 孔健：《孔子的经营之道·前言》，中国国际广播出版社1995年版，第3页。
[③] 孔健：《孔子的经营之道·前言》，中国国际广播出版社1995年版，第15页。
[④] 孔健：《孔子的经营之道·前言》，中国国际广播出版社1995年版，第15页。
[⑤] 孔健：《孔子的经营之道·前言》，中国国际广播出版社1995年版，第16页。
[⑥] 孔健：《孔子的经营之道·前言》，中国国际广播出版社1995年版，第20页。

丰田汽车、三越、东丽、三井不动产,其业务涉及金属、金融、能源、化工、重型机械、综合电机、汽车制造、房地产、物业、核发电、半导体、医疗、办公电子设备、信息、物流等一百多个行业,其控制的直系、旁系企业及子公司多达270家以上。

"三井帝国"与三井财团在全球的开枝散叶、落地生根、欣欣向荣其实离不开三井的家族文化。这种家族文化的基因从它诞生的那一刻起,就对家族的繁衍起到了决定性作用。

三井财团的创始人名叫三井高利(1622—1694年),1673年他在京都开设"三井吴服店",这是"三越百货"的前身。17世纪中叶,正是中国明朝后期的徽商从鼎盛走向衰落之时。三井高利的父亲名叫三井高俊,他放弃武士地位,成为酿酒商人。三井高利是三井高俊的第四个儿子,他所生活的那个年代,也正是日本明治维新、经济迅猛发展的时期。他在父亲和哥哥的支持下,从江户本町的第一家和服店——"越后屋"开始,将生意扩展到江户、京都、大阪这三个日本经济最强的都市。

但"越后屋"的迅速扩展立即招来同行的嫉妒和打压,他们到处散布关于"越后屋"的谣言,策反三井高利的店员,在三井高利店铺门前泼脏水、倒垃圾,甚至对他的供应商施加压力,阻挠他们给三井高利供货。有的店家甚至将自家的茅厕直接对着三井高利店铺的厨房。这些打压手段并没有让三井高利屈服,相反激发了他战胜竞争对手的斗志。在激烈的市场竞争中,他深刻地感受到具有忠诚度、能力强的员工才是市场竞争的关键。他大胆启用、破格提拔那些德才兼备的员工,让他们成为"越后屋"独当一面的重臣,体现了孔子的用人之道。经过一段时间考验后,他鼓励那些经过市场历练的员工借用"越后屋"的名号独立开店,体现了儒家"己欲立而立人,己欲达而达人"经营管理之道。这些独立开店的员工感恩于三井高利和三井家族的恩情,以能够生长于"越后屋"这棵大树下而骄傲,并在实际经营过程中诚信经营,誓死保卫"越后屋"的名号,提升了三井家族的声誉。后来的三井集团的高层管理层吸收了很多这样来自家族外部的、优秀卓越的高层管理者。

晚年的三井高利,整理其父亲生前的文章,又总结一生的处世经营哲学,形成了指导三井家族管理哲学的"家训",即"三井氏家规"。他自称"宗笠居士",这部家训被称为"宗笠遗训",其内容是——

一、一根树枝易折,许多树枝捆在一处则难断,汝等必须和睦相处,巩固家运。

二、各公司营业所得的总收入,必须扣减一定金额的公积金以后,才能分配给各公司。

三、由各公司推选一位年长老人,成为大家的首领,各司的负责人都必须服从他的指挥。

四、同族绝不可互相斗争。

五、严禁奢侈,厉行节约。

六、名将之下无弱兵。必须重视启用贤能的人。应该避免部属有牢骚和怨言。

七、家族统领者必须仔细地了解整个家族的大小事情。

八、同族的少主,某一时期应和店员一样待遇,让他在掌柜和大伙手下做苦工,而完全不以主人对待。

九、要有买卖不一定能成功的觉悟。

十、应该到岛屿或外国做生意。

"宗笠遗训"还对家族的经营做了以下规定——

"宗笠遗训"作为事业上的心得,规定"同族间要相亲相爱",只有这样才能使事业兴旺。同时对危害事业发展的家族成员必须给予处罚。

然后对家族成员的规定是"家族成员必须尽力工作,没有特殊理由不得过舒适悠闲的生活"。这种想法来自"勤俭节约致富"。还规定同一家族要精诚团结,结婚、欠债,或者债务的担保等必须与家族商量。

对于家族子弟的教育,强调从小开始让他们学习、工作,让他们去分店实习十分重要。商业成功的秘诀在于对人才的合理配置和使用,因此,应该"淘汰老朽的,起用年轻有为的人才"。

尽管是家族成员,也不能特殊优待,首先要让他们努力工作,凭实力来求取提拔。这一点可以说非常严格[①]。

《宗笠遗训》至今被保存在东京大学图书馆,成为指导日本创业领导企业文化和管理哲学的重要史料。儒家思想中的以德为先、尊重人才、家族团结、勤俭奋斗、"天时、地利、人和"等经营思想与管理原则,在该家训中得到集中体现。明治二十年代,三井集团核心的三井银行(现在的樱花银行)为不合理的租金所困扰,同时还要与三菱集团激烈竞争,企业集团面临巨大危机。依靠"宗笠遗训"所倡导的家族团结、尊重人才、革除腐败等经营理念,三井集团最终顺利渡过了难关。

创业聚焦

文化与价值观:美国如何控制世界

美国为什么要对俄罗斯赶尽杀绝?其实俄罗斯曾经想做美国的"小弟",是美国生生逼反了俄罗斯。当年和普京交好的布什被告知,俄罗斯只能是美国的敌人,这就是美国秩序的底层逻辑。如果俄罗斯加入北约,美国将失去欧洲,而美国必须"抢劫"欧洲,所以没有条件创造条件也要保护欧洲。俄罗斯想当"小弟",当年软弱的结果就是如今血的代价。而中国的命运,也只能成为世界的棋手。

在30年前,最信仰美国价值观的国家,其实不是美国自己,而是俄罗斯人。这一切是源于美国的不懈努力。当年美国新闻署在全球设立了211个新闻处和2 000多个宣传活动点,在83个国家建立了图书馆,控制了全世界85%的电视节目和60%的广播节目的生产制作,每天疯狂地对全球进行"洗脑",主要内容就是围绕美国价值观是多么美好,而苏联是美国重点的"关照对象"。从1952年开始,美国改装了一艘信号船——信使号,成了一个移动的广播站,把船开到了苏联家门口的希腊,每天24小时对苏联进行广播,宣传美国的民主自由。接着,美国在德国慕尼黑建设了全球功率最大的发射电台,向苏联进行宣传。最高峰的时候,美国负责策反的"美国知音",集中了52部广播发射机,用80个频率对苏联每天24小时不间断地广播。

---

① 孔健:《孔子的经营之道》,中国国际广播出版社1995年版,第35页。

美国人这么勤奋,在长达几十年的努力下,终于把苏联从上到下都给忽悠瘸了。苏联人坚信,我们过得不好都是因为苏联的制度不好,只要我们采取美国的制度,接受美国的辅导,我们就能过上美国人的生活。工人阶级都能花园别墅加豪车,2个孩子1条狗,周末随时出国游。终于1991年,苏联投降了。

1992年叶利钦在美国国会发表了演讲,苏联已经永远地崩溃了。这个在全世界散播分歧、敌意的政权永远不会回来了。我们欢迎美国资本进入俄罗斯共同开发市场,我们相信西方世界会帮助我们,你们千万不要迟到。整个美国国会掌声雷动,克林顿笑得嘴都合不上,眼泪都流出来了。

按道理来说,俄罗斯"躺平"得比日本还彻底。日本是吃了两颗原子弹,实在走投无路的情况下才"躺平"臣服于美国的。对于日本,俄罗斯简直太有诚意了,不仅全盘接受了美国的制度,而且"自残"采用了休克疗法,简直就是美国你说怎么搞我就怎么搞。

在美国的全盘策划下,开始了500天的休克疗法,让俄罗斯如同一只开膛破肚的北极熊,鲜血淋漓。加强金融管制是万恶之源,是回到专制时代。只要采用美国的制度,什么都解决了,俄罗斯相信了。按照金融市场看不见的手来控制,牛奶、面包马上就有了,俄罗斯又相信了。分割国有企业、私有化,我们的援助很快就到了,俄罗斯也相信了。相信的结果就是俄罗斯终于知道了,如果说原来苏联时代是地狱,那最多就是在地狱的入口,或者是地狱的第一层。接受了美国的价值观,直接掉到了地狱的第十八层。

于是那曾经代表勇气和荣耀的苏联卫国战争勋章,被他们的主人——经历了斯大林格勒战役和莫斯科战役的卫国英雄们拿到街上摆摊售卖,只为换一口酒喝。俄罗斯的美女们流落到了世界各地,冬天到了连暖气都烧不起,人民冻死、饿死,卢布变成了废纸,被贬值10 000倍以上,俄罗斯人的平均寿命直接下降10年。尽管如此,在最早的时候俄罗斯人还是天真,一定不是美国不好,是我们没学好。所以,俄罗斯至少三次希望加入北约,承认美国的老大地位,希望美国带俄罗斯一起玩。但是美国不仅没让俄罗斯加入北约,北约还一再东扩。

苏联瓦解之后,波兰、捷克、匈牙利主动申请加入北约。2004年北约直接玩了票大的,爱沙尼亚、拉脱维亚、立陶宛等7国正式递交各自国家加入北约的法律文本,从而成为北约的新成员,终于北约已兵临城下,直接与俄罗斯接壤。到了今天,北约由29个国家组成,几乎是当初的两倍。北约的导弹和武装,可以随时进攻俄罗斯。1990年和苏联签约的北约不东扩的协议,现在完全变成了一个笑话,仿佛在笑话俄罗斯的无知和轻信。美国承诺给俄罗斯的援助,几十年过去了都没有到,还一步步把俄罗斯逼到了墙角。到了今天,结果我们已经知道了,普京奋起反击与美国正面硬刚,一步都不敢后退。而俄罗斯今天的这个局面,可以说完全是美国逼出来的。

那么这里有一个问题,就是美国为什么一定要逼反俄罗斯,甚至不接受俄罗斯的"躺平"。在30年前,俄罗斯可是心甘情愿地做美国的小弟啊。这里我们就需要了解美国的底层逻辑和美国的真正利益了。如果美国允许俄罗斯加入北约,将会发生什么后果呢?

一旦俄罗斯投降或者俄罗斯加入北约，美国就可能失去欧洲。北约是以美国为首的欧洲防务体系，美国作为联盟的带头大哥，以北约为工具控制了整个欧洲的防务，而且欧洲的军队由美国统率。也是因为如此，欧洲在美国面前没有任何的话语权。在美国于第二次世界大战后所设定的全球秩序中，每个国家的分工都是不同的。以欧洲为主导的西方世界，包括日韩作为美国的殖民地，提供技术和中高端制造业。中国和东南亚地区提供人力和中低端制造业，同时作为最大的倾销市场。要知道中国的人口比西方世界加起来还多，非洲、美洲为工业制造提供原材料，那美国做什么呢？美国的制造业基本上已经转移出去了，现在美国的虚拟经济占到GDP的90%以上，美国的价值体现在两个方面。第一个价值提供金融工具，以美元掌握全球的铸币权，美国不需要干活，用美元去换全球的工业品就可以了。第二个价值就是美国的武力，美国在军事上的投入比2强到10强的总计还多，于是美国的责任就是维护世界的和平，维护所谓的自由民主的价值观，保护西方世界的安全。

而美国要实现这两个价值，有两个先决条件：第一，证明美国是全球最好的国家，经济体量全球最大，毕竟美国要开银行，自己的本金要充足。如果说某天日本的GDP是30万亿，美国才20万亿，那凭什么大家不用日元而用美元？为了证明自己是全球最好的国家，美国选择了一条不一样的路，那就是让世界"变烂"。美国不需要做最好，只要世界比美国烂，美国就是最好的。第二，证明这个世界需要保护。如果这个世界没有邪恶力量，这个世界没有恐怖组织，那美国有什么存在的必要？如果这个世界不需要保护，那美国总统甚至可以直接失业了。其实欧洲和日韩，甚至除美国外的五眼联盟从来不需要敌人，但美国一旦没有了敌人，美国控制世界的秩序就不复存在了。

这个世界根本没有什么邪恶力量，你的30万驻军应该是到非洲搞救援，你驻军在欧洲和日本干吗？所以美国为自己设置了很多敌人，俄罗斯想投降那是不可能的。一旦俄罗斯投降了或者俄罗斯加入北约了，美国将完全失去价值。欧洲制造业发达、技术先进，但是没有能源。俄罗斯的能源充沛，油气资源是欧洲最需要的，但俄罗斯没有技术和高端制造业，欧洲和俄罗斯这样高度互补，那还有美国什么事？不仅如此，欧洲的军事力量完全靠美国，法国说了好多次要建立欧洲军，根本就搞不起来。但是一旦俄罗斯和德国在北溪二号管道上实现了连接，俄罗斯将以能源为基础，和欧盟成立一个经济整体。从此之后，欧洲再也不需要美国的能源，从俄罗斯过来的油气直接便宜25%。一旦在经济上相互渗透之后，双方自然不可能打仗了，俄罗斯威胁论将不攻自破。不仅如此，"烂船还有三斤钉"，俄罗斯的军事实力远胜于现在的欧洲。虽然不说可以远征美利坚，但是以核技术进行自保是没有任何问题的，那欧洲为什么还需要美国保护呢？

想到这里美国就脊背发凉，所以2001年俄罗斯说要加入北约，美国马上翻脸，俄罗斯威胁论喧嚣日上。绝对不能让俄罗斯成为自己的"小弟"，因为欧洲需要美国的保护。不仅如此，欧洲仅仅只有俄罗斯一个敌人是不够的。伊朗也曾经想投降，无数次对美国抱有幻想，尤其是在奥巴马时期频繁地向美国伸去橄榄枝。而伊朗的行为让欧洲是很高兴的，因为伊朗的石油也是欧洲所需要的,而且他们需要一个稳定的周边环境。但是很可惜,在美国的游戏设定中,伊朗只能是邪恶力量,不管你是不是——说你是你就是,你必须得是!一旦美国认可了伊朗,欧洲的东南面就彻底安全了,伊朗就可以名正言顺地、源源不断地向欧洲输入能源,美国的能源商就失去了一个大市场。

(资料来源:一个坏土豆,原题为"美国为何要对俄罗斯赶尽杀绝?一文读懂底层逻辑",今日头条,2022年3月5日。)

二、伊藤淳二的仁道

孔子强调"仁者爱人""己欲立而立人,己欲达而达人""己所不欲,勿施于人",这种"仁者"情怀与"仁道"思想深深地影响了伊藤淳二的管理哲学。

伊藤淳二从1968年至2003年这35年间一直担任日本钟纺集团公司的负责人,正是依靠儒家的"仁道"思想,他渡过了企业最艰难的时刻。1968年,当伊藤出任钟纺集团公司总经理时,公司正陷入严重的管理危机,如果不裁掉包括管理人员在内的1 000名员工,公司就可能直接破产。伊藤可以感受到即将被裁员的每一个员工内心深处的真实感受,他完全清楚这是对真诚奉献的员工的一次巨大伤害,他同时采取了两项补救措施,以使这种"伤害"的程度降到最低:一是确保被裁掉的每一位员工都能找到新的工作,为此他本人直接为他们写了推荐信,感谢接收单位对员工的关照;二是向每一位被裁掉的员工赠送500~1 000股的钟纺股票,以感谢他们多年来对公司的贡献。伊藤还以此告诉他们:不要因为员工不在钟纺干了就与公司无关了,公司还要与他们继续保持联系,并在未来的生活中尽量提供帮助。

伊藤后来当上了公司的董事长,再度遭遇了世界经济不景气的打击,公司再次面临倒闭危险。而此时的公司规模已经大大扩展,并非简单裁员1 000人就能解决问题。伊藤经过苦苦思索,最终提出了"冻结员工工资一年"的不裁员提案,并由工会做出最终决定。在提出这一提案时,他真诚地对工会领导人说:"如果有人反对我的提案,请先把我裁掉,因为我是企业的领导者,应该先牺牲我,再牺牲其他的员工。"一个月后,工会经过与员工的反复商讨,最终决定同意董事长的提案。这一年,所有员工都毫无怨言地无薪酬上班,终于让一个濒临倒闭的企业起死回生。

伊藤的这种管理哲学来源于他在昭和15年上旧制中学五年级时,第一次从神户旧书店里买到的白话文《论语》,他从此再也没有放下这本书。1989年8月,他在《领导》杂志上写道:

> 我初次接触到《论语》大约是在1950年,我总是通过《论语》的启迪,找到如何行动、如何待人接物的答案。从年轻时到现在,我总是有一种任何事都尽力达到最好的结果的满足感……与其为无论怎样后悔也无法挽回的过去的失败而叹息,不如多想想今天和明天该怎么生活。因为我只能看着前方而走完我的一生,所以可以说,我是带着《论语》一步又一步地向前迈进的。[①]

[①] 孔健:《孔子的经营之道·前言》,中国国际广播出版社1995年版,第48页。

三、涩泽荣一的《论语与算盘》

涩泽荣一（1840—1931年），有"日本企业之父""日本金融之王""日本近代经济的领路人""日本资本主义之父""日本近代实业界之父"等一系列称号，是带领日本由封建幕府向现代工业转型的标志性人物，而支撑他完成这一根本转变的思想支撑与管理哲学，正是他所推崇的《论语》。

涩泽荣一年轻时曾参加尊王攘夷运动，但由于他的聪明才智和精明能干，他反而得到了德川幕府的重用。1867年，在幕府的资助下，他遍访欧洲法国、瑞士、荷兰、比利时、意大利、英国诸国，从而大开眼界。

在法国，他参加当时的万国博览会，亲眼见识了蒸汽机车、工业用车床、纺织机到教学医疗设备，感受到了近代西方资本主义的强大。其间，他考察了银行、铁路、股份公司、公债发行、证券交易所，对西方近代资本主义的制度创新与经济运行有了比较深入的了解。在此考察行程中，他发现法国政府官员与商人的交往毫无贵贱之分，完全是一种平等的关系。而在当时幕府统治下的日本，官僚、武士和商人之间的社会地位有着天壤之别，商人见到幕府官僚、武士必须点头哈腰，以示臣服。涩泽真切地感受到，要振兴日本，就必须打破这种积习已久的官贵民贱、轻商贱商的社会习俗与制度安排。涩泽荣一还参观了针织厂、钟表厂、军工兵器厂、钢铁厂、机车制造厂、玻璃厂、造币厂等现代化工厂，目睹了开凿施工中的苏伊士运河，资本主义生产体系所展示的恢宏气势和强大组织能力、生产能力使他深受震撼。在他拜见比利时国王时，一国之君亲自向他推荐本国的钢铁，更使他深受感动。比利时国王说："今后的世界是钢铁之世界，日本将来可能成为多用钢铁之国，而我国的钢铁生产发达，钢材质量良好，到那时请你们使用我国的钢材。"

回国后，涩泽荣一因其出色的理财能力和出国经历，受到了明治政府的重用，出任主管国家预算的大藏少辅这一要职。但涩泽荣一决心弃官从商，通过振兴实业来振兴日本。从明治六年创立日本第一家银行——第一国立银行（现为第一劝业银行）开始，他先后建立了东京海上火灾保险、日本邮船、东洋纺织、王子造纸、札幌啤酒、日本水泥、石川岛播磨重工业、东京煤气、帝国饭店等近500家大型企业，被称为"财界的巨头""空前绝后的创业家"。在《论语与算盘》中，他描述了自己如何从《论语》中获得精神动力与管理哲学的——

论语与算盘，乍一看，两者似乎风马牛不相及，八竿子都打不出什么关系来。可是，在我看来，算盘因有了论语而打得更好；而论语加上算盘才能让读者悟出真正的致富之道，它们二者息息相通，缺一不可。关系可以说是，远在天边，近在咫尺……

我一直认为，人只有怀着不断进步的欲望，才能成功，那些整天只会空谈理想、爱慕虚荣的人是难以有什么作为的。所以，我希望政界和军界能少一些争权夺利和飞扬跋扈，而实业界能再多努力一点，多为我们的国家创造财富，只有民富了，国家才能富。

可是，如何才能有效地增加财富并让财富永存呢？唯一的方法就是立足于仁义道德，用正当的手段去致富，这样财富才能长久。因此，当务之急是要缩短论语与算盘之间的差距,让二者更紧密地结合在一起。①

在《论语与算盘》中,涩泽荣一论述他从《论语》中获得的最根本的管理哲学与经营管理之道。

(一)士魂商才

"士"是对中国古代知识分子的一种统称,是对有别于贵族、从平民阶层通过读书学习而掌握经营管理之道的精英人才的统称。孔子说"士不可以不弘毅",就是强调这些知识分子必须具有强烈的社会责任感。涩泽荣一所强调的"士魂商才",就是强调在明治维新这样一种变革时代,承担国家与民族历史使命的创业领导者必须具备"天将降大任于斯人"的道德勇气与历史使命,同时具备经营管理的必备技能。

涩泽荣一解释说,他的"士魂商才"来源于文人兼政治家菅原道真的"和魂汉才"——

> 所谓的和魂汉才,就是要以日本所特有的日本魂作为根基,认真学习在政治和文化上都领先自己的中国,以培养自己的人才。
>
> 中国是一个历史悠久的国家,文化发展比较早,又有像孔子、孟子这样的圣人作为先驱,因而中国的文化、学术和书籍浩瀚无边,其中又以记载孔子及其弟子言行的《论语》为中心。另外,据说连记述禹、汤、文、武、周公事迹的《尚书》《诗经》《周礼》《仪礼》等都是由孔子编撰而成的,所以一提到汉学,首先就想到了孔子。据说记载孔子及其弟子言行的《论语》,是菅原道真最喜欢读的书。相传在应仁天皇时代,菅原道真把百济学者王仁进献给朝廷的《论语》和《千字文》亲自抄录了一遍,献给了伊势神庙,这就是现存版的菅原版的《论语》。
>
> 士魂商才也是这个意思,如果想在这个社会上找到自己的一席之地,受世人敬仰和爱戴,那在为人处世上就一定要有士魂,但如果仅有士魂而无商才的话,也不能在经济上立于不败之地,所以士魂与商才在人之修为上缺一不可。那又该如何培养士魂呢? 书本当然是可以汲取这门知识的好地方。不过我认为,所有书籍,只有《论语》才是最能培养士魂底蕴的根本。
>
> 至于商才,《论语》同样也是学习的不二选择。②

(二)创业领导者要成为"大丈夫"

孟子强调"富贵不能淫,贫贱不能移,威武不能屈,此之谓大丈夫"(《孟子·滕文公下》)。它表明,人生在世,要成为有所成就的"大丈夫",就必须具有坚定的信念和坚强的意志。孟子还告诫人们:"天将降大任于斯人也,必先苦其心志,劳其筋骨,饿其体肤,空乏其身,行拂乱其所为,故将动心忍性,曾益其所不能。"(《孟子·告子下》)涩泽荣一由此悟出"自然的逆境是大丈夫的试金石"——

> 我认为,自然的逆境是大丈夫的试金石。那么,身处自然逆境之时,我们应该如何应对呢? 我不是神,所以关于这点,我没有什么秘诀传授给大家。而且我想,这社会上也没有人会有这样的秘诀。依我的经验,我唯一能告诉大家的就是:身处

---

① [日]涩泽荣一著,余贝译:《论语与算盘》,九州出版社2012年版,第2~3页。
② [日]涩泽荣一著,余贝译:《论语与算盘》,九州出版社2012年版,第3~4页。

自然逆境,要知足守本分,做好自己能做的事,以不变应万变。任何的手段和方法都不能阻止这一切的发生,因为这是天命。如果硬要把这宗罪强加到人为力量的头上,结果只会被这自然逆境所打倒,直至最后束手无策。所以,大家最好先一边安于天命,静静等待即将要降临的命运,另一边则锲而不舍努力上进。[1]

对于自己早期尊王讨幕,后来加入幕府,再到后来加入明治政府,直至弃官从商的经历,他认为这都是"政体革新时代"的"身处逆境"——

当初,我为了支持尊王讨幕、攘夷锁港而东奔西走,可后来却成了一桥家的家臣、幕府的臣子,后来还跟着民部公子一起去了法国。等到回国的时候,幕府已经垮台,国家变成了王政。面对变化之时,我心有余而力不足,可是我既然已经努力了,那也就没有什么遗憾了。[2]

(三)创业需要立志

涩泽荣一从孔子的志向中受到启迪。他说——

孔子说:"十有五而志于学,三十而立,四十而不惑,五十而知天命。"(《论语·为政》)从中我们可以看出,孔子在十五岁的时候就确立了志向。不过,关于他是否将从事学问作为一生的志向,这点我们无从考证。但可以肯定的是,他要在未来的日子大力从事于学问。他所说的"三十而立",是指此时已经成为卓立于社会的人物,并且具备修身齐家治国平天下的本领了;而"四十而不惑"是指一旦志向确立,人就有了自信,志向也不会因为外界的影响而动摇了。也就是说,人到了这个地步,也算立志有了一定的成果,信念已经逐渐坚定了。[3]

所以,涩泽荣一告诫今天的创业领导者,"立志只是人生的一个起点","立志的作用是构建好人生的骨干,小的志向只是它的第一步。刚开始就要考虑好两者的配合,不然日后在大志向实现过程中,就会有半途而废的危险"。

(四)正确的生财之道

涩泽荣一作为开时代风气之先的企业家或实业家,主张道德与财富辩证统一、相谐相成。一方面,他主张从事一项事业必须以获得利润、追求利益为目标——

经营石油、制粉或者人造肥料等行业,如果没有追求利益的观念,一切听之任之,那事业也不会有大的发展,财富也不会有所增加。如果一项工作与自己没有利害关系,也不管它是赔是赚,觉得对自己毫无影响,那这项事业也是不会有所发展的。[4]

他认为,"如果工商业没有增加财富的功能,那它的存在就没有任何价值,也不会带来公共利益"。但另一方面,他又强调仁义道德的重要性——

不过话说回来,工商业者一味地追求自身的利益,而不管他人的死活,那结果

---

[1] [日]涩泽荣一著,余贝译:《论语与算盘》,九州出版社2012年版,第17页。
[2] [日]涩泽荣一著,余贝译:《论语与算盘》,九州出版社2012年版,第16页。
[3] [日]涩泽荣一著,余贝译:《论语与算盘》,九州出版社2012年版,第36页。
[4] [日]涩泽荣一著,余贝译:《论语与算盘》,九州出版社2012年版,第65页。

又将如何呢？这很难说得清楚。但如果正如上文孟子所说的"何必曰利？亦有仁义而已矣""上下交征利而国危矣""苟为后利而先义""不夺不厌"(《孟子·梁惠王上》)等,我认为,真正的生财之道要是不以仁义道德为基础的话,那是绝不会久远的。①

将这种正确的"生财之道"付诸实践并不容易,涩泽荣一谈到了宋朝的历史教训。宋朝统治下的中国一度是当时世界上最富裕的国家,中国出产的丝绸、瓷器、茶叶行销世界,当时世界上75%的白银在中国。可是宋朝统治者并没有引导国家走上富国强兵的道路,对辽、金、蒙俯首称臣,最终国破家亡。涩泽荣一说——

> 早在一千多年前的宋代(中国),那时的学者们也倡导用仁义道德来治国,然后推行富国强兵的策略。可他们仅限于空谈,将利益完全抛弃。结果,宋代末年战乱不断,最终由元取代了宋。因此,利益和仁义道德相互协调,空谈仁义的理论只会产生负面效应,不仅会减弱物质的生产力,还会挫伤国家的元气,最终让国家走向灭亡。②

涩泽荣一强调"必须协调好利益与仁义道德之间的关系,这样才能国家繁荣昌盛,个人才能各得其所,发财致富"。总之,任何偏颇都会导致国家的灾难,将发财致富与仁义道德的关系处理恰当,才能使国强民富。

由此我们可以看到,儒家思想与儒家文化直接哺育了三井高利、伊藤淳二、涩泽荣一这样优秀的创业领导者,同时也影响了一大批东南亚的华人企业家和创业领导者。这方面的融合,请参阅案例七"儒家思想与郭鹤年的创业之道"。

思考题

1. 儒家文化对创业领导者的三重社会构建的主要内容是什么？在每一重社会构建中,其核心观点又是什么？

2. 儒家文化为创业领导者确立的六条经营原则是什么？每一条经营原则的核心观点是什么？它对当代的创业领导有何意义？

3. 以三井高利、伊藤淳二、涩泽荣一这样优秀的创业领导者为例,说明儒家思想如何影响了他们的经营管理理念与经营管理哲学。

4. 以实例说明,儒家思想与儒家文化,对当今中国的创业领导者来说,有何实际价值与意义。

---

① [日]涩泽荣一著,余贝译:《论语与算盘》,九州出版社2012年版,第64页。
② [日]涩泽荣一著,余贝译:《论语与算盘》,九州出版社2012年版,第64页。

讨论题

参阅案例七"儒家思想与郭鹤年的创业之道"。

1. 请查阅相关资料,画出郭鹤年的"商业帝国图",根据时间跨度、领域、行业、企业、资产估值等,推测郭氏家族的投资有多少行业、多少企业、多少资产。

2. 在跨越多个行业的多元化经营中,有的民营企业,如恒大、海南航空"一跨就死",为何郭鹤年的家族企业却能无往而不利?请综合运用管理学理论和创业领导理论,加以分析论证。

3. 郭鹤年的创业经历中,体现了儒家创业领导文化理论中的哪些思想与观点?

4. 有人说,"无商不奸",郭鹤年的创业经历中除了"光彩"的一面,有没有"黑暗"的一面?如何评价创业领导的多面性?有人认为郭氏家族打着国有企业的旗号,正在借外商之力逐步垄断中国的粮油市场,你是否赞同此观点?

案例集

参考文献

[1]Agbim Kenneth Chukwujioke, Godday Orziemgbe, Owutuamor Zechariahs Benapugha(2013). An Exploratory Study of the Entrepreneurial Leadership Capabilities of Entrepreneurs in Anambra State, Nigeria, *Journal of Business Management & Social Sciences Research* (JBM&SSR). ISSN No:2 319—5 614, Volume 2, No. 9.

[2]A. Thomas and S. L. Mueller(2000). "A Case for Comparative Entrepreneurship: Assessing the Relevance of Culture," *Journal of International Business Studies*, 31/2:287—301.

[3]Ashfaq Ahmed, Dr. Muhammad Ramzan(2013). A Learning and Improvement Model in Entrepreneurial Leadership, *Journal of Business and Management*, Volume 11, Issue 6, pp. 50—60.

[4]Bandura, A. (1977). *Social Learning Theory*. Englewood Cliffs, NJ: Prentice-Hall.

[5]Bird, B. (1988). "Implementing Entrepreneurial Ideas: The Case for Intention," *Academy of Management Review*, 13, 442—453.

[6]B. M. Bass(1985). *Leadership and Performance beyond Expectations*. New York, NY: Free Press.

[7]Bygrave, W. D. (1989). "The Entrepreneurship Paradigm (I): A Philosophical look at it's Research Methodologies," *Entrepreneurship Theory and Practice*, 1—26, 14(1).

[8]Bremer, I. (2009). Common Factors Between Swedish and Chinese Entrepreneurial Leadership Styles, *Business Intelligence Journal*, January, 2 (1), 10—40.

[9]Chen, M. -H. (2007). Entrepreneurial Leadership and New Ventures: Creativity in Entrepreneurialteams. *Creativity and Innovation Management*, Vol. 16, No. 3: 239—249.

[10]Cohen, A. R. (2004). Building a Company of Leaders. *Leader to Leader*, 2004 (34), 16—20.

[11]Cogliser, C. C., and K. H. Brigham(2004). The Intersection of Leadership and Entrepreneurship: Mutual Lessons to be Learned. *The Leadership Quarterly* 15: 771—799.

[12]Cunningham, J. B. , & Lischeron, J. (1991). Defining Entrepreneurship. *Journal of Small Business Management*, 29(1), 45—61.

[13]D. Jung, C. Chow, and A. Wu(2003). "The Role of Transformational Leadership in Enhancing Organizational Innovation: Hypotheses and Some Preliminary Findings," *Leadership Quarterly*, 14/4—5:525—544.

[14]D. Miller(1983). "The Correlates of Entrepreneurship in Three Types of Firms," *Management Science*, 29/7:770—791.

[15]Drucker, P. F. (1985). The Discipline of Innovation. *Harvard Business Review*, 95—103.

[16]Duncan, W. Jack. et al. (1988). "Intrapreneurship and the Re-invention of the Corporation," *Business Horizons*, 16—21.

[17]Fakhrul Anwar Zainol, Wan Norhayate Wan Daud, Lawan Shamsu Abubakar, Hasnizam Shaari, Hazianti Abd Halim(2018). A Linkage between Entrepreneurial Leadership and SMEs Performance: An Inte-

grated Review，*International Journal of Academic Research in Business and Social Sciences*，Vol. 8，No. 4，pp. 104－118.

[18]Fernald, L. W. , G. T. Solomon, and A. Tarabishy(2005). A New Paradigm: Entrepreneurial Leadership. *Southern Business Review* Vol. 30, No. 2:1－10.

[19]Edmondson, A. (1999). "Psychological Safety and Learning Behavior in Work Teams,"*Administrative Science Quarterly*,44(2), 350－383.

[20]Edmondson, A. (1999). "Psychological Safety and Learning Behavior in Work Teams," *Administrative Science Quarterly*,44(2), 350－383.

[21]Fraser, L. M. (1937). Economic Thought and Language: A Critique of Some Fundamental Economic Concepts. London: Adam and Charles Black.

[22]Frank,R. , Hofstede, G. and Bond, M. H. (1991). "Cultural Roots of Economic Performance: A Research Note",*Strategic Management Journal* (1986－1998); Summer 1991; 12, Special Issue; pp. 165－173.

[23]Frederick, H. H. , Kuratko, D. F. , & Hodgetts, R. M. (2007). Entrepreneurship: Theory, Process,Practice. Nelson Australia.

[24]Greenberger, D. B. , & Sexton, D. L. (1988). "An Interactive Model of New Venture Creation," *Journal Somall Bfusiness Management*,pp. 1－7,p. 26.

[25]Guth, W. D. and Ginsberg, A. (1990). "Corporate Entrepreneurship," *Strategic management Journal*, Special Issue 11,pp. 5－15.

[26]Gupta, V. , I. C. MacMillan, and G. Surie (2004). Entrepreneurial leadership: Developing and Measuring a cross-cultural construct. *Journal of Business Venturing*,Vol. 19: 241－60.

[27]Hofstede, G. (1991). *Cultures and Organizations: Software of The Mind*,University of Limburg at Meastricht.

[28]Hofstede, G. and Bond, M. H. (1988). "The Confucian Connection: from Cultural Roots to Economic Growth", *Organizational Dynamics*, Vol. 16,No. 4, pp. 5－21.

[29]Hornsby, J. S. , Naffziger, D. W. , Kuratko, D. F. and Montagno, R. V. (1993). "An Interactive Model of the Corporate Entrepreneurship Process," *Entrepreneurship Theory and Practice*, pp. 29－37.

[30]Ireland, R. D. ,Hitt, M. A. and Sirmon, D. G. (December 2003). "A Model of Strategic Entrepreneurship: The Construct and its Dimensions," *Journal of Management*, 29/6:963－989.

[31]Kanter, R. M. (1985). "Supporting Innovation and Venture Development in Established Companies," *Journal of Business Venturing*, 1, 47－60.

[32]Kuratko, D. F. (2005). The Emergence of Entrepreneurship Education:Development,Trends, and Challenges. *Entrepreneurship Theory and Practice* Vol. 29,No. 5;577－597.

[33]Kuratko, D. F. , Hornsby, J. S. , Naffziger, D. W. and Montagno, R. V. (1993). "Implementing Entrepreneurial Thinking in Established Organizations," *Advanced Management Journal*,pp. 28－33.

[34]Kuratko, D. F. (1993). "Intrapreneurship: Developing Innovation in the Corporation,"*Advances in Global High Technology Management-High Technology Venturing*, 3, 3－14.

[35]Kuratko, Donald F. , and Hornsby, Jeffrey S. , and Montagno, Ray V. (1992). "Critical Organizational Elements in Corporate Entrepreneurship," Presentation to the Academy of Management, Proceedings Absfract,p. 424.

[36] Kuratko, D. F., Montagno, R. V., and Hornsby, J. S. (1990). "Developing an Entrepreneurial Assessment Instrument for an Effective Corporate Entrepreneurial Environment," *Strategic Management Journal*, 11, 49—58.

[37] Kuratko, D. F. and Montagno, R. V. (1989). "The Intrepreneurial Spirit," *Training and Development Journal*, 83—87.

[38] Lancy Huynh(2007), A New Paradigm of Entrepreneurial Leadership: the Mediating Role of Influence, Vision and Context, Honours Thesis, pp. 10—19.

[39] L. W. Busenitz, C. Gómez, and J. W. Spencer(2000), "Country Institutional Profiles: Unlocking Entrepreneurial Phenomena," *Academy of Management Journal*, 43/5:994—1 003.

[40] Mamede, R. & Davidsson, P. (2003). Entrepreneurship and Economic Development—How can Entrepreneurial Development Lead to Wealth Distribution? Retrieved June 27, 2005 from http://applicationes.icesi.edu.co/ciela/anteriores/Paper/pmed.

[41] Mattare, M. (2008). Teaching Entrepreneurship: The Case for an Entrepreneurial Leadershipcourse. USASBE Proceedings, 78—93.

[42] Martin, M. J. C.(1984). Managing Technological Innovation and Entrepreneurship, Reston, VA: Reston Publishing.

[43] Schumpeter, J. A. (1949). Change and the Entrepreneur. In R. V. Clemence (Ed.), Essays: On Entrepreneurs, Innovations, Business Cycles and the Evolution of Capitalism: pp. 63—84. Cambridge, Mass: Harvard University.

[44] R. D. Ireland, M. A. Hitt, and D. G. Sirmon(2003). "A Model of Strategic Entrepreneurship: the Construct and its Dimensions," *Journal of Management*, 29/6:963—989.

[45] R. H. Webber(1969). "Convergence or Divergence," *Columbia Journal of World Business*, 4/3: 75—83.

[46] R. P. Vecchio(2003). "Entrepreneurship and Leadership: Common Trends and Common Threads," *Human Resource Management Review*, 13/2:303—327.

[47] Renko, M., Tarabishy, A. E., Carsud, A. L. and Brannback, M. (2015). Understanding and Measuring Entrepreneurial Leadership Style. *Journal of Small Business Management*, 53(1): 54—74.

[48] Qing Miao, Nathan Eva, Alexander Newman, and Brian Cooper(2019). CEO Entrepreneurial Leadership and Performance Outcomes of Top Management Teams in Entrepreneurial Ventures: The Mediating Effects of Psychological Safety. *Journal of Small Business Management*, 57(3):1 119—1 135.

[49] Quinn, J. B. (1985). "Managing Innovation: Controlled Chaos," *Harvard Business Review*, 73—84.

[50] Schumpeter, J. A. (1934). *The Theory of Economic Development: An Inquiry into Profits, Capital, Credit, Interest, and the Business Cycle*. Translated from the German by Redvers Opie. Cambridge, Mass: Harvard University Press.

[51] Surie, G., and A. Ashley(2008). Integrating Pragmatism and Ethics in Entrepreneurial Leadership for Sustainable Value Creation. ,*Journal of Business Ethics*, 81: 235—246.

[52] T. A. Judge and R. F. Piccolo(2004). "Transformational and Transactional Leadership: A Meta-Analytic Test of Their Relative Validity," *Journal of Applied Psychology*, 89/5:755—768.

[53] T. Khanna(2009). "Learning from Economic Experiments in China and India," *Academy of Man-

agement Perspectives,23/2:36—43.

[54]Vecchio, R. P. (2003). Entrepreneurship and Leadership: Common Trends and Common Threads. *Human Resource Management Review*,13:303—327.

[55]S. M. Jensen and F. Luthans(2006). "Relationship between Entrepreneurs' Psychological Capital and Their Authentic Leadership," *Journal of Managerial Issues*,18/2:254—273.

[56]Swiercz, P. M., and S. R. Lydon(2002). Entrepreneurial Leadership in High-tech Firms: A Field-study. *Leadership and Organization Development Journal*,Vol. 23,No. 7:380—386.

[57]Timmons, J. A., & Spinelli, S. (1994). New Venture Creation: Entrepreneurship for the 21st Century,Vol. 4. Burr Ridge, IL: Irwin.

[58]Barringer, B. R., Jones, F. F., & Neubaum, D. O. (2005). A Quantitative Content Analysis of the Characteristics of Rapid Growth Firms and Their Founders[J]. *Journal of Business Venturing*,20(7):663—687.

[59]KOTTER J. P. (1990). *A Force for Change ：How Leadership Differs from Management*. New York:The Free Press.

[60][英]A. J. 汤因比、[日]池田大作著,荀春生、朱继征、陈国梁译:《展望二十一世纪——汤因比与池田大作对话录》,国际文化出版公司1985年版,第294页。

[61]陈焕章:《孔门理财学》,商务印书馆2015年版。

[62][美]埃德加·H. 沙因著,郝继涛译:《企业文化生存指南》,机械工业出版社2004年版。

[63][美]康芒斯著,于树生译:《制度经济学》(下册),商务印书馆1962年版。

[64][美]理查德 L.哈格斯、罗伯特 C.吉纳特、戈登 J.柯菲著,朱舟译:《领导学:在实践中提升领导力》(原书第8版),机械工业出版社2018年版。

[65][德]马克斯·韦伯著,马奇炎、陈婧译:《新教伦理与资本主义精神》,北京大学出版社2012年版。

[66][德]马克斯·韦伯著,悦文译:《儒教与道教》,陕西师范大学出版社2010年版。

[67]孔健:《孔子的经营之道》,中国国际广播出版社1995年版。

[68][日]涩泽荣一著,余贝译:《论语与算盘》,九州出版社2012年版。

[69][美]约翰·P.科特著,罗立彬等译:《变革》北京:机械工业出版社2005年版。

[70]王毅:《企业核心能力与技术创新战略》,中国金融出版社2004年版。